渡辺章悟

Syōgo Watanabe

प्रज्ञापारमिताहृदयसूत्रम्

般若心経

テクスト・思想・文化

大法輪閣

【目次】

装丁……清水良洋（Malp-Design）
カバー写真……観自在菩薩（インド・パーラ朝、パトナ博物館）

第一章

『般若心経』は生きている

『般若心経』はブームか

『般若心経』ほどポピュラーな経典はない。四世紀前後のインドに生まれ、特に北伝仏教のサンスクリット、チベット、漢訳の仏教圏に広がり、多くの注釈を生んできた。

わが国でも中国経由で多くの注釈を生んだ。空海、最澄、一休、鉄眼、天桂、白隠、蘭渓道隆など、多くの名僧がこの経典に注釈を書いている。近代語への翻訳を見ても、江戸時代末期（一八六五）にはすでにイギリスのS・ビールによって英語に訳され、それ以来、ドイツ語、フランス語、ロシア語など、主な近代語には何種類もの翻訳が見られる。

現代のわが国でも『般若心経』は、浄土真宗と日蓮宗以外のすべての仏教宗派で読誦されている。いかに広く信仰されているかは『般若心経』の解説書の数を見てもわかる。例えば、明治以降の国会図書館所蔵本だけでも、ゆうに六三〇点を超える。仏教系大学の図書館でも、多いところは四〇〇～五〇〇点にのぼる。学生はさぞや選択に悩むだろう。

また、その執筆は、学者や僧侶ばかりでなく、牧師や脳科学者、弁護士、小説家、まんが家、政治家まで幅広く、こぞって『般若心経』を論じている。

われわれの周囲を見渡すと、ネクタイ、扇子、ブレスレット、ペンダント、枕カバー、Tシャツ、手ぬぐい、湯のみに至るまで、『般若心経』のグッズは巷には溢れている。CDやDVDもあるし、聞こうと思えば、サンスクリット、チベット語、漢文、英語の『般若心経』読誦を聞きながら、お絵かきをして、癒しを求めることもできる。この現象は果たして一時的なブームなのだろうか。

『般若心経』を書写する人々

学ぶことと伝えること

このような状況で『般若心経』を契機として仏教に触れることになった方は、数多いのではないだろうか。かく言う私もその一人である。最初に父から教わった経典が『般若心経』だったし、時々は口誦しながら、今もこの経を飽きずに研究している。

私は曲がりなりにでも三〇年ほど仏教の研究に携わってきたが、その研究の中心にはいつも般若経があった。研究者の端くれになり立ての頃は、日常のすべてがこの研究に結びつくように意識し、努力してきた。もちろん今でもその気持ちはあるが、文献研究は長期間集中し、継続して行わない限り、なかなか成果は出てこない。そこで寝ても覚めてもひたすら文献に取り組むことが求められる。
実際、研究に行き詰まって、そのまま横になっても、どこかで考えているようで、朝になって目覚めてみると、自然と答えが湧き出ていることがある。まるで、コンピュータがトラブルを起こしても、再起動すると修正されているようなものである。研究にはそのような継続性が求められるというのが実感である。しかし、その訓練の成果は、なかなか他者には伝えられないことがある。

あるとき、一般の方を交えた仏教の研究会があった。私は一人の聴衆として参加していたが、その終了後には懇親会があり、そこで私はたまたま近くにいた人に自分の専門を尋ねられた。その頃、私は『二万五千頌般若』という大きな般若経の梵文写本を校訂する仕事に、必死に取り組んでいた。しかし、詳しい説明は不要と考えて、「般若経です」とだけ答えた。

するとその方は、すぐさま「ああ、般若心経ですね」と返された。

その方には、広大で、雑多な「般若経」のイメージはなく、「般若経」は『般若心経』に集約されていたのである。

私は、すぐに『般若心経』がいわば店頭の看板であり、もともとの店舗は「般若経」だということ、『般若心経』が数十種類ある「般若経」の一つにすぎないことなどを、簡単に補足したつもりだったが、その説明がうまくなかったのであろう。その方は心から納得されている様子ではなかった。自分の研究の意味を他者に共有してもらうのは、なかなか難しいものだと実感したことを今でも覚えている。

それ以来、「あなたの専門は何ですか」と聞かれるときは、曖昧に「大乗仏教です」と言うようにしている。もちろん、この答えのほうが、広がりがあって良さそうだし、実質的にも大乗仏教全般に取り組んでいるつもりなので、誤りではない。しかし、問題は、その人の答え、つまり「般若経＝般若心経」という考え方は、果たして間違っていたのだろうか。実はそうではない。

タイトルで明らかなように、『般若心経』は「般若経の心髄（しんずい）」、あるいは「核心」なのである。このことは、すでに多くの『般若心経』解説書の中で言及されているし、歴史的にも一般的な解釈と言える。それはインドやチベットの注釈ばかりでなく、中国や日本の注釈にも指摘されることだからである。

しかし、『般若心経』が「般若経」の心髄（エッセンス）であるなら、その肝心な「般若経」とはどのようなものなのか。それが問題である。つまり、『般若心経』とは何か、という解答を導くためには、「般若経」を知らねばならないことになる。その意味でも「般若経」に即した『般若心経』理解が求められる。私の『般若心経』理解で、他のものと異なる特性があるとすれば、まさにこの点である。

「般若経」の広がりと、凝縮した『般若心経』

『般若心経』ほど特徴のある経典はない。わずか二六〇余字（玄奘（げんじょう）訳）で、読んでも五分とはかから

『大般若経』の転読法要

ない短い経典でありながら、仏教の要諦をそのうちに含んでいる。

前述したように、インドの伝承では『般若心経』は「般若経」の精要、核心であると言われる。ところが、一般に言うところの「般若経」とは、「空」と「智慧」を根本テーマとする大乗経典群の総称であって、例えばその中の一つで、玄奘の訳した『大般若経』は、全体は六〇〇巻、字数は約五〇〇万字からなる。あらゆる仏典中で最大、それも桁外れに大きい。その核心が『般若心経』であるというのだ。したがって、その内容は極めて凝縮されたものと言えよう。

本経の内容は、「すべてが空」という般若経典の中心思想から、「心に障害がない」「一切の苦厄を度す」「能く一切の苦を除く、真実にして虚ならず」という肯定的な言葉が続き、最後には真言（マントラ）が控える。ここには初期仏教から、大乗、密教という長大な仏教の歴史的展開を垣間見ることができる。

本経に登場するのは、観自在（観音）とシャーリプトラ（舎利子）の二人だけ、観自在は大乗仏教で最も人気のある菩薩で、それが智慧第一と称讃された仏弟子の舎利子（舎利弗）に説法する。この構成は、多くの人に大乗と小乗の枠を越える価値を見いださせたろう。この小さな経典が、むしろそのコンパクトさの故に、般若経のみならず、仏教の看板として機能することができたのは、このような教えの間口の広さが考えられる。今日に至るまで『般若心経』が広範な地域に受け容れられ、長く、多様な信仰を得た背景にはこのような要素があったのだろう。

疑（偽）経ということ

数年前に、この『般若心経』が実は疑（偽）経であるという説を、あるアメリカ人の仏教学者が主張し、大きな話題になった。その説の眼目は、この経典はサンスクリット原文を漢訳したものではなく、漢文からサンスクリット文を製作したものだというものである。この説の根源には経典の正当性についての解釈が横たわっている。そもそも経典は原典があり、それが中国語なり、チベット語なり、別の言語に翻訳されて伝えられた。そうでないのは「疑経」という考え方である。

少し『般若心経』を離れるが、経典の正当性ということについて考えてみたい。

私の長年携わっている仕事に、（財）仏教伝道協会の英訳大蔵経（BDK Tripitaka Translation Series）の刊行という事業がある。漢訳された仏教聖典から主な文献を選び出し、これを英訳して一〇八巻（一三九典籍）の叢書にして刊行するという壮大な事業で、すでに四〇冊程刊行しているが、一昨年その叢書の一冊に、「アポクリファ」（Apocrypha）という巻を加えることができた。この中には『父母恩重経』、『盂蘭盆経』、『四十二章経』、『遺教経』、『円覚経』という東アジアの仏教に多大な影響を与えた五つの経典が収められている。

これらはどれも小さな経典なので、一冊ずつ刊行することはできない。そこで一つにまとめたのだが、その際、どのような名前で刊行するか、編集委員会の中で深刻な議論となった。なぜかというと、アポクリファというと、聖書学では「聖書外典」という意味である。もともと、ギリシャ語に由来する「典拠の不確かな文書」で、正式な聖書には組み込まれなかった文献である。このようなマイナスの意味を持つ言葉は本書のタイトルにはふさわしくないということで、アメリカの出版委員会から異議が唱えられたのだった。もちろん、私たちとしてはその意味を踏まえながら、敢えてこのタイトルを選んだわけである。

アポクリファは一般に「疑経」、あるいは「偽経」と訳されるが、日本語で「疑（偽）経」とは、「中国人の手によって制作された経典。インドでうまれた経典が真の仏説であるのに対していう。『父母恩重経』『十王経』など」（『日本語大辞典』講談社）とされる。まるで、中国人が捏造の張本人であるような書き方である。

岩波の『仏教辞典』でも同趣旨の規定が述べられ、「偽経は古く『道安録』（四世紀）でとりあげられて以来、歴代の経録編纂者たちから厳しい批判を受け続けた。翻訳仏典の目録を編むという彼らの任務からすれば、経の真偽に特別の関心を払うのは当然である。したがって仏説の真実性を晦ます偽経の存在を決して容認することなく、その摘出と排除に全力を尽くした。しかし偽経は雑草のごとく増殖の一途をたどった」とし、その増加の様子を克明に述べる。

疑（偽）経に対して、このような厳しい評価をしている一方、同じ辞典で、「仏教の伝統的立場からは百害あって一利なしと見なされてきた偽経であるが、難解な仏教教理に縁のない庶民が仏教に何を期待したかを具体的に研究することができる点では、偽経はかけがえのない価値を有する。また民衆に対する教化力は大きかった。しかし偽経は入蔵を許されなかったので、大蔵経の中には稀にしか存在しない。幸い敦煌出土仏典には散逸をまぬがれた大量の偽経が含まれている。また朝鮮や日本で作られた偽経は、それほど数は多くないが現存している」と、重要な資料としての面から積極的に評価している。

私たちも結果的にこの見方を取った。つまり、アポクリファとして、仏教の疑経を積極的に評価したいというものだった。

しかし、私たちはかのアメリカ人の学者のように、『般若心経』をアポクリファと考えているわけではない。むしろ「典拠が確実な」、代表的な大乗経典と言える。

もちろん、大乗経典は、ブッダの直接説いた経典ではないが、だからと言って、大乗経典すべてを疑経とすべきではない。その教説内容も初期仏教以来の伝統に適い、智や修行道において仏教の解脱に結びつく方向性を持っているならば、正統な経典と見なすべきであろう。

経典は人々の信仰に応じて姿を変える〈生きもの〉である

しかし、このような聖典観は仏典の拡大をもたらしてきた。仏教の経典、特に大乗経典は唯一の聖典という立場を取らず、あらたに成立した教えを次々と内包しながら、八万四千の法門というように、多様な教説を維持発展させてきた。その教えの展開が多くの経典の成立へとつながって、さらに多くの翻訳を生むことになる。

仏教では、アラビア語の聖典コラーンのみを正統と見なすイスラム教とはまったく異なり、翻訳された経典、あるいは特定の地域で成立した教えが、その地域の聖典となってゆくのである。

それはかつてブッダが、

「比丘等よ、衆生の安寧のため、世間の哀愍のため、人天の義理・利益・安寧のために、遊行せよ。二人してともに行くな。初めも、中間も、終わりも善く、意味と言葉を完全に備えた教えを説きなさい」

（「律蔵」『大品』）

「汝等はブッダの言葉をヴェーダ語に改めてはならない。比丘たちよ、私は汝等が〈ブッダの言葉を各自の方言で学ぶこと〉を正当と認める」（『律蔵』『小品』）

と仰せになったように、この融通性・寛容の精神が仏教の根本を貫いている。まさにそれこそが仏教の特性なのである。したがって、その教えも、大きな風呂敷のように、あらたに成立した教えを次々と包んでゆく。そればかりか、ある経典がいったん成立しても、それにとどまることはない。人々が求める願いや信仰に応じて、経典は姿を変える。それは人々の生活の場や、さまざまな布教の場において、対機説法として変化したと言えよう。

　その変化について言えば、元の教えの源泉を汲み上げて、それを味わった人により、異なった表現がなされるように、そこに介在する修行僧や説法師、聴聞する信者の受け止め方によって、経典の姿も変わっていったと見られる。

初転法輪の釈尊（サールナート）

る。

そして、この教えを受容する私たちが、さらにこうして『般若心経』を理解し、それを生かしてゆくものとなる。その意味でも経典は生きものなのである。この立場から私はこの小さな経典について、もう一度考えてみたいと思う。

第二章

『般若心経』の成立とテクスト

1…大乗仏教の興起と「般若経」

大乗仏教とは

大乗仏教は仏滅後、およそ四、五百年経過した紀元前後に北西インドで起こった。

それまでの仏教では、開祖シャカムニ・ブッダの崇拝が行われていたが、大乗になると、たくさんの仏（ブッダ）たちの信仰が生まれ、それらの仏が活躍する世界が説かれる。それに伴い、ブッダに到るための修行法や救済法が、長い時を経て確立していった。その間に、仏像が生まれ、祈りの形も多様になり、大乗仏教は多くの民衆の願いに応えていった。

しかし、この大乗仏教がどうして成立したのかについては、実は学界でも定説はない。そこで、以下には現代の大乗仏教の姿を概観し、そこから歴史的な考察をしてみようと思う。

現代社会の大乗仏教

『ブリタニカ国際年鑑』（二〇〇五年度版）によれば、私たちの世界には仏教徒が約三億七千二九七万人いると言われる。これは世界人口の約五・九％を占めているが、その割合は、キリスト教三二・九％、イスラム教一九・九％、ヒンドゥー教一三・三％についで、世界第四位の宗教ということになる（無宗教、中国系の民俗信仰を除く）。その仏教徒のうち、約二五〇万人が北アメリカに、三〇〇万人ほどがヨーロッパに住んでいるが、大部分の約三億五千万人はアジアに住んでいる。

仏教は一般的には、大乗仏教（北伝）と上座部仏教（南伝）とにわけられる。しかし、その教義や成立の時期、儀礼などが異なるため、大乗仏教から密教（タントラ乗）を別立てにすることもしばしばある。

『ブリタニカ』もこのように分類をするが、その統計によれば、大乗仏教徒の人数は、仏教徒全体の五六％の二億一六〇万人、上座部仏教徒（小乗）は三八％の一億三千六八〇万人、密教（タントラ乗）が六％の二千一六〇万人で、このうち大乗仏教が広がったのは東アジアの漢訳文化圏であり、タントラ乗はヒマラヤ周辺諸国のチベット語文化圏である。

しかし、驚くべきことに、日常的にサンスクリットの大乗仏典を読誦している地域も残っている。それは仏教の故地インドではなく、隣の国ネパールである。

最近のインド仏教は、新仏教徒（ネオ・ブッディスト）として知られるが、彼らの信仰するのは上座部仏教であり、これにチベット系の人々により、タントラ乗の仏教がかろうじて信仰されているにすぎ

ボーダナートの仏塔（カトマンドゥ）

ない。しかし、山間の辺鄙な地域のネパールでは、チベット仏教とともに、ヒンドゥー教と習合した独特の大乗仏教が守り続けられている。

私はネパールの仏教寺院で、ヴァジュラ・アーチャーリヤ（金剛阿闍梨）と言われる僧たちが、紺紙金泥の『八千頌般若経』を修復しているのを眼にしたし、寺に集まってくる僧たちとともに実際に手に取って読んだこともある。

ネパール王国は最近になって政治体制が大きく変わったが、かつて支配していた王家の宗教はヒンドゥー教であり、信者の数も多い。しかし、その中でネワール仏教徒と言われる人々が仏教カーストを維持しながら、現在もサンスクリット語の大乗経典、それも「般若経」を読誦しているのである。世界中を見渡しても、日常的にサンスクリット語原典で大乗経典や密教経典を読誦しているのは、この地域だけであろう。

――大乗仏教と「般若経」の思想的特色

大乗の原語はマハーヤーナというが、それは大きな（マハー）乗り物（ヤーナ）の意味で、劣小な乗り物（ヒーナヤーナ・小乗）に対する。自分自身の悟りはともかくとして、広く一切の衆生を救おうという利他行の立場を、悟りという究極の目標に向かって進む乗り物に喩えたのである。

その「大乗」という言葉を初めて用いたのは紀元前後に成立した「般若経」である。「般若経」によれば、従来の伝統的な仏教は「煩悩を断って修行者の最高の位である阿羅漢位を得ること」を目指している。しかし、それは自己の悟りのみを目標とする「信解の劣った〔者の〕道」と断じ、自己の立場を大乗と呼び、その優位性を主張したのである。

大乗仏教徒は従来の修行者の階梯である預流・一来・不還・阿羅漢（四向四果）といった声聞や独覚（＝縁覚）の境地に満足してはいけない。そこに結びつく（小乗の）教えによっては、完全な悟りに到達することはできない。大乗の教えによってのみ一切智を獲得し、完全な涅槃に到ることができると主張する。「般若経」はその智慧を説くのである。

そもそも「般若経」の正式名は、「般若波羅蜜〔多〕経」（プラジュニャーパーラミター・スートラ）というが、それはまさに「完全なる智慧」を意味する。そのタイトルのように、あらたに、大乗としての智慧を明らかにしようとした経典なのである。その後、「般若経」は多様な展開を遂げることになるが、『般若心経』もまさしくその中に含まれるものである。また、「般若経」を嚆矢として他の多くの大乗経典も陸続として登場していった。

それでは、なぜ大乗仏教が起こったのかを、インドの仏教史を概観しつつ考えてみたい。

アショーカ王の登場と部派仏教

ブッダが亡くなってから百年ほど経った、紀元前三世紀の中頃、インド歴史上において最も有名なアショーカ王が登場する。アショーカ王は即位してから八年後に東インドのカリンガを征服した。王はその戦争によって生じた悲惨な結果を悔恨し、仏教に帰依し、武力による征服から法（ダルマ）による征服へと政策を転換したとされる。仏教はこの王のもとで、急速に発展した。

このアショーカ王の時代に、仏教は金銭の授受を始めとする生活規定の問題に端を発して、上座部と大衆部に分裂した。その後、三百年間ほどは地域に根ざした仏教が広がり、十八部、あるいは二十の部派になった。

過去仏の燃灯仏から授記を受ける前世の釈尊（ガンダーラ）

大乗仏教はこのような部派の仏教の中から起こるが、そもそも当時の仏教は、ブッダについて、以下のような基本となる教理を持っていた。

1．ブッダの唯一性

この世界には一時に一人のブッダ（仏）しか現れない。シャカムニ仏の時代には、シャカムニだけがこの世の中のブッダなのである。つまり、ブッダが同時代、同じ世界に複数存在することはない。

2．ブッダが出現する時期

あるブッダと次のブッダとの間には、ブッダの存在しない時期がある。現在もそのような時代である。我々の世界はシャカムニ仏の時代から、この無仏の時代を経て、次に登場するブッダが弥勒（みろく）とされる。

3．ブッダになるための誓願（せいがん）

我々がブッダになるためには前世（ぜんせ）で過去のブッダに出会い、その面前で誓いを立てなくてはならない。「私も将来仏になりたい」と誓願した者のみがブッダになる。

この三つの基本的な原則は、すでに部派仏教で確定されていた。しかし、この原則による限り、我々が仏（ブッダ）になることは極めて困難となる。ブッダになるためには、気の遠くなるような修行の成果が求められる。実際には出家者にとっての最高の目標はブッダになるのではなく、阿羅漢になることであった。

一仏から多仏へ

このブッダに対する考え方の変化が、大乗が起こる大きなファクターとなった。つまり、先の伝統的なブッダ観がある限り、我々は仏になることはできない。しかも、出家して阿羅漢を目指すことができる者はよいが、出家の機縁（きえん）を持てない人にとって、救いはないのか、という考えが民衆の間で強くなっていく。そして、出家して阿羅漢になるのではなくて、そのまま仏になりたいという願いがだんだん強くなり、その中で大乗仏教が現れるのである。

それでは、先の三原則を守った上で、我々が仏になるにはどのような世界を考えたらよいのだろうか。

我々の住んでいる世界は一つのユニットとして存在している。しかし実は宇宙にはそれとまったく同じ形態の世界が無限に広がっている。その数は千の三乗あると言われていることから、これを三千大千（さんぜんだいせん）世界という。

この一つずつの世界に、先の三つの原則を適応すると、ある時代には一人のブッダしか現れないが、世界が無限にあるのだから、まさに今、仏が現れている世界が必ずどこかにあるはずだ。その仏の現れている世界に行くことができれば、我々はそこで自分自身が仏になるという保証を得ることができる。こうした世界の広がりが、複数のブッダの出現を可能にしたのである。

仏塔崇拝とブッダ観の変遷

また、大乗仏教の発生は仏塔崇拝と仏身観（ぶっしんかん）の展開に深く関わっている。仏教徒はシャカムニ・ブッダの入滅（にゅうめつ）後、その遺体を荼毘（だび）（火葬）に付し、仏舎利（ぶっしゃり）は八箇所に分骨された。そこから仏塔（ストゥーパ）が造られ、そこを聖地として巡拝する信仰が盛んになった。仏教徒は仏塔をシャカムニ・ブッダの象徴として、礼拝したのである。

正面に仏像を表した仏塔の浮彫（アマラヴァティー）

当時は仏塔には仏弟子の遺骨や遺物なども納められ、僧院の内外に設けられるようになり、仏塔の数も次第に増えていった。

やがて、仏塔を中心にする信者の集団も生まれ、そこに集まる信者のためにブッダすなわち仏塔への信仰を説く専門的説法者も登場した。そこではブッダの教え（法）を守る教団とは別に、ブッダ（仏）そのものへの崇拝が中心となり、その信仰は部派や出家者・在家者の区別なく一般信者の間にも広がるようになっていった。

これを教理的にとらえると、「ブッダは仏教のダルマ（真理）を覚知して、目覚めた人（ブッダ）になった。そうであれば、ブッダの目覚めた真理やその教えこそが、ブッダという聖なる者を可能にした」とも言えるのである。

大乗特有の三身説も同様である。まず最初に、教えこそがブッダの本質であるということから「教えからなるブッダ」という意味の「法身」という解釈が成立する。それは歴史的存在であるブッダを超え、ブッダの永遠性を確立すると同時に、現実の世界に現れる複数のブッダを想定する可能性を開いた。

次にさまざまな衆生の救済のために、時や場所や機根に応じて現れる「応身」という考え方や、ブッダとなるための行を積み、その報いとしての完全な功徳を備えた「報身」という仏身論（三身説）へと発展した。おそらく、それはヒンドゥー教の化身（アヴァターラ）という考え方も影響していたものと思われる。

こうして、今はなきブッダから、現前するブッダ（仏塔）、さらには他方世界に存在する複数の個性的ブッダへといったブッダ観の変化が、大乗仏教が起こる直接的な契機となったのである。

大乗の菩薩とは

ところで、ブッダの複数化は菩薩の複数化を予想している。そもそも菩薩は、シャカムニ・ブッダの前生（ぜんしょう）であるから、多様なブッダの出現は、必然的に菩薩の複数化をもたらすのである。「菩薩」とは「ボーディサットヴァ」（菩提薩埵（ぼだいさった））を、略して呼んだものであるが、その「ボーディ」とは悟り、「サットヴァ」とは衆生という意味である。したがって、菩薩とはシャカムニ・ブッダになる以前の「悟りを求める人」と解釈されたのである。

ヴィシュヴァンタラ本生（キジル）

現在も南方仏教で重視される仏典のジャンルに、ジャータカというものがあるが、これらはブッダの前生物語を集めたものである。ブッダを崇敬する人々は、ブッダの生涯やその前生についてさまざまな物語を生み出し、シャカムニ・ブッダの菩薩時代の修行を讃えた。修行時代の菩薩という考えは、人々に菩薩を身近な存在としたし、それが彼ら自身の悟りへの意欲と菩薩としての自覚を促（うなが）した。それは日常生活の信仰が、菩薩の実践へ結びついたためである。

阿弥陀仏の極楽浄土（智光曼荼羅）

このような思潮の中で、実際にブッダに追随して成仏をめざす人々が菩薩と言われるようになる。この意味ではジャータカ等の讃仏文献こそが、菩薩の複数化へ至る道を提供したと言える。

次の大乗の段階になると、それまでの一仏世界から、三世十方という時間的・空間的広がりを持った世界観が確立し、多方面に広がった他方仏国土において、それぞれのブッダが説法する姿が描かれ、多くの菩薩がそれぞれのブッダの教えを聴聞する。その中には将来ブッダになることを授記（予言）される菩薩も登場する。

それは新たなブッダの誕生が告げられると同時に、次世代へと連綿として続く仏教世界の拡充をイメージしている。このようにして大乗では、だれでも菩薩になれることを強調する。生きとし生けるものは悟りへの希求（菩提心）を起こすことによって菩薩となる。つまり、ここで悟りたいという心が重視されたのである。

もちろん、部派仏教時代の文献でも菩薩はすでに声聞・縁覚と並んで三乗の一つとして述べられるが、そこでは前生の業によって生まれた〈業生の菩薩〉という完全な福徳を備えた存在である。これに対して大乗では、すでに成道することは確定しているが、利他の誓願を起こして、敢えてこの世に生まれた〈願生の菩薩〉と見なされる。このような世のため人のために実践（慈悲・利他行）し、すすんでは悟りの真理によって現実社会の浄土化（浄仏国土）に努めるという姿勢を、後代になって「上求菩提・下化衆生」と言った。まさにこれが大乗の菩薩の特性なのである。

大乗の仏と菩薩

このように大乗仏教は一仏の世界から多仏の世界へと変質していったが、それを説いたのが、「般若経」をはじめ、『法華経』、『維摩経』、『華厳経』、『無量寿経』といった大乗経典である。

それらを具体的にあげれば、西方の極楽（スカーヴァティー）世界に住し、無限の寿命を持つ（アミターユス　無量寿）、あるいは無限の光明を持つ（アミターバ　無量光）という阿弥陀仏が浄土教の教主としてよく知られる。

その他、東方の浄瑠璃世界に住し、十二の大願を起こし、衆生の病苦を除き、安楽を与えるとされる薬師（バイシャジャグル）仏、東方の妙喜（アビラティ）国の大目如来のもとで発願修行して成仏し、現に妙喜世界において説法するという阿閦（アクショービヤ）仏、欲界の第四天である兜率天に菩薩として住み、やがて未来仏として下生するという弥勒（マイトレーヤ）仏、宇宙（法界）に遍満する

文殊菩薩（安倍文殊院）

法身仏である毘盧遮那（ヴァイローチャナ）仏など多くの仏が信仰されるようになる。この仏たちの信仰が、紀元前後のインドで花開いたのである。

また、大乗経典には、観音、文殊、普賢、地蔵、虚空蔵、日光、月光をはじめとして、数え切れないほど多くの固有の菩薩も登場する。大乗経典は多様な諸仏を教主としつつ、これらの菩薩を対論者として、慈悲にもとづく大乗の修行道によって悟りに向かうべきことを呼びかけたのである。

以上のように、大乗仏教とは菩薩道、すなわちブッダになるための道の再編成であり、その教えをさまざまに説く経典を提示してゆく仏教運動であったと言える。

――大乗経典の成立と展開

私たちは日頃『般若心経』などを読誦したり、観音さまや阿弥陀仏にお祈りをして、苦しみからの救済や、厄災を消除して、安寧なることを祈るが、それにはどのような意味があるのだろうか。はたしてそれは可能なのだろうか。このことを考えるには、大乗仏教について、もう少し知っておく必要があるだろう。

先に触れたように、大乗仏教はいわゆる小乗仏教と異なり、多くの仏・菩薩への信仰を説く。大乗仏教では、それらの超越的な存在と、いかに交信するか、超越的存在がどのようにわれわれを救済してくれるのか、その方法やメカニズムを追求するのが修行の目的になる。

そのための方法とは、三昧（さんまい）であり、祈りであり、念仏であり、儀礼であるなど、実に多様である。また、六波羅蜜（ろくはらみつ）にしても、出家ばかりでなく、在家（ざいけ）の日常生活でも実践できるものと言える。このように、私たちは、誰でも仏や菩薩などの超越的存在と交信できるという宗教体系を手にしている。それが大乗の経典に説かれた内容と言えるだろう。

大乗仏教は紀元前後に起こったが、「般若経（はんにゃきょう）」を発端として、次々に大乗の立場から新しい経典を生みだしていった。まさに大乗は新しい経典を形成する運動として始まったのである。これらの大乗経典を成立の順に見ると、初期、中期、後期の三つに区分される。

〈大乗経典の区分〉

(1) 初期大乗経典（紀元前後～三世紀頃）

a 般若経典群——空（くう）と六波羅蜜、維摩（ゆいま）の不二法門（ふにほうもん）

b 『八千頌般若』、『二万五千頌般若』、『維摩経』

b 法華経典群——一乗思想、久遠実成のシャカムニ仏

『法華経』、『不退転法輪経』

c 華厳経典群——毘盧遮那仏の悟りの世界の顕現、菩薩の十地

『華厳経』、『十地経』、『入法界品』

d 浄土経典群——阿弥陀信仰、極楽世界

『無量寿経』、『阿弥陀経』

e 三昧系経典

『般舟三昧経』、『首楞厳三昧経』、『慧印三昧経』

(2) **中期大乗経典（四世紀～六世紀頃）**

a 〈第一期〉（四世紀～）

『勝鬘経』の如来蔵思想、『涅槃経』の悉有仏性・法身常住思想

『解深密経』・『入楞伽経』の唯心と如来蔵

b 〈第二期〉（五世紀～）

『薬師如来本願経』、『地蔵菩薩本願経』、『金光明経』の三身説

(3) 後期大乗経典〈密教〉（七世紀〜十三世紀初）

a 『大日経』、『金剛頂（こんごうちょう）経』、『理趣（りしゅ）経』

b その他の密教経典、『秘密集会（ひみつしゅうえ）タントラ』、『時輪（じりん）タントラ』

ここでいう初期とは、大乗仏教が興起した紀元前後から、西北インドのクシャーナ朝が栄える三世紀頃までで、南インドではアーンドラ（シャータヴァーハナ王朝）の支配した時代頃をさす。

初期大乗経典の主要なものとしては、『八千頌般若』、『二万五千頌般若』などの般若経系、『法華経』、『不退転法輪経』などの法華経系、『華厳経』、『十地経』、『入法界品』などの華厳経系、『無量寿経』、『阿弥陀経』などの浄土教系、『首楞厳三昧経』、『般舟三昧経』などの種々の三昧を中心に説く経典（三昧系）がある。

これらの特徴を簡単に述べると、般若系は空と六波羅蜜という菩薩の実践を力強く、直感的に説き、法華系は永遠のブッダと一乗思想を比喩によって文学的に説く。華厳系では、毘盧遮那仏の悟りが顕現した内的世界観と十地という菩薩の実践階梯（かいてい）を説き、浄土系は誓願（せいがん）と念仏からなる阿弥陀信仰とその仏国土である極楽世界を説く。三昧系の経典は、首楞厳三昧、慧印三昧、念仏三昧、般舟三昧などを説き、三昧が大乗の主要なテーマとなったことが窺（うかが）える。これらが後の大乗の発展に決定的な影響を与えた。

中期はグプタ王朝を中心とする四世紀から六世紀頃までの約三百年間で、『解深密経』、『勝鬘経』、『如来蔵経』、『涅槃経』、『入楞伽経』、『金光明経』などがある。

これらの経典は唯識や如来蔵という論書的な要素を持つ点に特色がある。すなわち、一部の修行者は三昧の中で心を見つめ、そこに深層の潜在意識を見いだした。そして、心の変化を追求した結果、心の転変が迷いから悟りへの転換となることを確信する。それを説くのが唯識系の経典である。

また、心の本性は清浄であり、煩悩は外来的なものであること（自性清浄・客塵煩悩説）を踏まえ、清浄な心が悟りという結果をもたらすものであることを明らかにしたのが如来蔵系の経典である。特に如来蔵経典は、悟りの根拠として、人間が如来の普遍性のうちにあることを説き、あらゆる人に成仏の可能性を認めたという点でその後の仏教に大きな影響を与えた。

後期は東インドやベンガルで七世紀から始まるが、八世紀に勃興したパーラ朝の時代が中心となり、一二〇三年にヴィクラマシラー寺院が破壊されてインド仏教が終焉を迎えるまでの約五百年間である。

『秘密集会タントラ』にもとづくマンダラ

その中で七世紀に成立したとされる『大日経』と『金剛頂経』を中心に、『理趣経』、『秘密集会タントラ』、『時輪タントラ』などの密教系経典が登場する。

密教経典はマンダラ（曼荼羅）、マントラ（真言）、ムドラー（印契）を組み合わせた実修法（ヨーガ）を用いて、修行者と法身との合一を図るように、儀礼性と象徴性を特色とする。ただし、先に述べたように、密教経典はそれ以前の大乗経典と大きく内容を異にするために、これを大乗とは区別し、密教（タントラ乗）として別に立てることもある。

初期大乗経典について

大乗経典をさらに内容から区分すると、〔1〕般若経系、〔2〕法華経系、〔3〕華厳経系、〔4〕浄土教系、〔5〕三昧系、〔6〕涅槃経系、〔7〕密教系経典の七種類になるが、そのうち初期大乗は最初の五種に見ることができ、さらにその系統自体も中期から後期へと発展してゆく。

まず、〔1〕般若経系の『道行般若経』に初めて「大乗」の語が用いられ、声聞・縁覚という伝統的な修行者の実体的な考え方に対する批判が、菩薩の教えとして語られる。また、仏塔崇拝にもとづく経巻の崇拝が強調されるなど、新しい仏教運動の中核となった。

本経には「空」と、「智慧の完成」を中心とする六つの実践（布施・持戒・忍辱・精進・禅定・智慧という六波羅蜜）が主要なテーマとなる。多くは「陀羅尼品」と呼ばれる章を持ち、ダーラニー（陀羅尼）による経典の記憶と言語の神秘的力について語る。さらには、この経典そのものが特別な力を持つ呪文（ヴィディヤー　明呪）であるという注目される思想が見られ、これが『般若心経』のマントラ（〔神〕呪）につながる。

また、般若経の空説に基盤を持ちながら、讃仏思想や仏塔崇拝を継承し、さらに新しいブッダ観を打ち立てたのが『法華経』である。

〔2〕法華経系は、シャーキャムニ・ブッダの入滅は方便であり、その本体は久遠実成の法身仏であるとした。さらに、苦悩する衆生世界という現実を離れる傾向となった教団の出家者である声聞や、個人的な悟りにのみ沈潜する縁覚の二乗者を小乗と批判しつつ、菩薩としての実践に帰一するべし（菩薩一乗）と強調する。

〔3〕華厳系は、『華厳経』に大成される。『華厳経』はブッダの内観の世界を表現したものである。その教主毘盧遮那の悟りの世界は密教の大日を教主とする曼荼羅世界へと展開する。また、一方では「三界は虚妄にして但だ一心の作るところ」、あるいは「心は巧みな画師の如

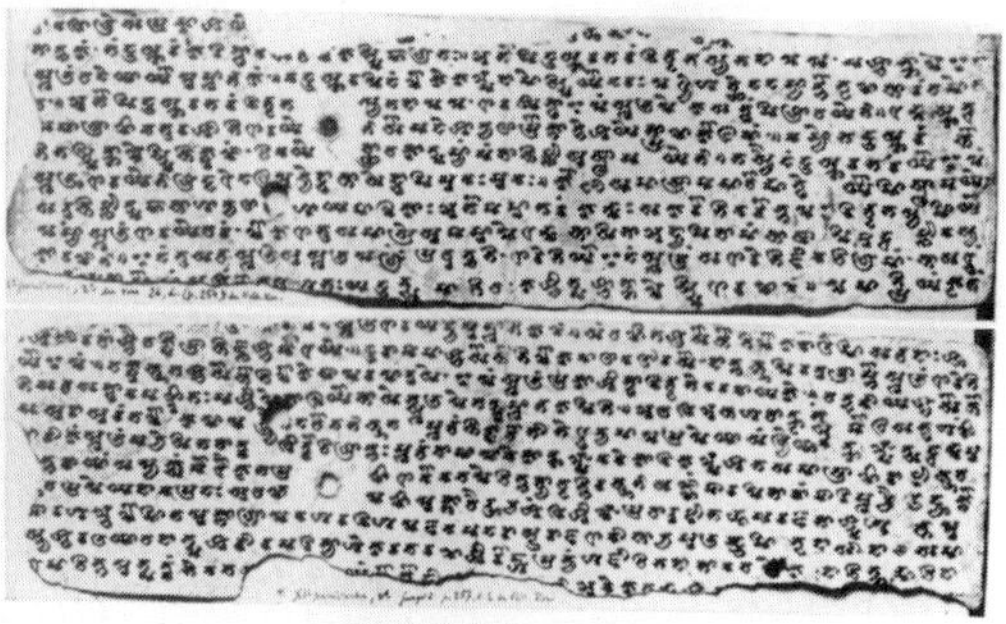

『法華経』のサンスクリット写本（ギルギット出土）

くであり、種々に五蘊を描く」と説かれるように、心を重視する傾向が深まり、やがて禅定（ヨーガ）の瞑想の中で心と対象の関係を分析してゆく唯識派へと展開してゆく。

〔5〕浄土教系は『阿弥陀経』、『無量寿経』、『観無量寿経』を根本経典（浄土三部経）とする。これらは法蔵菩薩の発心に際して立てられた、衆生救済という誓願を、長久なる修行の結果実現した阿弥陀仏への信仰を説くものである。そして、法蔵菩薩の誓願の根底にあるブッダの慈悲を重視し、このブッダに専心して名を唱え（称名念仏）、そのブッダへの信仰によって同じ極楽世界へと往生することができることを説いた。

〔6〕三昧系の経典には『般舟三昧経』、『首楞厳三昧経』、『慧印三昧経』がある。これらにはあまり共通する思想は見られないが、三昧という手段によって、この世界において他方世界の仏菩薩に直面したり、教えを聴聞することを説く点が一致する。

般若経の展開

「般若経」は正しくは、「摩訶般若波羅蜜〔多〕経」（Mahāprajñāpāramitā-sūtra）と言い、「智慧の完成」（般若波羅蜜〔多〕）を説く経典群の総称であって、単独の経典を言うのではない。般若経自身の語るところによれば、その原型は紀元前後に南インドで成立し、一千年ほどかけて次第に増広、発展しつつ、多様な発展を遂げ、北方に至って完成した。その展開を大ざっぱに見ると、次のようになる。

(1) 原始般若経典の形成（紀元前後～紀元後一〇〇）
(2) 経典の増広（ぞうこう）期（紀元後一〇〇～三〇〇）
(3) 教説の個別化と韻文（いんぶん）化の時期（三〇〇～五〇〇）
(4) 密教化の時期（五〇〇／六〇〇～一二〇〇）

第一期は大乗の成立と重なる。初期大乗経典の先駆として、その最初に成立したのが小品（しょうぼん）系の般若経（『道行般若』、『小品般若』等）とされる。しかも、この系統の経典自体も段階を追って成立したらしく、エピローグにあたる最終章が二つもある。初めに最終章となっていた箇所の後に、さらに別の話が付け加えられ、もう一度最終章が添えられたわけである。さらに、この経の冒頭部分（『道行般若経』で言うと、「道行品」第一と「難問品」第二）は、最初期に成立したと考えられ、般若波羅蜜や大乗の観念は見られるが、いまだ六波羅蜜や三乗といった大乗の基本となる教えは見られない。そのためこれを原始般若経と呼ぶ人もいる。

第二期は経典の増広期である。紀元後一〇〇年から三〇〇年頃にかけて、その主要な般若経は「摩訶般若」（マハープラジュニャーパーラミター）と言われながら、次第にその姿をかえ、それぞれが別の経典であるかのようになった。その内容は基本的には同じ骨格を持ちながら、別の要素を取り入れて発達したため、現在見られるような、重複が多く、近似したさまざまな文献が生まれた。これが第二の「経典の増広期」であり、『一万八千頌般若』、『二万五千頌般若』、『十万頌般若』など大品《だいぼん》般若系の多くの類本がこれに属する。

あるいは逆に拡大された般若経の特定の主題を強調しながら、別個の経典を生んでゆくという流れも存した。第三の「教説の個別化と韻文化の時期」である。

紀元後三〇〇年から五〇〇年頃になると、拡大した般若経の中から特定の主題を強調しながら、教えの個別化が行われた。あまりに増大した般若経から、教説を容易に理解し、簡単に説明する必要があったからであろう。同時に、従来見られなかった韻文による要略も行なわれた。これらの経典は、比較的小部で、多くは韻文によって本文の要略が付加される。

これらは経典としてまとまった内容を持つのが特徴の一つである。また、経典の増広運動が一段落して、偈頌《げじゅ》数によって般若経典を区別して呼ぶようになったのもこの時期である。こうして、拡大された般若経に続いて主なる般若経典が完成したのである。この時期に属するものとして、『金剛《こんごう》般若』、『勝《しょう》天王《てんのう》般若』、『文殊《もんじゅ》般若』、『善勇猛《ぜんゆうみょう》般若』、『仁王《にんのう》般若』、そして『般若心経』があげられる。

般若仏母（インドネシア）

第四期は「密教化の時期」である。紀元後五、六〇〇年から一二〇〇年のインドは、次第に密教化してゆく時代であって、般若経もその影響下にあった。般若は仏母として神格化され、さまざまなマントラ（真言）や文字によって仏・菩薩を象徴した種子が説かれ、象徴的な儀礼を述べる儀軌も出現した。『般若理趣経』、『帝釈般若』、『日蔵般若』、『月蔵般若』、『一字般若』などがそれである。なお、玄奘訳『大般若波羅蜜多経』六〇〇巻などの原本が完成したのもこの時代に属するだろう。

——般若経の系統

現在、般若経典は密教系の儀軌などを含めて、四十種類ほど確認されている。そのうち漢訳されたものだけでも四十二種を数え、種々のサンスクリット本やチベット訳本（三十六種）がこれに加わる。この膨大な文献群を内容別に分類すると、左の表の一九種になる。

表の最後は⒅『仁王般若経』と⒆『大般若波羅蜜多経』であるが、前者は護国経典として重視された

【般若経の系統】

(1) 小品系般若経	『道行般若経』、『小品般若経』、『大明度経』、『八千頌般若』(Skt.) など	基礎的般若
(2) 大品系般若経	『放光般若経』、『光讃般若経』、『大品般若経』、『一万八千頌般若』(Skt.)、『二万五千頌般若』(Skt.) など	基礎的般若
(3) 『十万頌般若』	漢訳は玄奘訳のみ	基礎的般若
(4) 『金剛般若経』	『能断金剛般若波羅蜜経』など漢訳八種	発展的般若
(5) 『文殊般若経』	曼陀羅仙訳と僧伽婆羅訳と玄奘訳の漢訳三種	発展的般若
(6) 『般若心経』	玄奘訳など漢訳八種	発展的般若
(7) 『善勇猛般若経』	玄奘訳の漢訳一種	発展的般若
(8) 『濡首般若経』	宋の翔公訳と玄奘訳の漢訳二種のみ	発展的般若
(9) 『勝天王般若経』	月婆首那訳と玄奘訳の漢訳二種のみ	発展的般若
(10) 『開覚自性般若経』	惟浄等による漢訳一種のみ	発展的般若
(11) 『般若理趣経』	金剛智訳、不空訳など数種の類本あり	密教的般若
(12) 『一字般若経』	チベット語訳のみ	密教的般若
(13) 『帝釈般若経』	漢訳は施護訳『帝釈般若波羅蜜多心経』	密教的般若
(14) 『小字般若経』	梵・蔵訳と天息災の漢訳一種	密教的般若
(15) 『日蔵般若経』	チベット語訳のみ	密教的般若
(16) 『月蔵般若経』	チベット語訳のみ	密教的般若
(17) 『百八名般若波羅蜜多経』	漢訳は施護訳『百八真実円義陀羅尼経』	密教的般若
(18) 『仁王般若経』	羅什訳『仁王般若波羅蜜経』と不空訳『仁王護国般若波羅蜜多経』の漢訳二種のみ	
(19) 『大般若波羅蜜多経』	玄奘による漢訳、十六会、六〇〇巻	

が、中国で編纂された可能性が高い。後者は十六種の般若経典を集めた般若経の叢書であり、最大の仏教経典として知られる。玄奘により訳され、漢訳で六〇〇巻からなる。前者は仁王会、後者は大般若会の際の読誦経典として、漢字文化圏で最も流通した。

2…『般若心経』のサンスクリット原典

『般若心経』の資料

私たちは『般若心経』を漢訳で読誦しているが、そもそもその原本はどのようなものなのだろうか。それがどのように伝承され、いつ、どこで、誰によって漢訳されたのか。漢訳以外の伝承はどのようになっているのだろうか。

このような疑問を解消するには、最も簡単に入手できる中村元・紀野一義訳注『般若心経・金剛般若経』(岩波文庫)を手にするのが良いだろう。本書に記載された資料についての情報は、充分に頼りになるものだし、その解説・内容は客観的かつ豊かなもので、長い間私たちの基準となってきた。

しかし、本書の出版からすでに半世紀近く経っているので、資料の論考にしてもやや古くなってしまった感がある。ここではその欠けた点を補い、あらたに資料の見通しを立てておこうと思う。

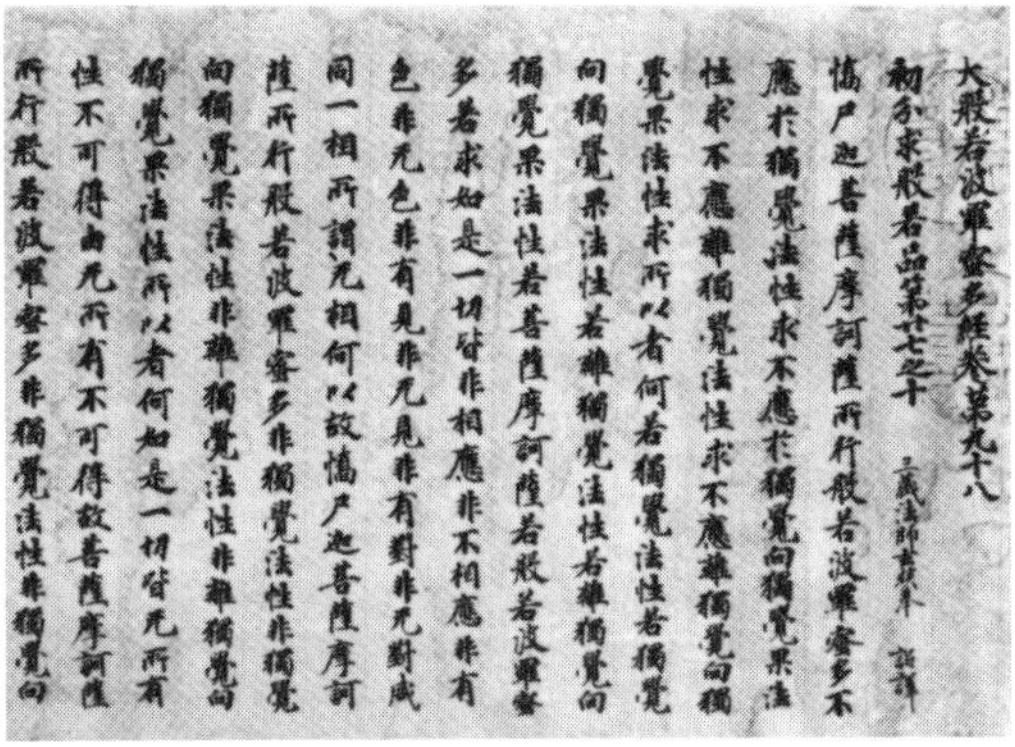
大般若波羅蜜多經卷第九十八
初分求般若品第廿七之十　三藏法師玄奘奉　詔譯
憍尸迦菩薩摩訶薩所行般若波羅蜜多不
應於獨覺法性求不應於獨覺向獨覺果法
性求不應離獨覺法性求不應離獨覺向獨
覺果法性求所以者何若獨覺法性若獨覺
向獨覺果法性若離獨覺法性若離獨覺向
獨覺果法性若菩薩摩訶薩若般若波羅蜜
多若求如是一切皆非相應非不相應非有
色非無色非有見非無見非有對非無對咸
同一相所謂無相何以故憍尸迦菩薩摩訶
薩所行般若波羅蜜多非獨覺法性非獨覺
向獨覺果法性非離獨覺法性非離獨覺向
獨覺果法性所以者何如是一切皆無所有
性不可得由無所有不可得故菩薩摩訶薩
所行般若波羅蜜多非獨覺法性非獨覺向

各種の般若経を集大成した
玄奘訳『大般若経』の写本（奈良時代）

サンスクリット原文の種類と系統

『般若心経』（Prajñāpāramitāhṛdaya）のサンスクリット原文には二種類の系統がある。一つは「観自在菩薩(かんじざいぼさつ)が甚深(じんじん)なる智慧の完成を実践しているとき」から始まり、「ギャテー、ギャテー、ハーラーギャテー、ハーラソーギャテー、ボーディ、ソワカー」の真言に終わる形式の小本（略本）。これが私たちにとって、なじみのある『般若心経』である。

もう一つは、この経文を挟んで、冒頭に「このように私は聞きました。あるとき、世尊(せそん)はラージャグリハのグリドゥラクータ（霊鷲(りょうじゅ)）山に……」という序分、末尾に「神々、人間、アスラ、ガンダルヴァ楽神(がくしん)を含む世間は、世尊によって説かれた〔この教えに〕大いに歓喜した」という結びの言葉（流通分(るずうぶん)）で終わる大本（広本）とである。

この小本をサンスクリット原典では「十四頌般若」、大本を「二十五頌般若」と韻律の形式（頌数）で呼んで区別することもある。この呼び方は、インドやチベットの伝統では一般的だが、漢訳の伝統にはない。この頌の数は、わが国における三十一文字の短歌にあたると考えたらよいだろう。この二つの経文を別々にして、サンスクリット原文からまとめておこう。

――小本サンスクリット写本の三種の系統

小本のサンスクリット写本には、わが国に所蔵された写本を中心に言うと、(1)法隆寺系、(2)澄仁本系、(3)観音親授本系の三種に区分できる。

第一の法隆寺系は、約七種の写本が確認されている。法隆寺の写本は中国からもたらされたが、八世紀頃に書写されたもので、『般若心経』の写本としては小本・大本を通じて最も古い。この写本にもとづいていくつかの写本が伝書されている。

その代表的なものに、真言律を提唱した霊雲寺の浄厳が、元禄七年（一六九四）に書写したもの（『普通真言蔵』中巻に収録）、真言宗・高貴寺の慈雲が宝暦十二年（一七六二）頃に復元・訂正し、木版にて刊行した写本（『梵学津梁』に収録）、宗淵が法隆寺や高貴寺など近畿の名刹に所蔵された悉曇文書を集め、安政六年（一八五九）に公刊した『阿叉羅帖』に収録されたものなどである。

このうち、現存、最古の法隆寺の写本と浄厳の書写本は、現在は東京国立博物館（法隆寺宝物館）に所蔵されている。

第二に澄仁本の系統がある。この写本は最澄(さいちょう)・円仁(えんにん)がそれぞれ中国から請来(しょうらい)した写本を校訂したとされるもので、その両師の名前から澄仁本と命名されている。実際、高野山大学図書館が所蔵する金剛三昧院(こんごうさんまいいん)寄託写本には、その請来者（最澄・円仁）の名前が略して記してある。

この写本はたびたび複写され、正平(しょうへい)七年（一三五二）に宝玉(ほうぎょく)が書写し、享保(きょうほう)二年（一七一七）には実詮(じちせん)が東寺観智院(かんちいん)の写本を兼通(けんつう)に書写させ、享保十二年（一七二七）には本舜(ほんしゅん)が洛西の五智山(ごちさん)の自浄庵(じじょうあん)で書写した、などという記録がある。

この系統は、梵字と意訳と音訳が、それぞれ異なった組合せで書写されている写本からなり、現在まで約九種類残っているが、そのうちの六本は観智院に所蔵されている。

第三の観音親授本系とは、敦煌で発見され、現在大英博物館に所蔵されているものなどで、この一つが日本で刊行された「大正新修大蔵経」中に収録された。この写本には「観自在菩薩が三蔵法師玄奘(げんじょう)のために、親しく教授した梵本(ぼんぽん)であって潤色(じゅんしょく)していない」という意味の副題があり、「観音親授本」とはそこから採った呼称である。

この系統の写本はサンスクリットの漢字音訳であって、厳密にはサンスクリット原典ではない。これらは、敦煌（Stein no. 2464, no. 5648）ばかりでなく、河北省の房山雲居寺の石経や、日本（東寺観智院二本など）にも伝承されている。そのうち、日本に伝えられた写本には、漢字音訳をさらに悉曇文字にして、逐字対応のサンスクリット文に復元（還梵）した写本もある。実際、この復元した文字から、さらにサンスクリット文を作成する試み（福井文雅「不空訳（訳音）の梵文復元」、「慈賢の訳音本について」『般若心経の総合的研究』春秋社、二〇〇〇、一二一～一三八頁、四四六～四五三頁）がなされていることもあって、この系統をサンスクリット写本の一つと見なしている。なお、不空の音訳は、福井より前にハーヴィッツによってコンゼ博士の記念論文集に寄稿されている（Leon Hurvitz, Hsün-Tsang 玄奘 [602-664] and the *Heart-Scripture, Prajñāpāramitā and Related Systems*, Berkeley Buddhist Studies Series, University of California, 1977)。

——大本サンスクリットの写本と刊本

大本のサンスクリット写本には、(1)日本の写本、(2)中国の写本、(3)ネパールの写本の三つにわけられる。日本に伝えられたものは、慧運が中国から請来した原本に由来する三写本（圓海書写本・浄厳書写本・法護書写本）と、寛喜本の計四写本である。

弘法大師の弟子、安祥寺の慧運は八四七年に中国から『般若心経』の写本を請来したが、これを一一一〇年に圓海が書写した。これを圓海書写本という。この写本が高野山・正智院に伝えられ、その写しがマクス・ミュラー（F. Max Müller）に送られ、校訂本の資料となった。この写本は現在、長谷寺に所蔵されている。また、マクス・ミュラーの使用した複写は、オックスフォード大学のボドリーアン図書館（Bodleian Library）に保存されている。

さらに、この圓海写本から二種の写本が伝えられている。一つは正智院にあった圓海写本を、一六九四年に浄厳が書写したもの、もう一つは一七九三年に法護が書写したものである。なお、法護の写本は善通寺の僧鳳が複写し、高貴寺に納められた。

ボドリーアン図書館

寛喜本は請来の経緯は不明だが、寛喜三年（一二三一）に妙智本によって校訂し、一七四六年に賢賀が再修訂した。これを長谷寶秀が書写したものという。これらはすべて榛葉元水『般若心経大成』（開明書院、一九七七）に写真で収録されている。

次に、中国の写本は、フランスのフェール（H. L. Feer）が刊行に用いたものと、マクス・ミュラーと南条文雄が刊本に用いた写本（W本）の計二

大本『般若心経』のサンスクリット写本（ネパール・アーシャ古文書館、撮影・鈴木廣隆氏）

写本ある。両者の内容はよく似ている。その他、コンゼ（E. Conze）が校訂に用いた中国の写本もある。これは北京にあった金剛鈴に刻まれていた経文から、ロシアのミロノフ（N. D. Mironov）が採集したもので、現在は大連にあるという。内容はW本に近いとされる。

最後に、ネパール系の写本は、高楠順次郎と河口慧海が請来した十一写本（東京大学附属図書館蔵）、コンゼが刊行に用いた十二写本、鈴木廣隆がカトマンドゥの国立古文書館とアーシャ古文書館とで調査した十六写本など多数残されている。これらネパール写本のすべては大本系であるが、未だ充分な研究はない。ネパール所蔵写本の特徴については本書巻末付録の解説と著者校訂本、および鈴木廣隆（「『般若心経』のネパール写本」『印度哲学仏教学』第一〇号、一九九五）が詳細に報告しているので、それを参照していただきたい。それでは、これらの写本がどの刊本にどのように用いられたのかについて述べてみよう。

――刊本について

現在までサンスクリットの校訂テクストは、数種類あるが、以下にはその代表的なものを四種類あげておこう。なお、括弧内は私が仮に付した和訳タイトルである。

① H. L. Feer, *L'Essence de la Science Transcendante en trois langues, tibétain, sanskrit, mongol*（蔵梵蒙三本対照　超越的な智慧の核心）Paris, 1866.

本書は梵語・チベット語訳・モンゴル語訳の三ヶ国語テクストを対照して刊行したものであり、最初の大本系サンスクリット・テクストの出版としての意義もある。

十八世紀の中国において、満州王室は多民族国家の統合のためか、このような多言語を並記し、対照する経典表現を推奨した。一七三五年には清の雍正帝の勅命によって、満州語・漢訳・モンゴル語・チベット語の四訳を対照させた『御製満漢蒙古西番合璧大蔵全呪』八十巻が編纂されたように、この頃、盛んに信仰されていた『般若心経』にもこの対照形式の遺品が残され、そこから梵本も回収されている。フェールのテクストもまさにこの流れを汲んだものである。

② F. Max Müller and Bunyiu Nanjio eds, *The Ancient Palm-leaves Containing the Pragñâ-Pâramitâ-Hridaya-*

Sûtra and the Ushnîsha-Vigaya-Dhâranî,（般若心経と仏頂尊勝陀羅尼を収録した古代貝葉）Oxford : Clarendon Press, 1884. Anecdota Oxoniensia, Aryan Series, vol.1, part 3.

再版：*Buddhist Texts from Japan*（日本からの仏教原文）New York : AMS Press, 1976.

本書は、一八八四年にマクス・ミュラーと彼のもとに留学した南条文雄が共同でイギリスのオックスフォードから出版したもので、ここには小本と大本の両方が掲載されている。その校訂本のもとになったのは、明治政府の太政大臣・岩倉具視と英国公使秘書官だったアーネスト・サトウ（A. Satow）を通じて送られたさまざまな書写本、特に日本の奈良・法隆寺と長谷寺所蔵の二つの古写本に由来するものと、中国にあった写本（W本）である。

法隆寺の写本は小本であるが、ミュラーはこの写本が六〇九年に小野妹子が隋から請来した世界最古の仏教写本と記した。この写本について、オーストリアのインド古文書学者ビューラー（G. Bühler）は、同書の付録でPalaeographical Remarks on the Horuzi Palm-leaf MS（法隆寺貝葉写本の古文書学的所見）という論文を書き、先の伝説を除外しても、字形、書体、墨の色、貝葉などから、この写本はインド人の書写であって、八世紀初めに書かれたと推定した。さらにその後、干潟龍祥はこの文字形などを詳細に分析して八世紀後半と推定した。

そもそもミュラーの説は南条文雄が覚賢輯『斑鳩古事便覧』（「大日本仏教全書」第八六巻　寺誌部

所収）という法隆寺関係文書にもとづいて報告したことによる。しかし、この書は天保七年丙申（一八三六）に編纂されたもので、『般若心経』の写本とともに菩提達磨の鉢と袈裟を持ってきたなどという記述もあり、その古代史に関しては信頼性に欠ける。

加えて、近年の研究ではこの写本は中国で書写された可能性が高いことが指摘されている。そもそも法隆寺の貝葉写本は『仏頂尊勝陀羅尼経』という経典とともに記されている。その写本を見ると、最初の貝葉の片隅にそれぞれ「仏頂」と「多心経」という文字が墨で記されていて、それは本文の梵字の墨と同じように見える。つまり、その書き入れは後代の書き入れではなく、同一の筆者が同じ時に書写した可能性が高いのである。

また、「多心経」という呼称は、唐代の玄奘訳以来、中国で一般的に用いられていたものだし、その写本にはインド人が書写したとは考えられない誤りも見られる（矢板秀臣「法隆寺貝葉『般若心経』写本についての一報告」『智山学報』五〇輯参照）。

さらに、一九七三年に陝西省西安市の青龍寺趾から出土した、唐時代（八世紀前半）の「阿弥陀三尊坐像龕」の背面に『仏頂尊勝陀羅尼経』と『般若心経』の経文が並んで刻んであることが最近になって報告された。唐代には陀羅尼信仰が盛んになり、『仏頂尊勝陀羅尼経』などの経文を刻した経幢が多く発見されているが、法隆寺の写本もこのような背景の中で、中国で書写されたのではないだろうか。

青龍寺趾の恵果・空海紀念堂（西安）

このように、法隆寺の写本は、唐代の陀羅尼信仰が盛んな頃に中国で書写された可能性が高い。そして、この時代の中国では『般若心経』は陀羅尼経典の一つと見なされていたことが認められると思う。

いずれにしても現在のところ、この法隆寺写本が小本・大本を通して『般若心経』としては最も古いことにかわりはない。

③ Edward Conze, Text, Sources, and Bibliography of the Prajñāpāramitā-hṛdaya（般若心経のテクスト・出典・文献）*Journal of the Royal Asiatic Society of Great Britain and Ireland*, London, 1948.

これは、般若経文献に生涯を捧げたコンゼが、一九四八年にイギリスの王立アジア協会誌（JRAS）に発表したものである。この校訂本は、小本を心経の核としながら、大本によって序分の部分と流通分の部分を補完しつつ、小本と大本を接合したテクストである。

この校訂本にはネパール写本九本、中国の写本七本、日本の写本二本が用いられているが、その後コンゼは自分の論文集 *Thirty Years of Buddhist Studies*（仏教研究三十年　Cassirer : Oxford, 1967）を出版し、その中にこの心経の論文を改訂増補して掲載した。その論文にはさらに三本のネパール写本が加えられ、検討されている。

④　白石真道「改訂般若心経略梵本」『日本仏教学年報』第十二年、一九三九
白石真道「広本般若心経の研究」『密教研究』第七〇号、一九三九
白石真道「広本般若心経の研究（補遺）」『密教研究』第七二号、一九四〇

白石は、小本については十九種類の写本をローマ字にして併記し、それらにもとづいて校訂本を作成し、その和訳も付した。さらに大本（広本）については、約二十種類の写本を⑴慧運・圓海・浄厳による三つの写本、⑵寛喜本、⑶フェール本（パリ、一八六六　北京写本）、⑷マクス・ミュラーと南条文雄本（オックスフォード、一八八四）、⑸ネパール本（河口慧海請来写本）の五種類の系統に大別し、校訂本および和訳を付して公刊した。これら詳細な研究のすべては『白石真道仏教学論文集』（京美出版社、一九八八）に再録されている。

3…『般若心経』の翻訳

『般若心経』の漢訳について

次に『般若心経』の翻訳文献について見てみよう。最初に、私たちに最も馴染み深い、東アジアに流通(るずう)している漢訳『般若心経』、ついでチベット語訳という順でまとめておきたい。

『般若心経』の漢訳は、呉(ご)の支謙(しけん)（一九五〜二五四頃）訳『摩訶般若波羅蜜呪経(まかはんにゃはらみつじゅきょう)』をはじめとして、二世紀頃から『般若心経』に関係するとされる漢訳経典があったとする見解もあるが、確たる証拠はない。内容と経録の記載、注釈などの状況から見ると、その成立はたどり得たとしても四世紀以降だろう。実際に現存するのは、以下の八種類のみである。

一　『摩訶般若波羅蜜大明呪経(だいみょうじゅきょう)』一巻、鳩摩羅什(くまらじゅう)（Kumārajīva）訳　大正蔵八巻・二五〇番

二　『般若波羅蜜多心経(はんにゃはらみたしんぎょう)』一巻、玄奘(げんじょう)訳（六四九）　大正蔵八巻・二五一番

三　『普遍智蔵(ふへんちぞう)般若波羅蜜多心経』一巻、法月(ほうがつ)（Dharmacandra）重訳（七三八）　大正蔵八巻・二五二番

四 『般若波羅蜜多心経』一巻、般若（Prajñā）・利言等の共訳（七九〇） 大正蔵八巻・二五三番

五 『般若波羅蜜多心経』一巻、智慧輪（Prajñācakra）訳（八六一） 大正蔵八巻・二五四番

六 『般若波羅蜜多心経』一巻、法成訳（八五六） 大正蔵八巻・二五五番

七 『唐梵翻対字音般若波羅蜜多心経』一巻、不空（Amoghavajra）音訳（七四六〜七七四頃） 大正蔵八巻・二五六番

八 『仏説聖仏母般若波羅蜜多経』一巻、施護（Dānapāla）訳（一〇〇〇頃） 大正蔵八巻・二五七番

鳩摩羅什

ここには『大正新修大蔵経』第八巻に掲載されている順にあげてある。このうち、第一の鳩摩羅什（クマーラジーヴァ）は三五〇〜四〇九年頃に活躍した南北朝時代初期の訳経僧である。しかし、中央アジアのクチャー（亀茲：現在の庫車）出身だから、中国人ではない。また、そもそもこの訳は羅什訳であることが疑われているし、サンスクリット原典から翻訳されたものではない可能性が高い。

第二の玄奘は中国四大翻訳家の一人で唐代随一の訳経僧。この『般若心経』こそが、中国、朝鮮半島、日本で唱えられているもので、確認される現存最古の漢訳と言える。ほとんどの漢文注釈もこの玄奘訳にもとづいて記されている。後代への影響という意味でも、この訳の右に出るものはない。本訳には七十点の敦煌写本がある。

第三の法月（ダルマチャンドラ）は、「摩竭提国三蔵沙門法月」とあるが、正しくは東インドの人。七二六年に西域北道のほぼ中間に位置するオアシス都市クチャーに到達し、そこで具足戒を受け、七二九年に門人の利言とともに入唐し、長安で翻訳に従事した。

第四の般若（プラジュニャー）は「罽賓国三蔵般若共利言等訳」とあるように、カシミールの僧。中インドのナーランダー僧院で瑜伽唯識を学び、七八一年に広州に至り、翌年から長安で訳経に従事し、『六波羅蜜経』、『華厳経』、『大乗本生心地観経』等を訳した。

第五の智慧輪（プラジュニャーチャクラ）は中央アジアの人。詳細は不明ながら、宣宗の大中年間（八四七〜八五九）に密教の灌頂を受け、布教に努力したとされる。その『般若心経』の原典も中央アジアからもたらされたと考えられる。ほかには『聖歓喜天式法』などの翻訳もある。

第六の法成（Chos grub　チュードゥプ）は、チベット語を学びとっていた漢人の僧。主としてチベットのゴエ寺に属し、ティデ・ソンツェン王とティック・デツェン王の命で、漢訳仏典をチベット語に翻訳する翻訳官として活躍していたが、ランダルマ王の廃仏にあって敦煌に逃れた。その直後に、チベットの支配下にあった敦煌は唐の支配下に戻ったのである。彼の訳した『般若心経』は敦煌から発見されたが、おそらくチベット語訳から漢訳されたものである。敦煌写本（部分）は十点以上ある。

第七の不空（アモーガヴァジュラ）は中央アジア出身の翻訳僧。彼の訳は経の末尾に「梵語般若波羅蜜多心経」とされるように、サンスクリット文を漢字に音写したものであって、厳密には漢訳とは言えない。

この原本は敦煌から発見され、大英博物館に所蔵されている。同様の写本はスタインやペリオ収集の別の敦煌写本（P2322-16）からも知られているが、近年になって中国の房山雲居寺からも発見され、これが不空の訳であることが確認された。この系統の写本は日本にも伝書されており、音訳漢字の横、あるいは、割り注の形で「訳字」が併置されている。それから漢訳の復元も試みられている（福井文雅『般若心経の歴史的研究』春秋社、一九八七、一三八〜一四一頁）。しかし、それらの注が不空の手によってなされたものなのかは明らかではない以上、実際には不空漢訳とは言えない。

不空

第八の施護（ダーナパーラ）は北インドのウディヤー

ナ出身の訳経僧。九八〇年にカシミール出身の天息災とともに中国に至り、宋の太祖の帰依を受け、訳経院にて翻訳に従い、一〇一七年までに一一五部を訳したとされる。この『聖仏母般若波羅蜜多経』のほかに、『八千頌般若』の訳である『仏母出生三法蔵般若波羅蜜多経』、『帝釈般若波羅蜜多心経』なども翻訳している。

以上のように現存する八種類の『般若心経』のうち、一、二、七を除いて、いずれも大本の系統に属する。このうち第一の羅什訳は真偽が疑われるし、第七の不空訳は音訳であって、厳密には漢訳とは言えない。したがって、小本の漢訳は実質的には玄奘訳のみと言える。

翻訳年代からしても、実質的には玄奘訳が最も古く、早くから多くの注釈が玄奘訳にもとづいて作られた。なお、『般若心経』の漢訳者の中で、中国人は玄奘と利言のみである。加えて利言は共訳者の一人だから、実に単独の経主としては玄奘のみが中国人なのである。中国仏教史上、玄奘訳が特別に流行したのは、このような理由もあったのだろう。

なお、このほかに唐の義浄訳『仏説般若波羅蜜多心経』（榛葉元水『般若心経大成』、四七四頁）もあるが、これは唐・智昇撰『開元釈教録』の義浄の訳経に記載されていないし、内容も玄奘訳と全く同じなので、今は考慮しない。

チベット語訳について

1.二つの『般若心経』

漢訳に比べ、チベット語訳の成立はずっと後になる。八二四年に成立したとされるチベット最古の訳経目録『デンカルマ目録』に、「聖なる般若の核心」('Phags pa shes rab snying po）というタイトルが掲載されているので、この頃にはすでに翻訳されていたらしい。ただし、この翻訳がどのようなものであったかはわからない。

現存のチベット語訳にも小本と大本の別がある。ただし、正規の「チベット大蔵経（だいぞうきょう）」には大本のみが収録され、小本は写本の形で敦煌から出土する例外的なものである。

「チベット大蔵経」は多種あるが、『般若心経』は上の表のようにリタン版、北京版、チョーネ版では、秘密部（タントラ部＝密教経典の部門）に

【チベット大蔵経の諸版に含まれる『般若心経』】
（数字は各大蔵経の配列番号）

	般若部	秘密部
テンパンマ版	25	557
東洋文庫写本	24	484
デルゲ版	21	531
ナルタン版	26	475（476）
ラサ版	26	499
トクパレス版	28	490
ウルガ版	25	557
プクダク版	13	672
シェルカル版	661	382
リタン版	なし	498
北京版	なし	160
チョーネ版	なし	165

収録される一種類の翻訳があるのみである。しかし、他の版本では般若部（般若雑部）と秘密部（タントラ部）の二つのセクションに一つずつ配されている。

そもそも「チベット大蔵経」は、漢訳とは異なり、一つの経典に対して、ただ一つの翻訳を入蔵することが原則だから、たとえセクションが異なるといっても二種類の翻訳が収録されていることは異例であり、本経や『般若理趣経』、『小字般若経』など、般若部の限られた経典に見られるのみである。

この二種類の『般若心経』は同じ大本系統であり、その相違はそれほど大きなものではないが、「自性」の用語が異なっていたり、マントラ（真言）の呼称が異なっていたりという特徴が指摘できる。

2. チベット大蔵経の二つの系統

また、「チベット大蔵経」諸版の経典部は、伝承された経緯と内容から東部と西部の二つの系統にわけられる。ただし、この区分は漢訳の異訳ほどの相違があるわけではない。

概して言うと、東の系統は秘密部にのみ『般若心経』を収録する。また、般若部に収録している場合でも、秘密部の訳と内容上の区別はほとんどない。

西の系統は般若部と秘密部にわけられるが、秘密部に属する翻訳は、東の系統（秘密部）の訳とよく対応するので、結局二つに大別できる。以下には伝承の系統とセクションの違いを比べながら、三点に絞ってこのチベット訳を解説しておこう。

（1）　**タイトルの違い**

秘密部のタイトルは、「仏母般若波羅蜜多心〔経〕」bcom ldan 'das ma shes rab kyi pha rol tu phyin pa'i snying po（Bhagavatī-prajñāpāramitā-hṛdaya）となっている。秘密部では最初に「仏母」という語を「般若波羅蜜多」の前に付して形容している。般若波羅蜜多こそは仏を生ずる母という意味で比喩的に表現しているのである。

一方、般若部のタイトルは、「聖なる〔仏母〕般若波羅蜜多心〔経〕」'Phags pa〔bcom ldan 'das ma〕shes rab kyi pha rol tu phyin pa'i snying po（Ārya-prajñāpāramitā-hṛdaya）となっている。

こちらは「聖なる」という語を最初に付している。東の系統は秘密部のタイトルを、西の系統は般若部のタイトルを伝承するが、中には「仏母」を省略する版もある。

（2）　**翻訳者の違い**

チベット語訳『般若心経』は、九世紀初頭の密教思想家でヴィマラミトラ（Vimalamitra）というインド人の僧院長と、訳経僧リンチェン・デ（Rin chen sde）によって翻訳された。デルゲ版の奥書によれば、

ヴィマラミトラ

この翻訳はさらにゲロ（Dge blo）とナムカー（Nam mkha'）という二人のチベット人学僧によって校訂されたという。
翻訳者ヴィマラミトラは、チソン・デツェン王の崩御（七九七）の前後に入蔵し、十三年間チベットに留まり、密教関係の論書を中心に多くの著作を残した。特にニンマ派において重要視される人物で、『般若心経』の注釈も書いている。ただし、西の系統はラサ版を除いて奥書がない。東の系統でも秘密部に属す翻訳には奥書が見られないので、翻訳者や校訂者に関して、これ以上断定的なことは言えない。

(3) 配列の違い

般若部、特に西の系統では、『帝釈般若』、『仏母小字般若』、『二十五門般若』、『般若心経』、『日蔵般若』、『月蔵般若』の順で、小さな般若経文献が続く。

一方、秘密部ではプクダク版を除くすべての版が、『仏母小字般若経』、『般若心経』、『仏世尊百八名真言陀羅尼』という順となる。この配列の違いは、『般若心経』の位置づけの違いとも言える。

例えば、デルゲ版では『瑠璃光如来（るりこうにょらい）の陀羅尼』（五〇五番）からはじまり、『般若百八名真実円義（しんじつえんぎ）陀羅尼経』（五五三番）まで、数十の陀羅尼文献が連続して収められる。これらの中にはタイトルこそ「ダラニ」でないものもあるが、内容上はすべて陀羅尼文献と見なすことができる。少なくとも、秘密部では『般若心経』は陀羅尼文献の一つなのである。

3．敦煌出土のチベット語訳『般若心経』

敦煌は唐代の一時期（七八一～八四八）にチベットの支配下に入った。そのため多数のチベット語訳『般若心経』の写本が敦煌から発見されている。

その主なものはペリオとスタインのコレクションに含まれ、前者はパリのフランス国立図書館、後者はロンドンの大英図書館に所蔵されている。ペリオの写本はマルセル・ラルーの目録、スタインの写本はプサンの目録と東洋文庫の目録（東洋文庫チベット研究委員会編『スタイン蒐集チベット語文献解題目録』全十冊、一九七七～一九八六）がある。これらの中に『般若心経』の訳はおおよそ数十点が記載されているが、大部分は「チベット大蔵経」の般若部のタイトルと同じ、「聖なる般若波羅蜜多心〔経〕」'Phags pa shes rab kyi pha rol tu phyin pa'i snying po（Ārya-prajñāpāramitā-hrdaya）であり、小本の訳に相当する。

また、秘密部に相当する「仏母般若波羅蜜多心〔経〕」bcom ldan 'das ma shes rab kyi pha rol tu phyin pa'i

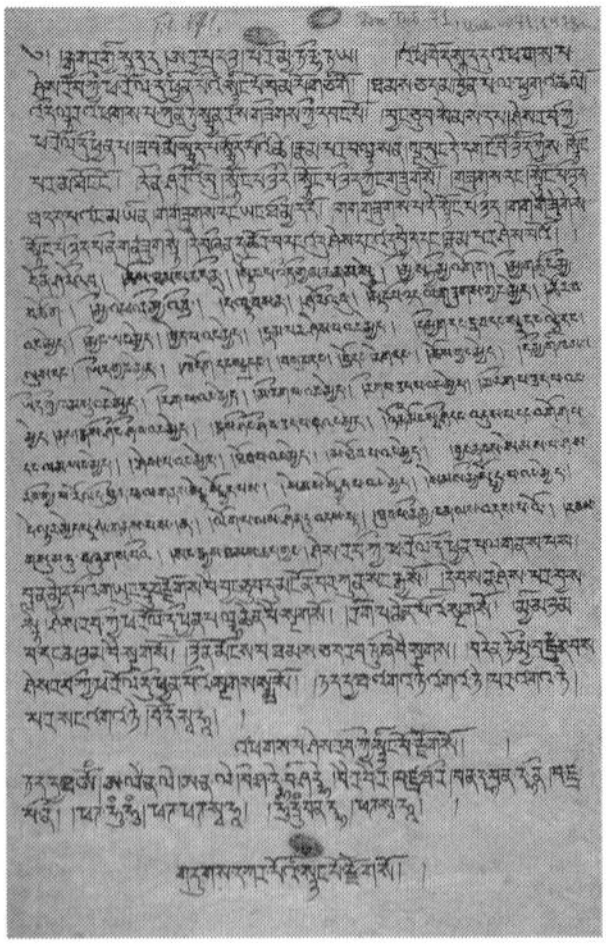

敦煌出土のチベット訳小本『般若心経』写本（八～九世紀、ロシア科学アカデミー東洋学研究所サンクト・ペテルブルク支部）

snying po（Bhagavatī-prajñāpāramitā-hṛdaya）というタイトルのものもあるが、こちらは大本の系統である。

その他、敦煌には漢訳ではあるが、小本に相当する『般若心経』の前後に、序分と流通分を補ったものもあるという（上山大峻『敦煌仏教の研究』法蔵館、一九九〇）。特に目を引くのは、その本文（正宗分）にあたる部分を玄奘訳で入れ替えた写本の存在である。このことについては、大本系の成立経緯を示唆するものとして注目される。

チベット語訳の校訂

チベット語訳の校訂テクストは、すでに失われてはいるが、一八三五年にドイツで出版されている。一方、日本では哲学館（現在の東洋大学）出身の能海寛（一八六八～一九〇一）の蔵梵日漢四体合璧による版本が、彼の死後に初めて刊行された（「般若心経西蔵文直訳」『能海寛遺稿』京都、一九一八）。その後、池田澄達や寺本婉雅らもチベット語訳を出版しているが、校訂テクストとしては、近年の二つの出版を紹介するにとどめたい。

① 寿徳寺文庫本

ソナムギャツォ・新井慧誉共編訳『チベット語訳　般若心経』「寿徳寺文庫」七、世界聖典刊行協会、一九八三。

本書のチベット語訳はデルゲ版般若部のテクストを底本とし、北京版、ナルタン版、チョーネ版、ラサ版の八本を校合して、校訂した。北京版とチョーネ版以外は秘密部のテクストも参照している。本書にはチベット語による発音表記が付され、読誦（どくじゅ）用にもなっているほか、ソナムギャツォの英訳、新井慧誉の日本語訳が付加してある。

② ジョナサン・シルク本

現在オランダのライデンで教鞭を取っているジョナサン・シルク教授が、『チベット語の心経』(Jonathan Silk, *The Heart Sutra in Tibetan*, Wien, 1994）という本をウィーン大学の「チベット学・仏教学研究叢書」から出版した。この本は十四種のチベット語訳『般若心経』の版本から、二種類の校訂テクストを作成、さらにそれらの英訳を加えてある。本書には欧米の『般若心経』の研究史も解説されていて、現在のところ最も詳細な研究書と言える。

4…『般若心経』の成立

比較的新しい『般若心経』の文献

これまで『般若心経』のテクストと翻訳について述べてきたが、そこで多くの読者はすでに気がつかれたのではないだろうか。実は『般若心経』の文献は、梵本（ぼんぽん）にしても、漢訳やチベット語訳などの翻訳にしても、意外なほど古いものはない。せいぜい七世紀にたどれるくらいである。

一体、『般若心経』は、いつ頃、どのようにして成立したのだろうか。次に、この問題を取り上げてみたい。

梵本の書写と翻訳から見た『般若心経』の年代

最初に、先に述べてきた、『般若心経』の書写年をもう一度整理しておこう。現在知られている最古の梵本『般若心経』は、法隆寺蔵の小本の写本であるが、その書写年代は八世紀後半と推定されている。

大本の梵本は、慧運が招来した長谷寺写本が古いが、それは中国でプラジュニャー（般若）というインド僧が、七九〇年に行った漢訳（大正蔵二五三番）とその原本に由来するとされている。

したがって梵本の書写年代による限り、小本、大本ともに八世紀以前に遡ることはできない。ただし、それは比較的年代が確実なものによって得た書写の下限年代であり、本経の成立年代というわけではない。

一方、翻訳文献から見るとどうであろうか。まず資料として最も古い現存の八種の漢訳を、訳出の古い順からあげると、羅什訳、玄奘訳、法月訳、般若・利言訳、智慧輪訳、法成訳、不空（音）訳、施護訳の順となる。このうち羅什訳とされる『摩訶般若波羅蜜大明呪経』（以下『大明呪経』）と、玄奘訳『般若波羅蜜多心経』は、小本で最も古い訳本と言える。この羅什訳が真訳だとしたら、小本の下限は四世紀頃まで引き上げられるが、そうでないとすれば、玄奘の翻訳年代は六四九年であるから、小本の下限は七世紀前半となる。

また、大本の翻訳は、中唐の法月訳（七三八）が最初だから、大本の下限は八世紀前半ということになり、小本と大本には約百年の相違があることになる。

次に、チベット語訳によればどうなるだろうか。

概してチベット語訳は翻訳年代が下がるため、小本と大本の年代差がほとんどない。しかし、大本『般若心経』の翻訳者ヴィマラミトラの翻訳活動時期（七九七～八二〇頃）や、敦煌写本の小本の書写

玄奘

年代からすると、チベットに伝わったのは小本・大本ともに八世紀後半と見るべきだろう。したがって、玄奘の漢訳（六四九）よりも一世紀は遅れる。

最後に注釈文献から見た『般若心経』の成立年代を検討しておこう。

中国ではすでに七世紀末に基（き）や円測（えんじき）といった玄奘の弟子たちが、小本である玄奘訳にもとづいて注釈を書いているが、インドではそれほど古い注釈は残されていない。

すでにサンスクリット原本は失われたが、カマラシーラ（八世紀後半）などインド人による八種類の注釈がチベット語訳で残されている。それらはすべて大本の注であり、翻訳年代も八世紀までたどりうる。そのため、インドにおける大本の成立は七世紀末まで引き上げられることになる。

以上のことから、『般若心経』は小本の成立後、七世紀末には経典の標準形式を備えた大本が成立し、少なくとも八世紀前半には中国へ、八世紀後半にはチベットへ伝わっていたのである。それではその原型である小本は、いつ、どのような契機によってなり立ったのだろうか。

最も古い小本の伝承とその背景

小本の最古の文献は羅什（三五〇～四〇九頃）訳『大明呪経』であるが、実はこの訳は、経録の上でもその存在が明確でないばかりか、六朝以前の諸家の言及もなく、羅什の二百年ほど後代の玄奘もまったく言及していない。

玄奘訳は、道宣撰『大唐内典録』（六六四）に「般若多心経」として初めて掲載されるが、羅什訳についての記述は見られない。羅什訳『大明呪経』は、七三〇年に智昇によって撰述された『開元釈教録』において初めて掲載されるが、それは玄奘の翻訳（六四九）から八十一年後のことである。それ以前の経典目録においては、「神呪経」という経題の記載はあるが、羅什の訳業を示すものは確認できない。

玄奘が仏典の原典を求めてインドへ渡る途中で、般若心経を唱えて危機を免れた話は有名だが、もし玄奘が羅什の訳業を知っていたなら、『大慈恩寺三蔵法師伝』にあるように、玄奘が四川で看病した一人の病人によって与えられた『般若心経』とは、それ以前に存在していたはずの、この『大明呪経』であっただろう。

百五十年も後代になって円照撰『貞元新定釈教目録』（八〇〇）は、これを「神人授与」とし、『大明呪経』と記録するが、この伝承を証明するものはない。

その理由は、玄奘が授けられた『般若心経』は現在見られるようなものではなく、その一部（それも必ずしも書写された翻訳である必要はない）だったためか、真言（マントラ）の部分のみであったためかもしれない。

それでは、『般若心経』の原型はどのようなものであって、いかなる背景を持って成立したのであろうか。そのことに答える最も大きなヒントは、『般若心経』の中にある。なぜかというと、『般若心経』を読むと、そのほぼすべての内容が「般若経」、特に「拡大般若」と言われる基礎的な般若経の中に含まれているからである。

それも『八千頌般若』などの小品系ではなく、『二万五千頌般若』などの大品系の経典に含まれているため、『般若心経』の成立年代や背景がおおよそ確認できるのである。特に『大品般若』には、「習応品」「無生品」「勧持品」の三箇所に極めて類似する成句を見いだすことができるため、『大品般若』と比較して、考察する必要があろう。

玄奘訳『般若心経』・羅什訳『大明呪経』・羅什訳『大品般若経』の比較

ここでは紙幅の問題もあるので、最古の漢訳『般若心経』と伝えられる『大明呪経』を中心に、玄奘訳『般若心経』と羅什訳『大品般若経』の三つの経典を比較しつつ、『般若心経』の内容を検討してみよう（左の表を参照）。

そこで目的とするのは、『大明呪経』は、羅什訳『摩訶般若波羅蜜経』（略称『大品般若』四〇四訳）と多くの共通点を持つが、それはどうしてなのか。一体、『大明呪経』は羅什が翻訳したものなのか。もし、この羅什訳が真訳であるなら、玄奘はどのようにそれを改訳したのだろうか。これらの問題を明らかにすることである。それが『般若心経』の成立を解きほぐす鍵なのである。

なお、三訳本の対応を検討する便宜上、『大明呪経』本文を中心に、経文の内容を①から⑩に分類してある。表（下段）中の『大品』（大正蔵二二三番）は三箇所から別々に引用したものである。

【玄奘訳『般若心経』・羅什訳『大明呪経』・羅什訳『大品般若』の比較】

般若波羅蜜多心経（二五一番）	摩訶般若波羅蜜大明呪経（二五〇番）	摩訶般若波羅蜜経（二二三番）
唐三蔵法師玄奘訳	姚秦天竺三蔵鳩摩羅什訳	後秦亀茲国三蔵鳩摩羅什訳
観自在菩薩。行深般若波羅蜜多時。照見五蘊皆空。度一切苦厄。	①観世音菩薩。行深般若波羅蜜時。照見五陰空。度一切苦厄。	
	②舎利弗色空故無悩壊相。受空故無受相。想空故無知相。行空故無作相。識空故無覚相。何以故。	〈習応品第三〉舎利弗。色空故無悩壊相。受空故無受相。想空故無知相。行空故無作相。識空故無覚相。何以故。

般若波羅蜜多心経	摩訶般若波羅蜜大明呪経	
舎利子。色不異空。空不異色。	③舎利弗非色異空。非空異色。	舎利弗。＊色不異空空不異色。（＊異読：非色異空。非空異色。）
色即是空。空即是色。受想行識亦復如是。舎利子。是諸法空相。不生不滅。不垢不浄不増不減。	④色即是空。空即是色。受想行識亦如是。舎利弗是諸法空相。不生不滅。不垢不浄。不増不減。	色即是空空即是色。受想行識亦如是。舎利弗。是諸法空相。不生不滅。不垢不浄不増不減。
	⑤是空法。非過去非未来非現在。	是空法非過去非未来非現在。
是故空中。無色。無受想行識。無眼耳鼻舌身意。無色声香味触法。無眼界。乃至無意識界。無無明。亦無無明尽。乃至無老死。亦無老死尽。無苦集滅道。無智亦無得。	⑥是故空中。無色無受想行識。無眼耳鼻舌身意。無色声香味触法。無眼界乃至無意識界。無無明亦無無明尽。乃至無老死無老死尽。無苦集滅道。無智亦無得。	是故空中無色無受想行識。無眼耳鼻舌身意。無色声香味触法。無眼界乃至無意識界。亦無無明亦無無明尽。乃至亦無老死亦無老死尽。無苦集滅道。亦無智亦無得。
以無所得故。菩提薩埵。依般若波羅蜜多故。心無罣礙。無罣礙故。無有恐怖。遠離顛倒夢想。究竟涅槃。	⑦以無所得故。菩薩依般若波羅蜜故。心無罣礙。無罣礙故無有恐怖。離一切顛倒夢想苦悩。究竟涅槃。	
三世諸仏。依般若波羅蜜多故。得阿耨多羅三藐三菩提。	⑧三世諸仏依般若波羅蜜故。得阿耨多羅三藐三菩提。	〈無生品第二十六〉舎利弗。過去諸仏行般若波羅蜜得阿耨多羅三藐三菩提。未来諸仏亦行般若波羅蜜當得阿耨多羅三藐三菩提。舎利弗。今現在十方諸国土中。諸仏亦行是般若波羅蜜得阿耨多羅三藐三菩提。
故知般若波羅蜜多。是大神咒。是大明咒。是無上咒。是無等等咒。能除一切苦。真実不虚故。	⑨故知般若波羅蜜是大明呪。無上明呪。無等等明呪。能除一切苦真実不虚故。	〈勧持品第三十四〉釈提桓因白仏言。世尊。般若波羅蜜是大明呪無上明呪無等等明呪。何以故。世尊。是般若波羅蜜能除一切不善。能與一切善法。
説般若波羅蜜多咒　即説咒曰　掲帝掲帝般羅掲帝般羅僧掲帝　菩提僧莎訶	⑩説般若波羅蜜呪　即説呪曰　竭帝竭帝波羅竭帝波羅僧竭帝　菩提僧莎呵	

読者はここで、羅什訳『大明呪経』と『大品般若』が非常に良く対応するのに驚くだろう。なぜ両者はこれほどまでによく一致する章句を持つのだろうか。

その理由としては、(1)両者が同じ原文にもとづいていたから、(2)どちらか一方が、他方の訳を参考にしていたから、という二つの選択肢しかあり得ないだろう。その答えを探るためには、玄奘訳を含めた本文のさらに細かい分析が必要である。

羅什訳『大明呪経』と、玄奘訳『般若波羅蜜多心経』の異同

表（上段と中段）のように羅什訳『大明呪経』と玄奘訳『般若心経』はほぼ対応するが、いくつかの点において重要な相違がある。その主な違いを列挙すると次のようになるだろう。

(1) 経題の違い

羅什訳は「摩訶般若波羅蜜大明呪経」、玄奘訳は「般若波羅蜜多心経」とする。

(2) 訳語の違い

羅什訳――①観世音（かんぜおん）菩薩、五陰（ごおん）、④舎利弗（しゃりほつ）、⑦菩薩、般若波羅蜜、⑨呪（しゅ）

玄奘訳――①観自在菩薩、五蘊、④舎利子、⑦菩提薩埵、般若波羅蜜多、⑨咒

(3)　文脈・構成の違い

・羅什訳②の章句が玄奘訳には欠けているが、『大品般若』には存する。

・羅什訳③「非色異空　非空異色」を、玄奘訳では「色不異空　空不異色」とするが、『大品般若』の多くの伝本では「非色異空　非空異色」と一致する。

・羅什訳⑤「是空法。非過去非未来非現在」が玄奘訳には欠けているが、『大品般若』には存する。

・玄奘訳と羅什訳の⑧「三世諸仏」が、『大品般若』では過去・未来・現在の三世十方と開いて説明する。

・「呪」を説く箇所⑨は、玄奘訳は「大神咒・大明咒・無上咒・無等等咒」の四咒とするが、羅什訳『大明呪経』と『大品般若』では「大神呪」を欠き、三呪とする。

まず最初の(1)「経題の違い」についてであるが、羅什訳は「摩訶」を付し、「心経」ではなく「大明呪」とする。これは他の訳にはない『大明呪経』の特徴である。ただし、般若経としては「摩訶」を付す方が一般的だし、現行の読誦経典でも玄奘訳では摩訶を付すことが多い。しかし、「大明呪」とする

点がいささか問題である。

訳語から言えば、羅什は〔経典や悟りの〕智を意味する「ヴィディヤー」(vidyā)を、「呪」あるいは「明呪」と訳すから、この「大明呪」というタイトルが、『般若〈心〉経』のタイトルである〈核心〉を意味する「フリダヤ」(hṛdaya)であるとは考えがたい。

本経では、⑨において「大明呪」がもう一度用いられる。この箇所のサンスクリット原文は、玄奘訳とよく一致し、(1)マハー・マントラ(mahā-mantra 大神咒)、(2)マハー・ヴィディヤー・マントラ(mahā-vidyā-mantra 大明咒)、(3)アヌッタラ・マントラ(anuttara-mantra 無上咒)、(4)アサマサマ・マントラ(asamasama-mantra 無等等咒)という四つの真言を述べている。

これに対して、『大明呪経』と『大品般若』は一致して、「大神呪」を欠いた三呪(大明呪・無上明呪・無等等明呪)を説く。ここは羅什の訳法からすると、『大品』「勧持品」のサンスクリット原文にあるように、「明呪」はヴィディヤー(vidyā)の訳と考える方がよい。つまり、『般若〈心〉経』ではないのである。

次に(2)「訳語の違い」についてであるが、その代表例として①を見てみよう。まず、羅什の「観世音菩薩」に対して、玄奘の「観自在菩薩」があげられるが、これはむしろ観音が本経の説法者となっていることそのものが重要である。

観自在菩薩（大報恩寺）

この菩薩は最もよく知られた慈悲の菩薩であるが、実は初期大乗の中でも、羅什訳『小品般若』には一度も登場しない。『大品般若』になってもわずか一度出てくるのみである。それも観音ではなく、観世音として大勢の対告衆の一人として列記されるにすぎない。

玄奘訳『大般若経』六百巻でも観自在はわずか八例で、「初会」から「第六会」までに、対告衆としてそれぞれ一例ずつ登場するのみ。あとは「第十会」『大般若理趣分』に三度登場するが、初期の「第四会」には見られない。このように般若経ではまったくと言ってよいほど重視されていない菩薩なのである。

以上のことからわかるように、観音は『大品』とは別の系統から『般若心経』に取り入れられたのである。このことは、最後の真言が付加されていることと並んで、本経の成立がそれほど古くはたどれないこと、さらに言えば『般若心経』における密教の影響を示唆するものと考えるべきであろう。

次に、羅什訳の「照見五陰皆空」は、玄奘訳では「照見五蘊皆空」とするように、五蘊以外は一致する。他の心経諸訳の文体を見ると、般若と利言の訳が「照見五蘊皆空」と玄奘訳に一致する以外は、

「照見五蘊自性空」（法月訳、智慧輪訳）、「観察照見五蘊体悉皆是空」（法成訳）、「観見五蘊自性皆空」（施護訳）と異なる。

続いて羅什と玄奘両方の訳にある「度一切苦厄」は、般若と利言の訳「離諸苦厄」以外には見られないし、梵文にもチベット語訳にも見られない。また、この箇所は『大品』には対応しない部分であり、羅什訳と玄奘訳が互いに何らかの影響を及ぼしていることが窺われる。

最後に最も重要と思われる(3)「文脈・構成の相違」について検討する。

細かい分析はできないが、②・③・⑤・⑨のいずれを見ても、羅什訳『大明呪経』は、『大品般若』と一致する。特に、②・⑤の章句は、玄奘訳には見られないが、『大品般若』の相当箇所を見ると、一字一句も異ならない。

③の空性表現は玄奘訳と羅什訳では微妙に異なるが、この部分も表（下段）に異読として注記したように、『大品般若』では、大正蔵が底本とする高麗蔵を除いて、他の大蔵経では完全に一致する。しかも、この箇所は他の『般若心経』諸訳には見られない、『大明呪経』特有の訳文なのである。また、⑨の三呪にしても、『般若心経』諸訳では施護訳を除いて、すべて四呪を説くが、ここでも『大品』と一致する。

『般若心経』の成立年代

このように、梵本や他の心経諸訳などを勘案すると、『大明呪経』は、『大品般若』から訳文を借りて構成されたと考えざるを得ないのである。経録の記載からしても『大明呪経』は羅什が梵本から訳したのではなく、『大品』を素材として玄奘訳を見ながら構成された経典であると考えるべきである。したがって、羅什の訳を『般若心経』の下限にすることはできない。

少なくとも『般若心経』は、このような二〜三世紀頃に成立した大品系の般若経に見られる、空の教説を骨格として形成されたことは間違いない。しかし、大品系般若と共通しない説法主としての観音の登場や、経末に真言を添加してある構造などを見ると、本経が大品系般若の直後に成立したとはとうてい考えられない。少なくとも『般若心経』は、観音信仰や大乗の密教化が盛んになる頃、おそらく五〜六世紀頃までには成立し、その後七世紀になって大本として展開していったと考えられる。

第三章

原典から読む『般若心経』

1…タイトルについて

『般若心経』の正式名

『般若心経』は正式には「プラジュニャーパーラミター・フリダヤ」（prajñāpāramitā-hṛdaya）というタイトルであって、「完全な智慧」（プラジュニャーパーラミター）の「心髄」（フリダヤ）という意味であり、「般若波羅蜜〔多〕心〔経〕」と漢訳される。

般若波羅蜜〔多〕という漢訳は、プラジュニャーパーラミター（prajñāpāramitā）を音訳したもので、智慧を意味するプラジュニャーと、完成、成就を意味するパーラミターとにわかれる。龍樹の『大智度論』は「摩訶般若波羅蜜」、すなわち「大般若波羅蜜経」の注釈であるが、この「智度」という語は、プラジュニャー・パーラミターの意訳である。以下はこの語をさらに、プラジュニャーとパーラミターにわけて解説してみよう。

1．プラジュニャー（般若）とは

サンスクリット語のプラジュニャー（prajñā）は、多くは般若・波若・鉢若などと、そのまま音写される。それは、五種不翻（「秘密・含多義・此無・順古・生善」）と言われる翻訳規則によるものであり、「般若は尊重なれども、智慧は軽浅なるがごとし」（『翻訳名義集』の序文）とされた。すなわち、プラジュニャーなどのように奥深い意義を持つものは、翻訳することによって原語のニュアンスを失ってしまうから音訳するにとどめたのである。

しかし、敢えて言うなら、プラジュニャー（prajñā　般若）のプラ（般）とは、「前の」あるいは「甚だしい」という意味を持つ強意の接頭辞で、後のジュニャー（若）は「智」であるから、プラジュニャーは普通の知識ではなく、「智慧」あるいは「根源的な智」である。

「般若経」はさまざまな題材と形式を持つが、一貫して「般若波羅蜜〔多〕」（プラジュニャーパーラミター）と称するように、悟りに直結する智慧（プラジュニャー　般若）を追求した経典である。したがって、プラジュニャー・パーラミターとは、教説であると同時に、それが説かれている経典も意味することになる。

欧米の仏教学者には「般若経」を仏教的グノーシスの経典と呼ぶ者がいる。紀元二、三世紀頃のキリスト教の一派は、グノーシスという智を重視したため、グノーシス主義と呼ばれている。そこで般若という智を主題とするこの経典に比したものである。「グノーシス　gnosis（γνωσις）」とは、もとも

禅定する菩薩（ガンダーラ）

とギリシャ語で「神智」と言われ、「救済をもたらす神の認識」、あるいは「神との神秘的合一を可能にするような智」とされる。このグノーシスの語根グノー（gno-）も、サンスクリット語のジュニャー（jñā-）もともに「知る」という動詞であって、印欧語に共通するものであることが確認できる。

語源ばかりではなく、このグノーシスと般若の機能は、とてもよく似ている。グノーシスを通じて、プレーローマ（「充満」叡智に満ちた世界）の故郷への救済が実現され、それが「叡智の再現」と言われることは、般若が此岸（迷）から彼岸（悟）へと、われわれを誘う叡智と定義されることに対応する。

この意味で「般若」の智は、悟りに直結し、絶対的な境地に到らせるという機能を持っている。その内実は神秘的直観というより、もっと具体的で、創造的な智慧なのだと思う。なぜなら智慧は、戒を保ち、三昧に沈潜する中でのみ生まれ、この智慧が生ずることによってのみ、悟りの世界が開けるということが、多くの仏典で繰り返し述べられるからである。

常に戒をよく保ち、智慧（パーリ語 paññā）ありて、よく心を統一し、深思し、正念(しょうねん)を持つ者こそが、渡ることが困難な激流（ogha）を渡ることができる。

（『スッタ・ニパータ』〔経集(きょうしゅう)〕一七四）

2. パーラミター（波羅蜜多）の解釈

パーラミターの解釈には大別すると二種ある。

第一の解釈はパーラミター（pāramitā）を、パーラム（pāram）とイター（itā）に分解する。

そもそも、パーラ（pāra）は第一類の動詞√pṛに由来し、「横切る、向かい側に到達する」という語感を持つ。そこから反対側、対岸、到達範囲という名詞にもなる。

この前分のパーラは目的格パーラム（pāram）になって、イタ（ita）と結合する。このイタは「行く、到達する、去る」などを意味する動詞イ（√i）の過去分詞で、さらに抽象名詞 -tā が加えられて pāram-itatā となり、重複する子音 ta が落ちて、パーラミター（pāramitā）ができたとするものである。したがって、この解釈によれば、「あちら側（悟りの世界）に到った状態」という意味となる。「到彼岸(とうひがん)」という漢訳はこの意味である。

第二の解釈は、第一の解釈がパーラミターに含まれる動詞を重視したのに対して、パーラミターを形容詞あるいは名詞と考える立場である。

サンスクリットでは形容詞の語尾にパラマ（parama）を付けて最上級を作るが、これが結合語を作るときにヴリッディ化（語形変化の一種）して、第一音節が長音となり、パーラマ（pārama）となる。この語の派生語がパーラミー（pāramī）あるいはパーラミン（pāramin）である。

すなわち、パラマから派生したパーラミー、あるいはパーラミンに、抽象名詞を作る接尾辞ター（tā）を付けるときに、パーラミ、もしくはン（-n）が落ちてパーラミター（pāramitā）となったという解釈であるから、パーラミターは「最高のもの」「最勝の状態」という意味であり、ここから「完成」という訳語も導かれる。

第一の解釈はインド以来の伝統的な解釈であり、多くの仏教者が支持するものであるが、文法的には第二の解釈が妥当であるとされる。また、『二万五千頌般若』の中にも第二の解釈を支持する文脈が見られる。

以上のように、般若波羅蜜とは悟りに到る動的な機能を持つ、完全な智慧なのであり、「般若波羅蜜経」とはこの智慧をさまざまに説いたものなのである。そして『般若心経』というタイトルは、それらの経典の心髄であると宣言しているのである。この内容が何を意味するかについては、本文の解説で再び説明することにしたい。

『般若心経』の位置づけ

1.「心」の二つの解釈

『般若心経』は空(くう)を説く経典か、密教経典かという議論がしばしば見られる。前者は伝統的な顕教(けんぎょう)の立場からの説であり、後者はおもに空海(くうかい)の『般若心経秘鍵(ひけん)』に依拠する、日本の密教家が強調する説である。中には前半は空を説き、後半は密呪(みつじゅ)を説く教えとわけることさえある。

私はこのような二者択一によって、経典の属性を規定する解釈が妥当なものとは思わない。それは経典の成立経緯や、受容された歴史的展開によっても異なるからである。

そもそも、なぜこのような解釈の相違があるのだろうか。その根本要因として、『般若心経』の「心」の解釈の相違があると思う。

2. フリダヤとは何か

「心」という漢字は、概して、三つのサンスクリットの訳語として用いられる。第一はチッタ(citta)、第二はフリダヤ(hṛdaya)、第三はマナス(manas)である。このうち、『般若心経』の解釈にとっては、最初の二つが重要である。

第一のチッタは、「知覚する、知る」を意味する動詞チット(cit)に由来する中性名詞で、「観察、注意、思想、理由、「こころ」などの意味である。いわば、対象を知覚するはたらきとしての心であり、知性の座とも言われる。

実際にこの意味で用いられることはないのだが、『般若心経』を心の経典であるとする考え方もある。「仏語の心を宗となす」（『楞伽経』）という立場を取り、仏心宗を標榜する禅宗には、「般若の心の経」という解釈に共鳴する解釈があったことも事実である。しかしこの解釈は歴史的にも文献学的にも支持されない。

第二のフリダヤ（hṛdaya）は心臓（フリッド hṛd）に由来する語であり、胸、魂なども意味する。それから転じて、ものの「核心」「精髄」という意味にもなるのである。これが、『般若心経』の「心」の原語である。ただし、このフリダヤが大乗後期の密教になると真言の一種である密呪と同義になり、ここにこそ『般若心経』の真意があると主張する説が生まれた。この解釈は『般若心経』の成立と関連する重要な論拠を含んでいる。

第三のマナス（manas）は、「考える、イメージする、仮想する」を意味する動詞（マン man）に由来する中性名詞であるから、知性、知識、意識、理解という知的はたらきをいう。ただし、漢訳では「意」と訳すことが多く、唯識では自我意識として用いられるが、本経のタイトルとは関係がない。

3. 密教的フリダヤ（心）の解釈

通常は菩提心、大悲心、慈心などのように、「心」はチッタとして、「こころ」のはたらきを示すものだが、密教文献では、「心陀羅尼」「心印陀羅尼」「印心陀羅尼」「心真言」というように、フリダヤ（心）をダーラニー（陀羅尼）やムドラー（印）やマントラ（真言）と並列させることがある。これを『般若心経』の最後に説かれる真言と同じであると考え、この経題のフリダヤを心呪の意味であるとし、これこそが経の宗旨とするのである。

『陀羅尼集経』ではこの真言を「般若大心呪」と呼び、般若大心印とともに、いつでも簡便に唱えられてきた。それは本経が広く受容された要因ともなっている。しばしば、般若経の末尾におかれ、般若経自体の象徴であり、仏母と見なされた般若波羅蜜（菩薩）を讃えつつ、その加護を祈る真言として唱えられていたのであろう。

般若仏母（御室版）

4. 歴史的な『般若心経』の解釈

一方、歴史的に見ると、インド・チベットの解釈は、ほぼ例外なく『般若心経』は「『十万頌般若』等の心髄」という意味で解釈されている。これはプラシャーストラセーナ、ジュニャーナミトラ、ヴィマラミトラ、シュリーマハージャナといった本経に注釈を加えている思想家に共通する解釈である。

彼らの多くは八世紀から十一世紀にかけてインドからチベットに渡り、翻訳活動に従事した密教僧であることを見ても、『般若心経』のフリダヤはエッセンス（核心、心髄）と考えられていたと言えよう。なお、現代のダライ・ラマ十四世の『般若心経』解釈も同様の説を取っているところを見ると、この解釈の伝統は現代のチベット仏教にも受け継がれているようだ（宮坂宥洪訳『ダライラマ　般若心経入門』春秋社、八六頁）。

中国においても玄奘の弟子の基をはじめ多くの注釈はこの解釈を踏襲する。また日本の最初の注釈家である智光もほぼこの解釈を受け継ぐが、空海の系統は異なる。

以上のように、「『般若心経』は般若経の核心を表す」という説は、ほとんどすべての地域に共通するものである。そもそもそれは般若経そのものが、『般若心経』に説かれる密教的な要素を含めてすべて備えているからである。

その意味ではフリダヤを「心髄」「核心」とする解釈に何の問題もない。しかし、その般若経を初期大乗の顕教の経典であり、密教の経典とは別であるとするところにこそ、問題があるのである。般若経を仔細に読めば、そのことはすぐに明らかとなろう。

2…その構成

大本『般若心経』の構成

『般若心経』の全体の構成は大本で言うと、一．序分、二．正宗分（本文）、三．流通分にわけられる。その正宗分（本文）が小本に相当するが、その本文はさらに①導入部、②空性の教説、③般若波羅蜜の功徳、④般若波羅蜜への讃辞、⑤般若波羅蜜のマントラという五つの要素からなる。以下は、この順で見ていこう。

本経はブッダが王舎城の霊鷲山に大勢の修行僧たちと一緒に滞在されていたとき、「甚深な悟り」という名の瞑想に入ったという設定で始まる。そこまでが一．序分にあたる。いよいよ幕が開き、本番が始まるのである。

そこからが、二．正宗分（本文）であるが、小本はここから始まる。その①導入部では、ブッダが瞑想する中で、観自在菩薩は般若波羅蜜の実践を行っていて、すべての存在が空であることを見きわめた。そこで、仏弟子のシャーリプトラがブッダの意向を受けて、どのように般若波羅蜜を学んだらよいのか

梵天勧請（ガンダーラ）

を観自在菩薩に問う。

その答えの内容が、②から⑤ということになる。具体的に言うと、空性の教説、般若波羅蜜の功徳と讃辞、般若波羅蜜のマントラという教説であり、これが本経の核心部分である。智慧第一と知られるブッダの高弟シャーリプトラに対して教示する点が、大乗経典らしいところである。

また、観自在が登場するという問題は後述するとして、その形式自体は、以下のような初期仏教の教説を踏襲したものであることも指摘しておこう。

> そのとき世尊はブラフマー神（梵天）の意願を知り、また衆生に対するあわれみにより、仏の眼をもって世間を見まわした。
> （『相応部』ＰＴＳ一、一三八頁／『中部』ＰＴＳ一、一六九頁）

この文脈は、梵天勧請として知られるところである。悟った直後のブッダには、涅槃に入ったままで説法する意欲は起こらなかった。しかし、梵天の懇願によって、衆生への哀愍のために説法へと気持ちが傾くというものである。

これは説法を開始するときの定型的章句であるが、その「仏眼によって世間を見まわした」とあるのが、『般若心経』では「観自在菩薩が〔甚深な智慧の完成を実践していたとき、〕次のように見通した」（観自在菩薩。行深般若波羅蜜多時。照見〔五蘊皆空〕）とかわっている。

最後は三．流通分であり、終幕にあたる。観自在菩薩の説法が終わると、ブッダが瞑想より起きて、喜びをもって菩薩に賛意を表すると、それを聞いた世界の聴衆は心から歓喜した。以上が『般若心経』の構造である。

『般若心経』の二つの柱

具体的な検討は本文を解説する際に述べるとして、教説の核心は概略すれば二つある。第一は「空の教説」であり、第二は般若波羅蜜がマントラ（真言）という教説である。

1．空の教説――「色即是空、空即是色」

本文の導入部で、観自在菩薩は智慧の三昧において、一切が空であることを領解したという。このように、観自在が見きわめたもの、それは空性である。このことは、すでに多くの「般若経」で繰り返し説かれた思想であるが、やはり根本的な思想の柱として、ここでも解説しておかねばならない。従前の仏教は人間の心身をイメージする五蘊(ごうん)の無常や無我を説き、それを如実に体得することによって解脱(げだつ)に至る道を示した。

それに対して、大乗では一切のものは縁起(えんぎ)しているから空であり、空にもとづいて廻向(えこう)や救済があるという思想を提示する。本経ではそれを「五蘊はもともと空である」と言うのである。

この「空」(シューンヤ　śūnya)という語は、空虚であり、実体性がないという「もの」のあり方を意味するが、逆に「空」であることによってすべてが成立する根拠にもなる。それはこの語が数学のゼロを意味するように、この単位(シューンヤ)があることによって、ものの計測が可能となるような座標軸の中心に相当するからである。「空即是色」をひっくり返して、「色即是空」というのはまさにそれである。

般若経は言う。「無上(むじょう)なる悟りなどない。ブッダとなる一切智者性(いっさいちしゃしょう)はあり得ない。どのような花も茎や葉から生じたものでもないし、心から生じたものでもない。すべてのものは認識されない」と。

このように繰り返される否定も、すべてが空であるという表現の一つにすぎない。空とは、私たちが求めてやまない悟りのような絶対的なものが、どこかにあるという思考を破壊する。人間の概念的な思考や言葉に対応するような実体的な存在が、虚構であり、いかに曖昧なものかということを述べるものだ。

しかし、一方では、逆に「空」であるからこそ悟りもあり、すべてがなり立つということを意味している。私たちは喜びの中でも、苦しみの中でも、このようなもののあり方を直視し、生きてゆかねばならない。空とはそのような根源的なもののあり方なのだ、ということを宣説する。そして「般若」は、それを見通す智慧なのであり、これが経典の主題となる。

なお、本経では、それぞれの法相について空であると繰り返すため、空についての解説が全体の三分の二ほどに及ぶ。その意味で本経を空を説く経典と評価することもできよう。

2. 般若波羅蜜がマントラ（真言）であるという教説

般若波羅蜜とは、般若波羅蜜という教えと、それが説かれた経典、さらにはその教えが凝縮された真言を意味する。

そもそも般若波羅蜜によって一切諸仏が仏の悟り（阿耨多羅三藐三菩提）を得たという思想は、すでに『大品般若経』等の先行する般若経に説かれているが、『般若心経』では、そのはたらきを讃嘆し、般若波羅蜜のマントラ（mantra　真言）と呼んだ。

観自在菩薩の陀羅尼輪（敦煌）

それまでの大乗経典は、このような呪術的要素を持つ語を「〔記憶を〕保持するもの」として、ダーラニー（dhāraṇī 陀羅尼）と呼称し、その智をヴィディヤー（vidyā 明呪）と説いたが、マントラと言うことはなかった。マントラという語は、伝統的なインド思想で用いられていたため、実は仏教では慎重に使用が避けられてきたのである。

しかし、六～七世紀のグプタ朝後期からポスト・グプタ期の時代にインド思想の中に密教が起こるにつれて、仏教もこのような語を採用するに至った。特に本経では、般若波羅蜜が一切の苦悩を除去するはたらきがある点を、真言の呪術的はたらきと同一視したのである。

また、最後の「ギャテー、ギャテー」という真言は、経典としての般若波羅蜜が収斂した最終的な形態として、経典の末尾に付与された。この点に本経が真言を説く経典であるとか、密呪を説く密教経典であると見なされる所以がある。

ただし、この真言は般若心経の真言に限定されるものではなく、般若波羅蜜のエッセンスの具体化として、いくつかの般若経に添えられるもので、まさに般若波羅蜜の真言なのである。この点については本文の解説で詳細に検討するつもりである。

3…参照する注釈書とテクスト

『般若心経』の注釈書

これまで『般若心経』はほとんど小本（しょうほん）である玄奘（げんじょう）訳を解説するのを常とする。そうでなくとも、せいぜい玄奘訳を底本としつつ漢訳の比較をしながら解説するのが一般的であった。それは、東アジアにおける玄奘訳の影響の大きさを物語るものではあるが、漢訳にしてもチベット語訳にしても、現存の注釈はほとんど大本である。この事実を見ても、現在の『般若心経』解釈がかなり偏っていることがわかるであろう。

しかし、それでは東アジアに伝承される玄奘の系統のみが明らかになるばかりで、『般若心経』の故郷であるインドや、その直接的影響を受けたチベットの伝統は、ほとんど顧みられていない。そこで本章ではインドの注釈の中でも比較的標準的な内容を持つ、プラシャーストラセーナ作の注釈等を中心に、チベット語訳に残るインド人の注釈類を参照しながら、大本『般若心経』の解説をすることにしたい。

なお、プラシャーストラセーナは九~十世紀頃に活躍した人物と思われ、その注釈の内容には瑜伽行唯識派の影響が見られる。彼の著作は、本注釈以外には知られていない。

インド撰述と伝えられる注釈

本章でおもに依用する『般若心経』の注釈は、次の八点であるが、これらはサンスクリット語では一つも残っていない。漢訳もされなかった。いずれもチベット語訳で『チベット大蔵経』に現存しているのみである。すべて大本の注釈である。詳細は後述することにして、以下にはそのすべての文献を簡単に紹介しておきたい（順序は北京版の番号順）。

(1) ヴィマラミトラ（Vimalamitra）『聖般若波羅蜜多心経の広疏』北京版五二一七番、デルゲ版三八一八番。

(2) ジュニャーナミトラ（Jñānamitra）『聖般若波羅蜜多心経の解説』北京版五二一八番、デルゲ版三八一九番。訳者名欠。

(3) ヴァジュラパーニ（Vajrapāṇi）『世尊母般若波羅蜜多心経の広注・義灯』北京版五二一九番、デルゲ版三八二〇番。

(4) プラシャーストラセーナ（Praśāstrasena）『聖般若波羅蜜多心経の広注』北京版五二二〇番、デルゲ版三八二一番。訳者名欠。副題は「十句義釈」（daśārtha-prakāśikā）

(5) カマラシーラ（Kamalaśīla）『般若波羅蜜多心経の広注』北京版五二二一番、デルゲ版にはなし。

(6) ディーパンカラ・シュリージュニャーナ（Dīpaṃkaraśrījñāna）、通称アティシャ（Atiśa）『般若波羅蜜多心経の解説』北京版五二二二番、デルゲ版三八二三番。

(7) シュリーマハージャナ（Śrīmahājana）『般若波羅蜜多心経の義遍知』北京版五二二三番、デルゲ版三八二二番。

(8) シュリーシンハ（Śrīsiṃha）『真言を開示する般若波羅蜜多心経注』北京版五八四〇番、デルゲ版四三五三番。本書は北京版ではヴァイローチャナ（Vairocana）作、デルゲ版ではシュリーシッディ（Śrīsiddhi）作とする。本書の末尾の記述から、シュリーシンハ作とした。

以上のような八つの注釈書がある。これらの注釈は「般若部」に属しているが、シュリーシンハの注釈(8)のみは経疏部の中の「雑部」に属している。

その他、『註般若波羅蜜多心経』が「卍続蔵経新纂」第二六巻（七二〇頁上～七二三頁上）に収録されている。ナーガールジュナの弟子の提婆であれば、二〜三世紀の注釈となるが、この時代に『般若心経』は成立していないから、後代に提婆に仮託されたものであろう。したがって、本章では考慮しないこととする。

本章で使用するテクスト

① 中村元・紀野一義『般若心経・金剛般若経』岩波文庫、一九六〇、一七五〜一七九頁。
　このテクストは長谷寺所蔵の写本と中国に伝わった写本にもとづいて、ミュラー（Max Müler）が、オックスフォード大学のアーリア・シリーズ（*Buddhist Texts from Japan*, Anecdota Oxoniensia, Aryan Series, vol. 1, part 3）に刊行したテクストを一部修訂したもの。

② コンゼ（Edward Conze）が一九四八年に英国・アイルランド王立アジア協会誌に寄稿し、それを改訂増補して、自身の論文集（*Thirty Years of Buddhist Studies*, Cassirer : Oxford, 1967）に再刊したもの。

③ 白石真道「広本般若心経の研究」『白石真道仏教学論文集』京美出版社、一九八八、四九九〜五三八頁。

以上の三本のうち、中村本を底本とし、コンゼ本と、白石本を参照して、大本を翻訳・解説することとする。なお、これらのテクストの詳細については、第二章（2「『般若心経』のサンスクリット原典」）を参照していただきたい。梵文の冒頭は、以下の帰敬の言葉から始まる。

4…帰敬の言葉

——一切智者への礼拝

一切智者〔であるブッダ〕に帰命したてまつる。

【語　釈】

この帰敬文では、一切智者に対して礼拝を捧げる、それを「**帰命したてまつる**」というのである。冒頭の「**一切智者**」とは、ブッダのことである。サンスクリット原文ではサルヴァジュニャ（sarvajña-）であり、「すべてを知る者」という意味である。

「帰命する」とはナマス（namas）を訳したものである。ナマスはもともと、「〔腰を〕曲げる、礼拝する、敬礼する」という意味を持つ動詞ナムから作られた中性名詞で、その語尾変化した形が「ナモー」で、南無と漢訳される。南無釈迦牟尼仏、南無阿弥陀仏という時の、南無がこれである。現代のインド人が、ナマステと言って挨拶するが、これも「あなたに帰命します」（ナマス・テ）という挨拶である。

【文献解題】

このサンスクリット文の帰敬文は、大本ばかりでなく、小本にも共有される。ただし、『般若心経』の漢訳諸本には帰敬文は見られない。内容的にはサンスクリット文とはいえ、漢字への音訳である小本系統の不空訳（梵本般若波羅蜜多心経）と慈賢訳（梵本般若波羅蜜多心経）にも見られない。漢訳には、通常「帰敬文」は添えられないから、たとえ原文に何らかの文章が冠されていたとしても、本文とは別と見なされたのであろう。したがって、我々はこの帰敬文をインド・チベットの伝承と考えておけばよい。

まず、サンスクリット文を見ると、上記の中村本に対して、コンゼはネパール本の伝統として、「オーン（唵）、尊き、聖なる般若波羅蜜に帰命したてまつる」を正規のものとし、異読として「尊き」（bhagavatyai）や、「聖なる」（ārya）を欠く写本とともに、上記の読みを示すにすぎない。白石もフェール本などの「尊き、聖なる般若波羅蜜に帰命したてまつる」を校訂本に採用する。つまり、帰命の対象は「一切智者」ではなく、「般若波羅蜜」なのである。

チベット語訳では正規の『般若心経』は大本である。大蔵経所載の二種の大本を見ると、般若部のものでは「すべての仏・菩薩に帰命する」であり、秘密部では「尊き、聖なる般若波羅蜜に帰命する」とする。また、敦煌出土チベット語訳・小本『心経』には、しばしば「一切智者に帰命する」というサンスクリット本と同じ帰敬文を見いだすことができる。このように、チベット語訳の帰敬文は三種ある。なお、コータン語訳は「オーン、尊き、聖なる般若波羅蜜に帰命する」とする（Pelliot. 3513）。

以上のことから、『般若心経』の帰敬文には、帰命の対象として、①「一切智者」、②「般若波羅蜜」という二つの系統があり、チベット訳の③「すべての仏・菩薩」を加えると三種あることがわかる。なお、参考のために、前述した『般若心経』の注釈類の記載をまとめておく。

『ジュニャーナミトラ注』・『ヴァジュラパーニ注』尊き般若波羅蜜、『カマラシーラ注』尊き、聖なる般若波羅蜜、『アティシャ注』般若波羅蜜、『ヴィマラミトラ注』大悲を備えた聖なる観自在菩薩・摩訶薩、『プラシャーストラセーナ注』文殊師利と聖なる観自在菩薩、『マハージャナ注』文殊師利、『シュリーシンハ注』なし。

【解　説】

1．帰敬文とは

インドの宗教では、修行の最大の目的は解脱(げだつ)である。解脱するために行(ぎょう)の階梯(かいてい)が教示されるが、それも常に智慧のはたらきと結びつけられる。その意味で、智慧の解明こそが解脱の鍵なのである。

もちろん、それぞれの宗教や宗派は、解脱に到る独特の行と智慧のシステムを持っている。それぞれが自己の尊ぶ祖師こそが一切智者であると、智を尽くして議論し、論証する。しかしながら、「最高の智慧を持つ聖者は〝すべてを知るもの〟（サルヴァジュニャ　一切智者）である」という基本は揺るがない。仏教でも一貫して最高の聖者とは、「あらゆることを知っている者」（一切智者、全知者）なのである。ところが、【文献解題】で述べたように、『般若心経』は、帰命の対象を「一切智者」とするほか、「般若波羅蜜」とする系統もある。この相違についてもう少し別の角度から考察してみよう。

2．パーリ聖典の帰敬文——ブッダと三宝(さんぼう)への礼拝

一般にインドの仏典では、経典が説かれるその最初に、このように「○○に対して帰命する」という帰敬文が捧げられる。それは必ずしも最初から経典に附属していたのではない。おそらく、その経典が

伝承される過程で、経典の伝承者や、書写する者によって制定されたものである。しかし、その帰敬文によって、経典がどのように受容され、伝承されたのかを知ることができる。その意味で、帰敬文は経典の性格を示すシンボルである。

パーリ仏典では、正規のスッタ（経）やヴィナヤ（律）は、「かの世尊・阿羅漢・正等覚者に帰命する」というように、ブッダとその異名を礼拝の対象とする。

三法のシンボルを礼拝する比丘（ガンダーラ）

次いで、部派仏教（説出世部）の仏伝として知られる『マハーヴァストゥ』では、「オーン、吉祥なる偉大な仏、過去・未来・現在のすべての仏に帰命する」とあるように、三時のブッダについて述べるようになるし、仏教梵語で書かれた『法句経』などでは、「オーン、すべての仏・法・僧に帰命する」と三宝について敬礼する例もある。

これらは初期の仏教がブッダを究極の聖者とし、その礼拝を行っていたものが、さらに過去から未来という複数のブッダと、その説かれた教えと、それを伝える教団を、帰敬の対象とするようになったという事実を裏づけるものである。

3. 大乗一般の帰敬文

大乗になるとブッダは複数になり、『華厳経』「入法界品」の「オーン、すべての仏・菩薩に帰命する」などのように、礼拝対象に菩薩が加わる。これがチベット語訳・般若部『般若心経』に見られるものである。大乗経典のチベット語訳の多くはこの形式を取る。また『無量寿経』（オックスフォード刊本）や『楞伽経』では、すべての仏・菩薩に加えてさらに三宝が唱えられる。

より一般的には「（吉祥なる（シュリー））すべての仏・菩薩、聖なる声聞・独覚に帰命する」（『十万頌般若』、『宝積経』「護国菩薩会」）というように、仏・菩薩に、聖なる声聞・独覚を加えるが、これは三乗思想が確立してから後の表現だろう。

この三乗形式に、「過去・未来・現在の菩薩たち」（『法華経』ケルン・南条本）を加え、「オーン、十方の果てしなく窮まりのない世界におられる過去・未来・現在のあらゆる仏と菩薩、聖なる声聞・独覚に帰命する」（『無量寿経』足利本、『ラリタ・ヴィスタラ』〔普曜経〕）という、定型的な大乗の帰敬文が確立する。

この文句は、私たちのこの娑婆世界だけではなく、東西南北とその中間（四維）と上下というあらゆる方角と、過去・未来・現在という時間に、菩薩が修行し、仏が現に説法しているという世界観にもとづいている。そこに「三世十方の仏・菩薩」という大乗の教えの特性が表されていると言えよう。

4. 般若経の帰敬文

般若経典の帰敬文には、「尊き、聖なる般若波羅蜜に帰命する」とするものが多い。これはサンスクリット文としては、『二万五千頌般若』、『八千頌般若』、『金剛般若経』（コンゼ本）、『般若理趣経』（百五十頌般若）、『文殊般若』（七百頌般若）、『善勇猛般若経』などに見られる。チベット語訳・秘密部『心経』も、この伝統を受け継いでいるのである。

この帰敬文冒頭の「尊き」は、サンスクリット語で「バガヴァティー」(bhagavatī) である。この語は、世尊（バガヴァト）の女性形であり、般若波羅蜜が女性名詞であるために、ここでは女性形で用いられている。ヒンドゥー教でもラクシュミーやドゥルガーの女神のことである。ただし、仏教では六～七世紀頃からいくつかの論書で、般若経を「バガヴァティー」と呼称し、引用している。

この「バガヴァト」はもともと、幸運、繁栄を意味する「バガ」に所有の接尾辞「ヴァット」を添加してできた「尊き」「神性ある」「輝かしい」という意味の形容詞、あるいは「神聖なもの」「神」という名詞であるが、「バガヴァティー」となると、世尊母と訳され、女性名詞である「〔聖なる〕般若波羅蜜」を形容する。そのため、この帰敬文は「般若波羅蜜」が帰命の対象ということになる。しかし、それが文字通り「完全な悟りの智慧」であるのか、その教えを説く「般若経典」であるのか、仏母としての般若波羅蜜なのかは明確ではない。

ただ、従来の帰敬文の記載からすると、ここは仏・菩薩に対応する存在を意味していると考えられるから、仏母般若波羅蜜と考えてもよい。仏や菩薩を生ずるものとしての「完全な悟りの智慧」（般若波羅蜜）という思想は、すでに般若経自身にも説かれているし、二〜三世紀頃の『大智度論』にも現れているからである。

5．一切智者への帰命

一方、もう一つの「一切智者への帰命」は、『心経』のサンスクリット本と敦煌出土チベット語訳小本に見られる。『心経』以外には、『金剛般若経』（マクス・ミュラー刊本）にも見られるが、実はそれほど多くの例はないし、般若経に限定された帰敬文とも言えない。

実際、『阿弥陀経』や『十地経』にも掲げられるし、『薬師経』でも「オーン、一切智者に帰命する。尊き薬師瑠璃光王如来に帰命する」とする。このように、他の経典の帰敬文にも見られるのは、「一切智者」という用法の方が、「〔尊き、聖なる〕般若波羅蜜」より、やや広がりがあるためであろう。

ただし、「般若波羅蜜が菩薩を一切智者性（悟りの本質）へと導く因であって、諸仏の一切智者性はその果である」とは、『八千頌般若』が繰り返し説くところである。それと同時に、「般若波羅蜜に帰命する人は、一切智者の知に帰命するのである。なぜかというと、諸仏の一切智者性は、この般若波羅蜜から生じたのであり、逆に、般若波羅蜜は一切智者の知から生じたものだから」とも述べている。

この論理からすれば、般若経においては、一切智への帰命も般若波羅蜜への帰命も同意義なのである。いずれにせよ、帰命の対象がブッダや三宝とされず、一切智者や般若波羅蜜とするのは、『般若心経』が智慧の経典であることをよく表している。

5…仏陀が三昧に入る——序分

大本特有の序分

次は『般若心経』の舞台設定を述べる序分(じょぶん)である。ただし、この箇所は大本に特有で、玄奘(げんじょう)訳などの小本系には見られない。そのため、わが国では一般的ではないかもしれない。しかし、多くのサンスクリット文やチベット語訳、漢訳にも説かれている。

このように私は聞きました。

あるとき、世尊はラージャグリハ（王舎城）のグリドゥラクータ（霊鷲）山に、比丘の大僧団と菩薩の大僧団とともにとどまっておられた。

そのとき実に世尊は「深遠な悟り」という名の〔法門である〕三昧に入られた。

【語　釈】

「世尊」とは、先にも述べたように、「バガヴァット」の訳語であり、薄伽梵、婆伽婆とも音訳される。現在のインドでも「神さま」という意味で使われる。

もともと古代インドの宗教では、太陽神のことを「バガ」と呼んでいた。この神は愛と結婚をはぐくみ、富を与える慈悲深い神として崇拝され、「幸運、繁栄、美」などを象徴した。この語から「尊き」「輝かしい」という形容詞「バガヴァット」が作られ、名詞としても使われるようになった。仏教ばかりでなく、ヒンドゥー教のヴィシュヌ派、シヴァ派やジャイナ教でも、最高神や教祖を呼ぶ言葉となっている。

なお、仏教では仏に対する十種の称号（十号）の一つであり、『大智度論』では「これら九種の名号を得て、大いなる名称があり、十方に遍満する、これをもって婆伽婆（世尊）と名づける」とする。

プラシャーストラセーナは、「煩悩を捨て去ったから、世尊という」としている。この解釈はバガヴァットを、「破壊する、粉砕する」を意味する動詞バンジ（bhañj）の過去分詞バグナ（bhagna）と、所有の接尾辞ヴァットの結合と見なすものであり、修行で捨てられる、知的な煩悩（見惑）と習慣性の煩悩（修惑）を「破壊した者」という理解にもとづく。この見解は『大智度論』や『清浄道論』などにも見られるように、仏教に古くからあった教理的解釈のようである。

霊鷲山

　さらに、「〔通常の意味の世尊とは、〕四つの魔を降伏し、六波羅蜜を備え、悪しき知を克服したものである」というシュリーシンハの『心経注』が目を引く。これに関連して、ジュニャーナミトラも『心経注』で「四魔を降伏したものが世尊である」と解釈する。なお、本経ではブッダのことを（三度）世尊と呼び、これ以外の称号は用いていない。また小本では世尊も登場しない。

「**ラージャグリハ**」とは「王の居住地」という意味の地名で

三昧に入る仏陀（サーンチー）

ある。多くの都市は中心に城塞があり、周囲は塀で囲まれていたことから、王舎城と漢訳される。パーリ語ではラージャガハという。かつてのマガダ国の首府で、現在のラージギールにあたる。インド、ビハール州のほぼ中央に位置し、首府パトナから南南東へ約九六キロの地にある。

「**グリドゥラクータ**」とは「コンドル（禿鷲）の峰」という意味である。その山が巨大な禿鷲（グリドゥラ）の姿に似ているからこの名がある。霊鷲、あるいは鷲峰などと漢訳される。鳩摩羅什や支婁迦讖は耆闍崛と音訳する。

ここはラージャグリハの北東にあり、眼下に一望できる小高い山で、般若経諸本、『法華経』、『無量寿経』等の大乗経典でも説法処として登場する。頂上はわずかに平らになっており、朝日を拝むことができる。山頂に続く参道は、その昔ビンビサーラ王も車から降りて登ったという。

「**比丘**」とは具足戒を受けた男性の出家者である。漢訳では乞士とも訳す。苾芻と音訳することもある。多くの論書で、その語義を「煩悩（クレーシャ）を破壊する（ビンナ）から」という語源解釈によって説明する。

「菩薩」とは、サンスクリット語でボーディサットヴァといい、漢訳では菩提薩埵と音写され、その省略語が菩薩である。ボーディ（菩提、悟り）＋サットヴァ（薩埵、人）より「悟りを求める人」の意である。

「深遠な悟りという名の〔法門である〕三昧」とは、世尊が入られた三昧の名である。ここで「悟り」と訳したのは、アヴァサンボーダ（avasaṃbodha）で「完全な知」という意味である。しかし、別の写本では、「光、顕現、知識」を意味するアヴァバーサ（avabhāsa）を伝える。以下では、「光」と訳す。また、添加した「法門」とはダルマ・パリヤーヤの訳語で、偈頌ではなく、長い文章で書かれた教えということで、古くからある経典の別名である。ネパール系の写本ではこの語がこの箇所に挿入されているので補った。

【文献解題】

1．世尊について

サンスクリット文とチベット語訳の主語は「世尊」（バガヴァーン）とする。これに対し、漢訳では法月訳と般若・利言訳は「仏」とする。ただし、原語にブッダとあったかどうかは不明。その他の、智慧輪訳は「薄誐梵」、法成訳は「薄伽梵」と音訳し、施護訳は「世尊」と訳す。

2. 説法処について

説法処がラージャグリハ（王舎城）のグリドゥラクータ山であることは、すべての資料で一致する。ただし、漢訳では法月訳は「王舎大城・霊鷲山」、般若・利言訳は、「王舎大城・耆闍崛山」、智慧輪訳・法成訳・施護訳は「王舎城・鷲峯山」と訳す。また、「鷲」を意味する原語のグリドゥラは、俗語でギジャとなり、これに峰を意味するクータを合わせて、耆闍崛と音訳された。

3. 会衆について

サンスクリット本とチベット語訳では、大きな比丘の僧団と大きな菩薩の僧団とするが、その数についての言及はない。なお、ここで述べられる僧団の原語はサンガであるが、比丘の僧団と菩薩の僧団をそれぞれサンガとガナとして区別する系統もある。

漢訳では比丘の僧団とその数について、さまざまな相違がある。法月訳では「大比丘衆満百千人」、般若・利言訳は「大比丘衆」、智慧輪訳と法成訳は「大苾蒭衆」、施護訳は「大苾蒭衆千二百五十人」とする。

また、菩薩の僧団とその数の記述も異同がある。法月訳は「菩薩摩訶薩七万七千人」、般若・利言訳は「菩薩衆」、智慧輪訳は「大菩薩衆」、法成訳は「諸菩薩摩訶薩」、施護訳は「諸菩薩摩訶薩衆」とする。このように、いくつかの文献は菩薩に摩訶薩（マハーサットヴァ　大きな志を持つ人）を加える。そればかりか、法月訳は七万七千人という数を伝え、さらに菩薩名として、「観世音菩薩、文殊師利菩薩、弥勒菩薩」を出し、この菩薩たちがブッダの周りを囲む代表者であったと述べている。

4. 三昧名について

・サンスクリット原文

この三昧の名前は、おもに二種に大別される。中村本のように日本の写本にもとづき「〈深遠な悟り（avasaṃbodha）〉と名づけられる三昧に入られた」とする系統と、白石本とコンゼ本のように、おもにネパール写本にもとづき、「〈深遠な光（avabhāsa）〉と名づけられる法門〔を説いて、〕三昧に入られた」とする系統がある。なお、コンゼは「〈深遠な般若波羅蜜における光〉と名づけられる法門の三昧」という写本もあることを脚注に記している。

・チベット語訳

チベット語訳は「〈深遠な光〉と名づけられる法門の三昧」とする秘密部系統と、「〈深遠な法門の光〉

と名づけられる三昧」とする般若部系統の二つにわかれる。「深遠な」が「光」にかかるか、「法門」にかかるかの違いである。大半の資料は、「深遠な光」という法門の三昧の読みを取る。

・漢　訳

漢訳では、法月訳は「〔菩薩たちは〕皆な三昧と総持（ダラニ）を得て、不思議解脱に住していた」とあり、主語は世尊ではない。また、般若・利言訳「仏・世尊は即ち広大にして甚深という名の三昧に入られた」、智慧輪訳「世尊は広大で甚深な、照見という名の三摩地に入られた」、法成訳「世尊等は甚深で明了な三摩地の法之異門に入られた」とそれぞれ相違する。施護訳「世尊は、即ち甚深で光明なる正法を宣説して三摩地に入られた」は、コンゼ本に近い。なお、照見も明了も光明も、原語はアヴァバーサ（光）であろう。

【解　説】

1．序分とは

私たちは文章を書くとき、いつ、どこで、誰が、何を、なぜ、どのようにしたか、ということを明確にせよと言われる。英語でも When, Where, Who, What, Why のそれぞれの頭文字をとった五つのＷに、

Howを加えたファイブＷワンＨという、文章を構成する際の基本的な要素がある。

仏教の経典についても同じことが言われる。序分では、まさにその基本要素が述べられる。このことによって経典の形式が完備するから、チベットの注釈では、「五つの円満」と言われて重視される。

チベット仏教の「五つの円満」とは、①教えの説かれた時期（時）、②教えを説いた教主（きょうしゅ）（教主）、③教えが説かれた場所（住処（じゅうしょ））、④教えを受けた弟子（所化（しょけ））、⑤教えの内容（法）という五つの要素で、これらが備わっていることが経典としての完成度を示すものである。

中国仏教では「三分科経（さんぶんかきょう）」といって、経典を序分、正宗分（しょうじゅうぶん）（本論）、流通分（るずうぶん）の三つにわける。さらに序分は「六成就（ろくじょうじゅ）」として解釈される。これは経典に共通の形式であるため、「通序（つうじょ）」ともいう。

漢訳の六成就は、①信（しん）成就、②聞（もん）成就、③時（じ）成就、④主（しゅ）成就、⑤処（しょ）成就、⑥衆（しゅ）成就という六つであり、こちらはチベットの「五つの円満」の①から④までの序分に相当する。

漢訳の六成就を本経に適応させると、「このように」は、漢訳では「如是（にょぜ）」という。これはアーナンダがブッダから聞いたことの確かさを示すものであるから、①信成就という。

「私は聞きました」は、漢訳では「我聞（がもん）」という。これを②聞成就という。

「あるとき」で、漢訳では「一時（いちじ）」となる。これはブッダの説法の時間的に確実なことを述べるもので、③時成就という。

「世尊」は、漢訳では極めて稀に「仏」とすることもある。教えを説いた人がブッダであることを確約するので、④主成就という。

「ラージャグリハ（王舎城）のグリドゥラクータ（霊鷲）山に」は、漢訳では「王舎城霊鷲山中」などである。説法した場所をあげるので、⑤処成就という。

「比丘の大僧団と菩薩の大僧団とともにとどまっておられた」は、漢訳では「菩薩・摩訶薩」云々である。説法の席に連なった比丘や菩薩等を具体的に示すもので、これを⑥衆成就という。

2. プラシャーストラセーナの区分

プラシャーストラセーナは本経を、〔1〕智慧（般若）という名称、〔2〕因縁（いんねん）、〔3〕三昧、〔4〕議論の開始、〔5〕智慧に入ること、〔6〕智慧の特徴、〔7〕智慧の領域、〔8〕智慧の功徳（くどく）、〔9〕智慧の果報（かほう）、〔10〕智慧のダーラニー、という十種類に区分する。

最初の〔1〕は「般若波羅蜜〔多〕心経」というタイトルの語義について述べる。ついで、どのような所で、誰が、誰に説くのかをはっきり示すため、この〔2〕因縁（教えが説かれる由来）が説かれたとする。ここで解説する内容は、この〔2〕因縁と〔3〕三昧である。

なお、プラシャーストラセーナは、この「因縁」について、以下のように四つに区分する。

①「いつか」というならば、「あるとき」と説く。これは特に言明はしていないが、「時の円満」に相当するだろう。

②「誰が知るのか」というならば、「世尊が」である。これを「説者の円満」という。ただし、本経では世尊は一言も発せず、三昧に入るのみである。ここでプラシャーストラが言うように、世尊は説法する観自在菩薩の心を「知る」のであって、最後に三昧から起きて、その教説をほめ讃えるのみである。なお、本経では、世尊はこの最初と最後にしか登場しない。

③「どこでか」というならば、「ラージャグリハ（王舎城）のグリドゥラクータ（霊鷲）山」である。これを「住処の円満」という。

④「誰に対して説くのか」というと、「比丘ともろもろの菩薩に」説くのである。これを、「眷属（けんぞく）の円満」という。以上で序分が終わる。

3. 全体の構成と解釈

このプラシャーストラセーナの区分を踏まえて、実際の解釈を順次に見てみよう。

まず、「このように」というのは、文章が逸脱することなく後続につながるように述べられるのである。「私が聞きました」というのは、この教えを自分が直（じか）に聞いたことを表すのである。このことは、

アーナンダ（敦煌）

仏典を結集した時に、アーナンダがブッダから直接聞いたことを、五百人の阿羅漢の前で述べたことに由来する。仏滅後、数百年後に成立した大乗経典ではあるが、形式はみな同じなのである。

「世尊」とは、見道（真理＝空を悟る段階）と修道（見道の悟りを、さらに様々に反復して修し深めていく段階）によって捨てられるべき煩悩を、捨て去っているからである。「ラージャグリハ（王舎城）」というのは「王の居城」という地名であるが、その都城は広大であるので住処を限定するために「グリドゥラクータ（霊鷲）山」と言ったのである。また、その山が大きな禿鷹の姿に似ているからその名がある。

「比丘」というのは、すべての煩悩を征服するからであり、「大僧団」というのは、敵対するものに打破されないからである。それを「大きな」と形容したのは、功徳と人数が大きいからである。また、「菩薩」というのは、自ら無上の悟りを打ち立てるからであるとし、他者の悟りに対するはたらきの言及はない。しかし、この注釈の原本には、「摩訶薩」があったようで、摩訶薩（偉大なる人）が「すべての人々を無住処涅槃に導く」と解説している。

このような集会の参列したものたちが、「修行道によって坐った」とする。威儀を正し、禅定に入り、聞法する状態が整えられたのである。

この設定の中で、世尊は「深遠な光」という名の三昧に入られた。この三昧の名は、前述したように、インド・チベットの伝承では「光」と「悟り」にわかれるが、プラシャーストラセーナは「光、顕現」(snang ba) とは「悟り」(rtog) のことであるとしているから、この解釈を取るとすれば、梵文の二つの異なった伝統も会通される。

6…観自在菩薩の登場──正宗分①

行深般若波羅蜜多時

これから説明する箇所は、小本『般若心経』では冒頭の「聖なる観自在菩薩は、深遠な智慧の完成を実践しつつ、次のように見通された」に相当する。これは玄奘訳で言うと「観自在菩薩行深般若波羅蜜多時」までであり、極めて簡略な経文となっている。

ここで扱う大本では、先に述べたように、世尊は〈深遠な悟り（光）〉と名づけられる瞑想に入られ、何も説法はしない。そのかわりに観自在菩薩が登場してシャーリプトラ（舎利弗）と対論するという形式である。一方、急に観自在の菩薩の説法が始まる小本の形式は、経典としてはやや唐突である。そこで、他の般若経にならって、経文の形式が整えられたのが大本であろう。

そのとき、菩薩にして偉大なる人である聖なる観自在は、深遠な智慧の完成を実践しつつ、次のように見通された。「〔存在するものの〕五つの構成要素があり、そして、それらはもともと空であると見られた。

【語　釈】

「そのとき」とは、世尊がラージャグリハ（王舎城）の霊鷲山で入定された、まさにその時である。

「聖なる観自在菩薩」とは、観音さまのことである。この菩薩の詳しい分析や訳語の違いなどについては後述するので、今は知っておくべき特徴や観音（観自在）信仰の広がりについて、一言述べておく。

観自在の原語はアヴァローキテーシュヴァラ（Avalokiteśvara）で、アヴァローキタ（avalokita　観ること）とイーシュヴァラ（īśvara　自在）の合成語であり、一切諸法を観察することが自在である菩薩という意味である。このことから、衆生の苦悩を観察し、自在に救済する慈悲の菩薩と言われる。

最初の造形は仏像誕生の地ガンダーラで、弥勒とともにブッダの脇士として現れる。経典としては単独で「観音経」に説かれていたが、後に『法華経』「観世音菩薩普門品」に収録され、インドから東アジアにかけて大流行した。大乗仏教で最も親しまれている菩薩と言ってよい。「普門品」では、三十三種類の姿で人々の前に現れる。『華厳経』「入法界品」などでは、南海海上のポータラカ山（補陀落山）にとどまっていると説かれているが、『無量寿経』では、阿弥陀仏の脇士として描かれ、勢至菩薩とともに、阿弥陀三尊として西方極楽浄土に住んでいるとされる。

またチベットでは、代々のダライ・ラマは観音の化身とされ、その住まいであったラサのポタラ宮はポータラカに由来する。巡礼者が唱えるオーン・マ・ニ・ペ・メ・フーンという観音の六字真言も有名である。チベットの伝統によれば、観音菩薩は十地の菩薩であるといい、造形としては四臂（六字）観音や千手千眼観音が一般的である。ネパールでは多くの密教系の観音がインドからもたらされ、百八観音として体系化されている。

観自在菩薩（サールナート）

中国や日本では六観音（聖観音・千手観音・馬頭観音・十一面観音・准胝観音・如意輪観音）

などとして、それぞれ信仰されてきた。また、十二世紀の平安末期には西国三十三所霊場、十三世紀からは坂東三十三所、十五世紀には秩父三十四所を加えた百観音霊場が成立し、現在も観音巡礼は盛んである。

「偉大なる人」（**摩訶薩**）とは、偉大な修行者（マハーサットヴァ　摩訶薩埵）という意味で、大士、大有情などとも訳される。ほとんど単独では用いられず、菩薩・摩訶薩というように並記される。般若経では、「天上天下の最も尊き人。修行者の上首であるから摩訶菩提薩埵」と言われる。特に『大智度論』（巻五）では、『大品般若』の摩訶薩埵を注釈して、摩訶（マハー）とは大、薩埵（サットヴァ）とは衆生と名づけ、あるいは勇心という。(1)この人は心に大事を為して、退かず、還らず、大勇猛心を持つから、摩訶薩埵というのである。(2)多くの衆生の中で上首となるから、摩訶薩埵という。(3)多くの衆生の中に大慈悲心を起こし、大乗を成立させ、よく大道を行じ、最大の場所を得るから、摩訶薩埵という。(4)大人の相を成就するから、摩訶薩埵という。(5)よく説法して、衆生と自己の邪見、愛慢、我心などの煩悩を破するから、摩訶薩埵などと、多くの理由を述べる。

心経の注釈者の一人シュリーマハージャナによれば、不退転位（成仏が決定した位）の菩薩を摩訶薩とする。

「深遠な智慧の完成」とは、漢訳の「深般若波羅蜜多」にあたる。般若波羅蜜〔多〕という智慧については既に述べたので、ここでは「深遠な智慧の完成を実践しつつ」の意味を補足しておく。

この語句は正確には「深遠な〈智慧の完成の実践〉を行いつつ」というのが文字通りの訳である。〈智慧の完成の実践〉とは、般若波羅蜜行と言われるが、この場合は三昧（ヨーガ）において智慧を得ることと考えればよい。深い三昧の中で生ずる智慧こそが、般若の智慧であり、その智慧によって、瞑想の中で空を悟るのである。

「**五つの構成要素**」とは、漢訳でいう五蘊のことで、五陰（伝羅什訳）、五衆とも訳される。「蘊」は集まりの意味で、サンスクリット語のスカンダの訳。仏教では、いっさいの存在を五つのものの集まりと解釈し、この五つをすべての構成要素と考えた。五つとは、物質的な要素と精神的な要素に大別される。前者は色蘊で、対象を構成している感覚的・物質的な要素を総称する。後者は主体の意識を構成する精神的要素で、受蘊（何らかの印象を受け容れる、感受作用）、想蘊（イメージを作る表象作用）、行蘊（能動性をいい、潜在的にはたらく、意志作用）、識蘊（具体的に対象をそれぞれに区別する認識作用）の四つをいう。このように、いっさいを、色——客観的なものと、受・想・行・識——主観的なものに分類する考え方は、仏教の最初期から一貫する。

「**もともと空である**」とは、自性空と訳される。五蘊のすべてがそれ自体の本質を欠いているから、実体がないということであるが、後述されるので、詳細については後に回す。

【文献解題】

・サンスクリット原文

サンスクリット写本には、上記の中村本と異なる系統がある。最初の「菩薩にして偉大なる人である聖なる観自在は、深遠な智慧の完成を実践しつつ、次のように見通された。〝〔存在するものの〕五つの構成要素があり、そして、それらはもともと空である〟と見られた」という箇所は、フェール本とマクス・ミュラー本によれば「菩薩にして偉大なる人である聖なる観自在は、〈深遠な光〉と名づけられる法門(ほうもん)を見通された」とする。

前者は「五蘊が自性空であることを観自在菩薩が知る」とするのに対し、後者は「世尊が説かれた法門を観自在菩薩が知る」という構造になっている。つまり、世尊は〈深遠な光〉と名づけられる法門を説かれ、今は三昧に入っておられる。そこで観自在菩薩がその法門を見通すという文脈である。

ここで説かれる〈深遠な光〉が、法門の名前であれ、三昧であれ、観自在菩薩が見通した内容なのであり、それが「五蘊の自性空」と打ち出されていることが重要である。これこそが本経の特色なのである。

・チベット語訳

チベット語訳では、「世尊は〈深遠な光〉と名づけられる三昧に入られた。そのとき、観自在菩薩が深遠な智慧の完成を実践しつつ、〝〔存在するものの〕五つの構成要素があって、それらはもともと空である〟と見通された」とするが、これは中村本と同じである。

なお、「もともと空である」（自性空）が、チベット大蔵経の秘密部所収本ではランシン・ギ・トンパ（rang bzhin gyis stong pa）、般若部所収本ではゴボニ・キ・トンパ（ngo bo nyid kyis stong pa）と異なる。プラシャーストラセーナの注釈では秘密部の表記を取るが、文脈上の違いはない。

・漢　訳

この部分は、法月訳では特に詳細に説かれている。「観自在菩薩が仏に護念されて、慧光三昧に入り、その三昧の力で般若波羅蜜多を行ずる時、五蘊が自性皆空であることを照見する」とある。この悟りの境涯に入るためには、観自在菩薩も入定することが必要なのだろう。

観自在菩薩の名について各訳本によって相違がある。伝羅什訳は「観世音」、玄奘訳、法月訳、般若・利言訳、法成訳、施護訳は「観自在」、智慧輪訳は「観世音自在」という折衷訳。ただし、法月訳は序分で「観世音」とするが、その後は「観自在」とし、一貫していない。

【解　説】

プラシャーストラセーナの注釈によれば、ここで取り上げたのは、〔4〕議論の開始である。経典での説法がいよいよ開始されるが、そのテーマは般若波羅蜜と空である。簡潔ではあるが、ここにはこの経典にとって極めて重要な要素が盛り込まれている。

まず、説法主が観自在菩薩であること。さらには、般若波羅蜜と訳される「智慧の完成」の中で、釈尊の悟りの内容が、空にあることを見通していることである。それらのうちここでは、説法主が観自在（観音）菩薩であることについて解説しておきたい。

1．観自在菩薩の起源について

『般若心経』の梵語諸本では、「聖なる」を付けないものもあるが、それ以外はすべてアヴァローキテーシュヴァラという菩薩名を伝える。それはアヴァローキタ（avalokita　観ること）とイーシュヴァラ（īśvara　自在）の合成語であり、「観察することが自在である者」を意味するから、観自在菩薩と訳すべきである。しかし、この菩薩がどのような起源を持っているのかはよくわかっていない。

しばしば、慈悲の性格を人格化したものであるとか、イーシュヴァラ（自在なる者）という呼び名から、ヒンドゥー教のシヴァ神との関連を指摘する説もあるし、三十三化身の考え方から、むしろヴィシユヌ神の影響を指摘する人もいるが、ここでは経典そのものから再考してみたい。

仏教の多くの尊格と同じように、観自在菩薩の起源は、初期仏教の教説、とりわけ仏伝の中にあるように見える。その根拠は、この菩薩のアヴァローキタ（観ること）という名称にあり、世間を慈愛の目で観察したブッダの姿にある。

よく知られているように、ブッダは成道してからしばらくは解脱の楽しみを受けていたが、その悟りの困難さの故に、説法を躊躇していた。そのブッダの内的な葛藤は、梵天の勧請として描かれる。観自在菩薩の「観察する」という本質的な性格は、三度におよぶ梵天の勧めに応じて取ったブッダの振舞いに起源を持つだろう。パーリ聖典の律典『マハーヴァッガ』（大品）はそれを次のように描いている。

「そのとき世尊は、ブラフマー神の懇請を知ったのち、人々に対する慈悲にもとづいて、悟れるものの眼（仏眼）をもって世界を観察しながら、ひとびとの中に汚れの少ない者と汚れの多い者、……教えやすい者や教えにくい者がいて、またある者たちは来世の死罪を恐れながら暮らしているのを見た」

ブッダが成道した場所と伝えられる金剛宝座（ブッダガヤー）

同様の表現は、説出世部の伝える仏伝である『マハーヴァストゥ』（大事）や、『ラリタヴィスタラ』（普曜経）にも見える。このように成道後の初めての振る舞いであったブッダの「観察」については、その内容ばかりでなく、それを述べる基本的な用語も共通している。それは ava-lok（パーリ語 o-lok）、vyava-lok（パーリ語 vo-lok）などであり、いずれも「観察する」の同義語である。

成道後に梵天によって勧請を受けたブッダは、菩提樹下の悟りによって得た仏眼によって、世界を観察し、そのうえで、人々のさまざまな機根を直視された。観自在菩薩の原型が「観察する」という行為にあるとすれば、その起源は、この成道後のブッダの観察にあると言えよう。また、ここで『マハーヴァッガ』が、ブッダの観察は「慈悲にもとづいて」行われたという動機を述べているが、それも観自在が慈悲の菩薩と見なされるのに対応する。

2. 観自在菩薩の説法の意味

心経の冒頭の「菩薩にして偉大なる人である聖なる観自在は、深遠な智慧の完成を実践しつつ、次のように見通された。〝〔存在するものの〕五つの構成要素（五蘊）があり、そして、それらはもともと空である〟と見られた」とは、まさにこの仏伝を意識し、説かれたものであったろう。

観自在菩薩はこのように世界の観察者としてのブッダ、「ブッダの眼」を人格化した菩薩であったとすれば、まさにここで教説を説くにふさわしいのである。

ただし仏伝では、成道後のブッダが観察するのは、五蘊からなる世界であり、その人々の機根であった。五蘊とは、初期仏教から世界の内実を示す構成要素であり、世界そのものと言ってよい。

本経で見通されるのも、この世界（ローカ）すなわち五蘊である。しかも、それらはもともと空であると見抜くこと、それこそが般若経としての本経の独自性と言えるのである。

3．観音・観世音・観自在の変遷

ところで、この菩薩は「観察すること」は共通するが、観音・観世音などと呼ばれるように、多くの訳語を持つ。この問題をもう少し厳密に考えてみよう。例えば観音菩薩について、最も詳細に説かれるのは『妙法蓮華経』（大正蔵九巻・二六二番）の「普門品」である。最初にその代表例を偈頌からあげておく。

「或いは怨賊の繞みて、各刀を執りて害を加うるに値わんに、彼の観音の力を念ぜば、咸く即ちに慈の心を起さん」

（大正蔵五七頁下）

以上のように、この偈頌は「念彼観音力」の句でよく知られているが、サンスクリット原文でも「アヴァローキテーシュヴァラを心に念ずれば（スマラト smarato）」という慣用句が繰り返されている。念ずることによって救済の手をさしのべるというのが、この菩薩の性格である。

ただし、「普門品」では散文部分と韻文部分では性格が異なる。右の偈頌と異なり、散文の箇所では、一心に観音の名号を称えることを述べる。

「善男子よ、若し無量百千万億の衆生ありて、諸の苦悩を受けんに、この観世音菩薩を聞きて、一心に名を称うれば、観世音菩薩は、即時にその音声を観じて、皆、解脱することを得しめん」

（大正蔵五六頁下）

そもそも「普門品」の偈頌はもともとの羅什訳『妙法華経』（四〇六訳）にはなかった。しかし、闍那崛多と笈多の共訳である『添品法華経』（六〇一訳）のものを、後代に羅什訳に改編入したことがわかっている。そのため、意味上も訳語上の問題も残っている。

ここで指摘したように、偈頌では観音は「念ずること」によって救済する菩薩であるが、散文部分では「大声で呼ぶこと」「名を称えること」によってである。つまり、この菩薩の性格は、韻文では念（スマラ smara）と結びつけられ、散文では声、音（スヴァラ svara）と結びつけられている。その相違の理由は、この経典が西北インド方言のガンダーラ語で書かれており、smとsvの音韻が交替するからである。

おそらく現存の写本の状況から見て、観音菩薩は古くはアヴァローキテーシュヴァラ（Avalokiteśvara）ではなく、アヴァローキタスヴァラ（Avalokitasvara）という名であった。「普門品」が成立した地方の言語（ガンダーラ語）では、このスヴァラは「声、音」と「念」の両方の意味を持つし、音韻も類似することから、スマラ（念）と結びつけて解釈された。そのため、「声を見る者」（聞きとる者）と「念を見る者」という二つの理解が生まれた。漢訳者たちが、現音声、観音（道生、闍那崛多＝添品法華）、観世音（聶道真）などとさまざまに訳したのもそのためである。

なお、竺法護の『正法華経』に見られる「光世音」も、観音の古い原語であるアヴァローキタ・スヴァラが、ガンダーラ語ではアヴァ（ava-）とアーバー（ābhā-）と正確に区別されないことと、それを書写したカローシュティー文字では単音と長音の区別が示されないため、接頭語のアヴァをアーヴァー

シヴァ神とその妃ウマー（エローラ）

（光）と訳し、後のローキタ（lokita　観た）をローカ（loka　世間）と結びつけて「世」と訳したため、結果として「光世音」（竺法護、羅什、法顕）という訳語ができたと推定される。

さらに、六世紀の菩提流志や、般若留支、那連提耶舎、闍那崛多などによる観世自在という新しい訳語を経由して、玄奘（七世紀）は観自在という訳語を新しく使った。なお、観世自在、あるいは観自在も、スヴァラ（音）に変わってイーシュヴァラ（自在）を含む。

このことは、観音の原語がアヴァローキタスヴァラ（観音）からアヴァローキテーシュヴァラ（観自在）にかわったことを示唆する。特に梵語写本によれば、この移行は六世紀頃に行われたようである。この移行にはイーシュヴァラ（自在天）信仰の隆盛が背景にあったと考えられる。そもそもイーシュヴァラは、バラモン（婆羅門）教、あるいはヒンドゥー教で、世界を創造し支配する最高神であるシヴァ神の別名である。サンスクリット語でマハー（偉大な）を付けてマハー・イーシュヴァラ（マヘーシュヴァラ）とも言われる。仏典ではそれぞれ「自在天」「大自在天」と漢訳した。実際に禅宗で唱えられる『大悲心陀羅尼』などにはシヴァ神の影響が色濃く見られることも知られている。

7…五蘊はもともと空である——正宗分②

シャーリプトラの登場

続いてシャーリプトラ（舎利子）が登場し、観自在菩薩と問答しながら、智慧の完成における実践と空の教説が繰り返し語られる。ここには不要と思われる問答があるが、それは本経の大本が整備される際に、通常の般若経でしばしば見られる問答形式が採用されたためであろう。この繰り返しによって、仏教徒一般が実践すべき教えが強調されている。

そこでシャーリプトラ（舎利子）長老は仏の力を受けて、聖なる観自在菩薩〔摩訶薩〕に次のように言った。

「もしもある誰か立派な家柄の男子〔や立派な家柄の女子〕が、〔この〕深遠な智慧の完成を実践したいと願ったときには、どのように学んだらよいのでしょうか」

このように述べたとき、菩薩にして偉大なる人である聖なる観自在は、シャーリプトラ長老に次のように言われた。

「シャーリプトラよ、もしもある誰か立派な家柄の男子や立派な家柄の女子が、〔この〕深遠な智慧の完成を実践したいと願ったときには、次のように見通すべきなのである。

〝〔存在するものの〕五つの構成要素があり、そして、それら（五蘊）はもともと空である〟

と見られた。

【語釈・文献解題】

「シャーリプトラ」は、ブッダ最大の弟子である。母の名がシャーリカーであり、母とよく似ていたため、シャーリ〔カー〕の子（プトラ）と呼ばれた。羅什、法月、般若・利言はサンスクリット語シャーリプトラ（パーリ語ではサーリプッタ）を音訳して、「舎利弗」としたが、玄奘、法成、智慧輪、施護はプトラ（子）を意訳して「舎利子」という訳語を採用した。また、マガダ国の首都ラージャグリハ（王舎城）近郊のウパティッサ村に生まれたので、ウパティッサという名もある。

バラモン出身で、もともと懐疑論者サンジャヤの弟子だったが、仏弟子のアッサジに出会い、その縁起の教えの一端を聞いて翻然と悟り、目連と一緒に弟子を引き連れて釈尊に帰依した。特に智慧にすぐれ、しばしば釈尊にかわって説法するほどであった。釈尊より年長で先に世を去ったが、常に声聞（仏弟子）の代表とされ、後代には仏十大弟子の一人と讃えられた。

「**長老**」とは、アーユシュマットという語の訳で、健康な、生命力を備えた、長命の、古いという形容詞であるが、男性名詞で花婿や王室の要人の意味にも用いられる。仏典では多くは形容詞、あるいは名詞で「僧の尊称」とされ、長寿、具寿などと漢訳される。

「**仏の力を受けて**」とは、ブッダ・アヌバーヴェーナ（buddhānubhāvena）の訳。この教えが自分勝手なものではなく、ブッダの意向にもとづいていることを明示する言葉である。大乗の教えはこの確信なくしてなり立たない。多くの大乗経典で述べられ、「承仏威力」あるいは「以仏威神〔力〕」などと訳される。

シャーリプトラ

「**立派な家柄の男子や立派な家柄の女子**」とは、サンスクリット原語でクラ・プトラとクラ・ドゥヒトゥリというように一対で用いられる。良家の子、すぐれた家系の者の意で、漢訳では善男子、善女人、あるいは族姓子、族姓女（般若三蔵訳）と訳される。大乗仏典では、正しい信仰を持つ人、あるいは菩薩への呼びかけに用いられる。本経の法月訳では、観自在菩薩が舎利弗に対してもこう呼びかけているように、大乗では仏弟子や一般の信者にも用いられる。

「どのように学んだらよいのでしょうか」から以下の箇所は、シャーリプトラと観自在菩薩の問答になっている。このような対論を通して教説を展開するのが、般若経(はんにゃきょう)の特色なのである。

最初の「どのように学んだらよいのか」(śikṣitavyam)とは、シャーリプトラが観自在菩薩に対して、大乗の信奉者一般として、智慧の完成という実践方法を尋ねているところである。問答体を主とする般若経類には、この表現はしばしば見られる。

またチベット語訳でも「学ぶべきでしょうか」と訳しているし、漢訳でも「応如是学」(法月訳)、「欲学」(般若・利言訳)、「当云何修学」(法成訳)、「欲学」(智慧輪訳)、「欲修学」(施護訳)としている。ところが、ネパール写本には「どのように観るべきでしょうか(見通すべきでしょうか)」(vyavalokayitavyam)という読みを伝えるものが複数ある。これは単に筆記者が誤ったものであろうか。

おそらくそうではない。なぜなら、これに続く観自在菩薩の答えは、「シャーリプトラよ、もしもある誰か立派な家柄の男子や立派な家柄の女子が、〔この〕深遠な智慧の完成を実践したいと願ったときには、次のように見通すべきなのです(中村校訂本 vyavalokayitavyam、コンゼ校訂本 vyavalokitavyam)」とあるように、「見通すべきである」という語を備えている。

つまり、冒頭の「どのように学んだらよいのか」は、「どのように見通したらよいのか」と読むネパール写本の方が、後続の文脈を考えると一貫性があるのである。

また、観自在菩薩の名称からしても、「どのように観るべきでしょうか」と問い、その内容を「観察した」（見通した）と語る方が妥当なのである。また、小本に近いネパール写本の形態からして、おそらくこちらの方が原型に近いものだったろう（鈴木廣隆「『般若心経』のネパール写本」『インド哲学仏教学』第一〇号）。

次に、観自在菩薩が観察した内容とは、「**五つの構成要素（五蘊）があり、そして、それらはもともと空である**」ということであった。サンスクリット本とチベット語訳にこの一文は共通するが、その中で「もともと空である」（svabhāvaśūnya）という語の解釈には、大きな問題がある。この意味は後の【解説】で詳細に述べる。ここではこの前後の漢訳の異同を示しておくことにする。

まず玄奘訳は「照見五蘊皆空」、伝羅什訳は「照見五陰空」とし、蘊を陰とするほかはよく一致する。その他の訳は、「応観五蘊性空」（般若・利言訳）、「応如是観察五蘊体性皆空」（法成訳）、「応照見五蘊自性皆空」（智慧輪訳）、「当観五蘊自性皆空」（施護訳）と多様である。注目されるのは、多くは性、体性、自性といったスヴァバーヴァ（svabhāva）に対応する漢訳が見られるのに対し、最初の玄奘訳と伝羅什訳には見られないことである。

また、この後に続く「度一切苦厄」（玄奘訳、伝羅什訳）という語句について、サンスクリット本にもチベット語訳にも見られないばかりか、智慧輪訳「離諸苦厄」を除いたすべての漢訳にも見られない。つまり『般若心経』のさまざまな文献の中で、最も訳出年代が古い伝羅什訳と玄奘訳とに、密接な類似性があることを指摘しておく。

【解　説】

この箇所はプラシャーストラセーナの区分で言うところの、「智慧に入ること」、および「智慧の特徴」の前半部分である。智慧の完成の意味とその実践のあり方を説き、さらに五蘊の自性が空であることを明示する。

1．智慧について

この箇所で述べられる智慧は、経題の「智慧の完成」（プラジュニャー・パーラミター　般若波羅蜜〔多〕）と言われるように、完成（パーラミター　波羅蜜〔多〕）と結びつくが、それは一体どのような智慧なのだろうか。

プラシャーストラセーナによれば、智慧（般若　prajñā）は三種類に区分される。第一は五蘊の網を

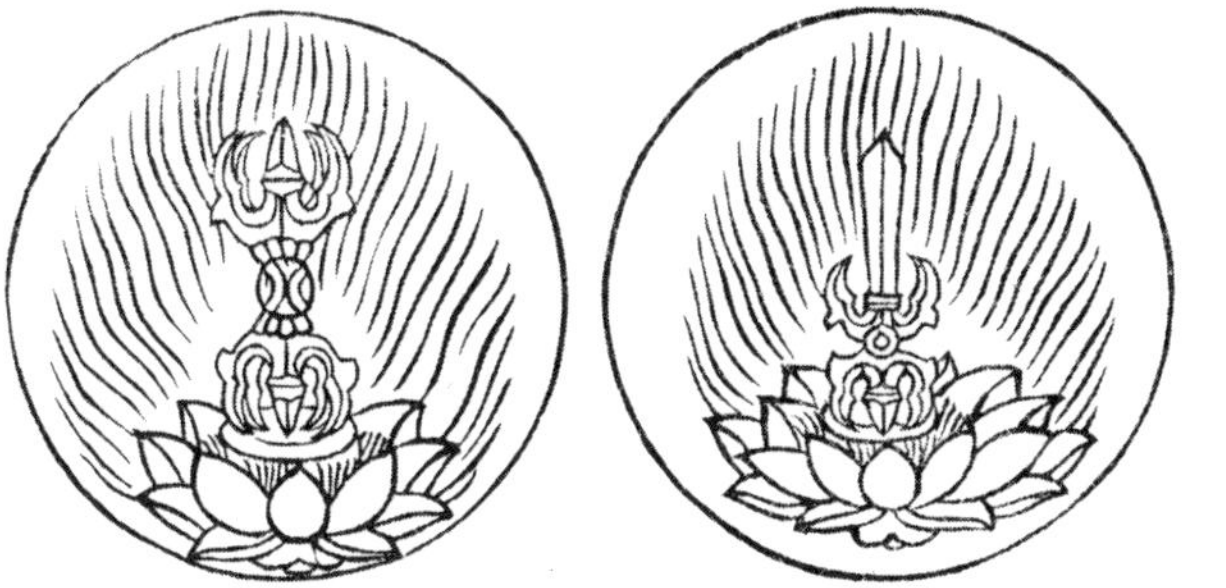

密教の三昧耶形として描かれた剣（右）と金剛（左）（御室版）

断ち切るから「智慧の剣」であり、第二は苦しみの集まり（蘊）を打ち破るから「智慧のヴァジュラ（金剛）」と言われ、第三は無明の暗闇を取り除くから「智慧の灯火」と言われる。

つまり、自己は五つの構成要素（五蘊）からなる。さらに煩悩に伴われた自己に付随する存在の苦しみがあり、それは迷妄にもとづくという。智慧はそれら悟りへの障害を打ち破るものであり、その機能が剣や金剛といった武器に喩えられている。

また、この智慧によって、すべてが空であると明らかにすることを、暗闇（迷妄）を照らす灯火に喩えているように、智慧は単なる知的な分析力ではなく、必ず悟りに結びつくものなのである。このことは、しばしば般若波羅蜜の語義分析によって解説される。

すなわち、智慧によって衆生が彼岸に到達するのだから、〔悟りの〕岸に到る（パーラミター　波羅蜜）と言われる。つまり、智慧は岸をめざして荒波や激流をわたる船であり、岸に到る航路である。それは陸上であれば、悟りに到るための道と言えよう。その道は峻険だったり、心細く、荒れたデコボコ道であるかも知れない。しかし、確実にゴールに続く道なのである。このことから、「智慧の完成」（プラジュニャー・パーラミター　般若波羅蜜）は悟りへの道とも称される。

2．観自在菩薩が「自在に観る」もの

この智慧の完成という実践によって、「五蘊はもともと空である」ということを見通すことができる。これが観自在菩薩が観る内容である。この箇所の大本の文脈は、観自在が直接登場する小本とは異なる。大本では、世尊が入定し、その前に多くの菩薩や弟子が集まっている。その場面で観自在菩薩が般若波羅蜜と言われる最高の道を実践して、「五蘊があって、それらはもともと空であると見通した」のである。そこでブッダの弟子を代表してシャーリプトラが瞑想中の仏の意向を受けつつ、観自在菩薩に般若波羅蜜の実践とはどのようなものなのかを質問する。それに答えて観自在菩薩が瞑想の中で見抜いた境涯を語る。ただし、そこで見抜いた内容が、ブッダの境涯であるのか、観自在自身の境涯であるのかは、実は明確でない。

先に提示した訳では「それらはもともと空であると見られた」としたが、実際はこの一文で、誰が「見た」のかを確定するのはなかなか困難である。白石校訂本では、「〔世尊によって〕見通されるべきである」としている。つまり、世尊が瞑想している中で、「五つの構成要素の空」であることを見通し

た、そのことを観自在菩薩が推し量って、シャーリプトラに説いていると解釈するのである。

また、一方ではこの「観察した」（samanupaśyati sma）のが、他者一般に向けた教説と理解できるから、「立派な家柄の男子や女子」が主語だという理解もできる。

一方、小本はまさにここから始まり、「観自在菩薩が智慧の完成を実践しつつ、五蘊があると見て、そしてそれらが空であると見通した」とあるから、この主語は観自在菩薩であることは間違いない。大本の曖昧さは小本が成立した後に、この前の部分が添加されたために生じた矛盾を露呈していることになろう。

3．もともと空である

「もともと（自体が）空である」（svabhāvaśūnyaḥ　自性空）という語は、自体（自性　svabhāva）と空（śūnya）という二つの語が結合してできた複合語であり、この解釈によって、まったく異なった理解が生まれる。

第一は「自体として空」という意味である。これは、本質として空。つまり、「もともと空である」「スヴァバーヴァの観点からすれば空である」という解釈であるから、自性を必ずしも否定しない。この訳は、十分に検討された上での翻訳とは言いがたいが、多くの研究者によって採用されてきたものである。

第二の解釈は、「自体が空である」というもので、これは「自性が欠けている」、あるいは「自性を欠いている」という意味である。般若経類には「自性を欠いている」(svabhāvena śūnyaḥ)という言い方は頻出する。特に「○は○という自性を欠いている」というのが、最も一般的な無自性、空の表現である。この用法は枚挙にいとまがないが、これを一語にしたものが「自性空である」(svabhāvaśūnyaḥ)という術語である。そうであるなら、この複合語も「自性(本質)を欠いている」と解釈できる。したがって、『般若心経』の「もともと空である」も、第二の解釈のように解釈すればよいのかもしれないが、実はそう簡単ではない。

初期の般若経の代表である『八千頌般若』には、この「もともと空である」(svabhāvaśūnyaḥ)という複合語は見られない。もちろん、自性も空も見られるが、それは別々に用いられる。実際には「自体が空である」(自性を欠いている svabhāvena śūnyaḥ)とする用例は多くあるから、svabhāvaśūnya という一語として成立するに至らなかったのである。

これが、後の大品系と言われる『一万八千頌般若』や『二万五千頌般若』になると、「自性が空である」(svabhāvaśūnyaḥ)という術語は十数箇所見られるようになる。

この術語は特に「十八空」や「二十空」と言われる空性説の一つとして用いられるが、そればかりではない。例えば「諸法は離脱を自性とする。諸法は自性が空なのである」という定型的な例文のように、「離脱を自性とする」(vivikta-svabhāva)や「非存在を自性とする」(abhāva-svabhāva)と同義で、並列して用いられる。玄奘が「無性為性」と訳すのもこの語である。

このように自性（svabhāva）は法性の関連語の末尾に添えて、「法性を本質とする」というように肯定的に用いる例があり、自性は必ずしも否定されない。

近年の研究者は、従来の「自体として空」という、コンゼ（"in their own-being"）や中村元（「その本性からいうと」）などの仏教学者の訳を批判する方が多い。

しかし、その理解がどれだけ『般若心経』が成立した思想的背景を考慮しているものであるかということも考えなければならない。以前に述べたように、『般若心経』と大品系の般若経の間には、密接な関係があるのである。その意味で、私は近代の学者の伝統的な理解も捨てがたいのである。

8…空の教え――正宗分③

色即是空　空即是色

ここは、観自在菩薩が般若波羅蜜の瞑想の中で、見きわめた真実、すなわち「自己を形づくる五つの構成要素（五蘊）は、もともと空である」ということをさらに詳説し、五蘊が空であることを三段にわけて説く箇所である。『般若心経』と言えば、大多数の人がこのフレーズを思い浮かべるほど、よく知られた教えでもある。しかし、よく知られているのとは逆に、最も難解な教えと言ってもよい。

なお、ここでは、本文を便宜的に四分してある。

---

①かたちあるもの（色）は空の性質を持つもの（空性）であり、空の性質を持つものこそが、まさにかたちあるものなのである。②かたちあるものは空の性質と別ではなく、空の性質はかたちあるものと別ではない。③およそかたちあるもの、それが空の性質を持つものであり、空の性質を持つもの、それがかたちあるものなのである。④これと同じように、感受作用（受）・表象作用（想）・意志作用（行）・認識作用（識）も、空の性質を持つものなのである。

【語 釈】

五蘊については既に述べたように、人間を五つの構成要素に分析して考えたものであり、これらは漢訳で**〈色・受・想・行・識〉**である。

最初の**「かたちあるもの」（色）**が物質的な要素で、後の受以下の四つが精神的な要素を意味し、これら五種の構成要素をもって、身心すべてのものを表すのである。したがって、最初の「かたちあるもの」と空の関係をきちんと解釈すれば、あとは「またかくの如し」と略してもよいのである。

「空」とはサンスクリット語でシューンヤ（śūnya）、パーリ語ではスンニャ（suñña）といい、空虚、欠如、膨れあがって内部がうつろな状態を意味する形容詞である。数学のゼロの意味でもある。このゼロという数によって、たとえば十進法が可能となり、マイナス（負数）の概念も、プラス（正数）も確立する。言うなれば、空はすべての存在の根拠となるような概念である。ただし、本経では、この空を「空の性質を持つもの」（シューンヤター　空性）という抽象名詞で使っている。

空の語の意味については、しばしば「実体がないこと」として抽象的な意味を与えることが多いが、それでは十分とは言えない。

初期の仏典でも「自我に執着する見解を破り、世間を〈空〉として観察せよ」『経集』（スッタニパータ　一一一九）とか、「〈空虚な〉家屋に入って心を鎮める」『法句経』（ダンマパダ　三七三）と言われるように、古くから用いられてきた。

また、ブッダがアーナンダに対し、「私は以前にも、また今も、空性の住まい（suññatā-vihāra）に何度も住んでいる」（『小空経』「中部」一二一）と述べているように、当時の僧団では、繰り返し空であることを瞑想する実践が行われていたのである。

このような空性を観察する瞑想とは、実際には修行僧が外的な対象に心を奪われず、悟りをめざす

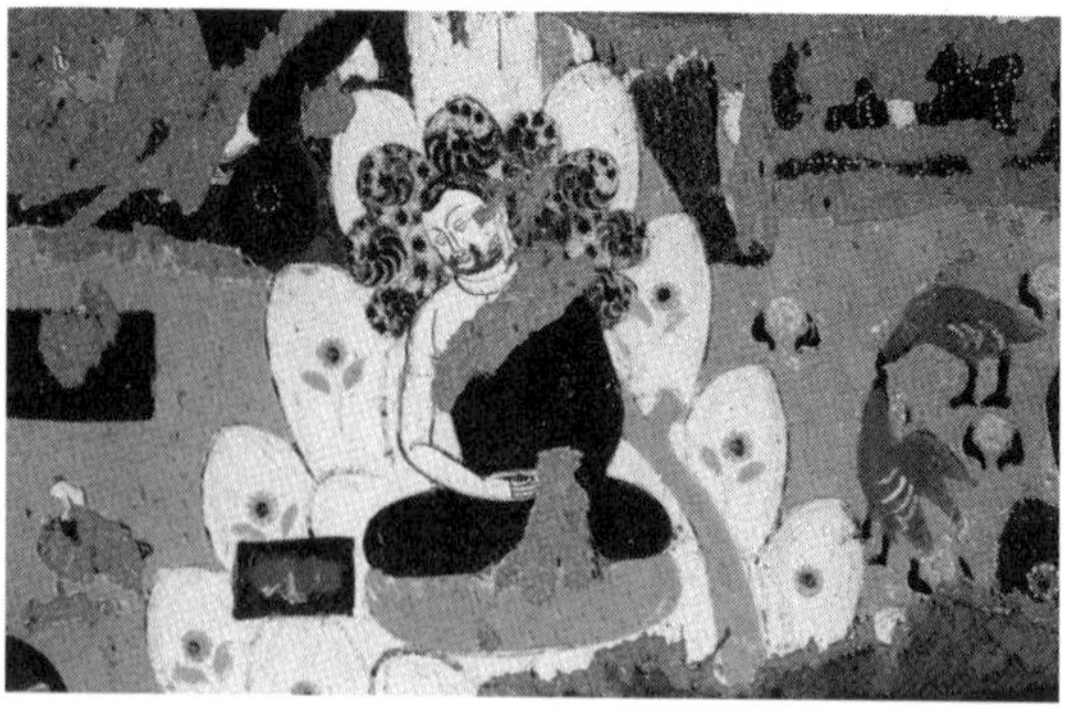
観法を修する比丘（キジル）

実践であり、思想的に言えば、すべてのものに実体がなく、空（から）であることを、存在論的に指摘するものである。

そのために、後になって、対象それ自体が「特徴を持たないこと」（無相）、「欲求に値しないこと」（無願）を瞑想する三昧とともに、三種類の三昧としてまとめられることになる。しかも、これら三つの三昧は、悟り（解脱）に通ずる入口となるということから三解脱門とも訳されるように、解脱と直結する実践の要である。

このように、空性はしばしば観法を示すものとして述べられることを忘れてはならない。単独に空、あるいは空性を説く場合でも、たとえば初期の般若経である小品系では、空性の観法として用いられることのほうが多い。このことは、『般若心経』で「五蘊はもともと空である」と見るとか、「五蘊は空性である」という説に、まさにこのような観法としての実践的な意味があることを示唆している。

1. 空とは何か

この箇所はプラシャーストラセーナの区分で言うと、「智慧の特徴」の後半部分に相当する。ここで主題となる空（シューンヤ）とは「からっぽ」の状態を意味するから、英語でエンプティ（empty）やヴェイキャンスィ（vacancy）と訳される。ガソリンが「からっぽ」などと同じ意味である。ただし、この語は最初から否定的な文脈で考えてもわからない。

たとえば、このタンクにガソリンがないという場合は、ガソリンが満杯の状態を想定して初めて意味を持つ。つまり、充足した状態に対する否定概念なのである。しかし、対概念であるなら、もともとの概念を想定しなければ、具体的なイメージも湧くはずがない。空虚であれ、「からっぽ」であれ、〈何かが〉欠如している（空である）ことを指示するものでなければならない。そもそも「空」とはこのような機能を持っているから、肯定の世界に生きる私たちにとって機能する、否定的概念なのであると、ひとまず言ってよいだろう。

ここで「ガソリンがカラである」ということをもう一度考えてみたい。まずタンクにガソリンが満杯の状態、それに対してカラであるのだから、「タンクはガソリンという点ではカラである」ということができる。つまり、カラなのはガソリンではなく容器である。

これに対して、目の前に咲いている赤い薔薇(ばら)を想定してみよう。この場合「〈赤い〉薔薇が空である」

と言ったとする。このとき、薔薇が「からっぽ」であると言い換えても意味が通じないと考える人もいるであろう。ガソリンであればタンクという容器があるが、薔薇には容器がないからである。

それでは一体、「薔薇が欠けている（空である）」とは、どのような意味なのだろうか？　実はその容器とガソリンにあたるものが薔薇にはある。それは何かというと、タンクが薔薇であり、ガソリンが「薔薇性」、つまり薔薇を薔薇とする本質である。タンクに満たされたガソリン、それが〔赤い〕薔薇の存在を充足する、薔薇という性質なのである。

五蘊が空であるというとき、五蘊によって形成されるものがその固定的な存在性をなくすことを意味しているのだが、さらに論理的に説明をするようになると、このような本質を想定せざるをえない。

このことを明らかにするために、仏教では自性（svabhāva）という概念を強調した。例えば、最初期の般若経では、「〔薔薇が〕空である」という教説を、遠離（vivikta）とか幻影（māyā）とかを交えながら表現していたが、やがて「薔薇が空である」とか、「薔薇として空である」と言うようになり、さらには「薔薇という〈自性として〉空である」とするようになった。

「薔薇は空である」。この主張には「あらゆるものにはそれをなり立たせる自性がある」という考え方が前提となっている。そのような現象の根本要素を是認する立場があり、それに対して般若経では、その根本要素が欠けていることを主張するために「空である」と言ったのである。さらにその状態こそがものの本質であることを見据え、空の性質、状態（空性　śūnyatā）と表現したのである。

2.〈空性〉こそが〈かたちあるもの〉である

一般の般若経では、五蘊の空を述べる場合、たとえば「薔薇が空である」というときは、薔薇が主語で述語が形容詞シューンヤ（śūnya）となる。ただし、本経では、〈空〉は形容詞ではなく、「空の性質を持つもの」すなわち空性（シューンヤター　śūnyatā）という抽象名詞で表している。そのために、空性は主語ともなる。

本経の第一段①の前半で、「かたちあるもの（色）は空の性質を持つもの（空性）である」とし、さらに後半で「空の性質を持つものこそが、まさにかたちあるものなのである」と逆転するのは、この空性という空の概念化が、般若経の中で進展したからである。

しかし、般若経の歴史で言うと、この後半の表現は小品系の中にはなく、大品(だいぼん)系の中で初めて登場することから、このような文言の成立には三百年程かかったと思われる。

前半の「色即是空」は真空(しんくう)を説き、後半の「空即是色」は妙有(みょうう)を説くというように、前後の思想が相俟(あいま)って完成するとは、識者によってしばしば言及されるところであるが、私はプラシャーストラセーナの解釈が当を得ていると考えている。

プラシャーストラセーナは本文の③「(A)およそかたちあるもの、それが空の性質を持つものであり、(B)空の性質を持つもの、それがかたちあるものなのである」に注釈して、前半の(A)は、劣った衆生や凡夫への教説であり、〈かたちあるもの〉（色）に対する執着によって、輪廻の際（極端）に陥ることから離れさせるために、対立概念として説いた。

一方、後半(B)は、声聞への教説であり、彼らが人無我（人間存在が空であること）に入って色の空を滅する〝空にしたがう特相〟を生じて涅槃に執着し、涅槃の際に陥ることから離れさせるために、対立概念を説いたとする。この段階的な解釈が最も適していると考えている。

3．三段からなる空の教説

空の教説は、中村校訂サンスクリット本では、小本、大本ともに三段（①・②・③）で説かれている。しかし、他のサンスクリット校訂本や写本では、小本と大本において事情が異なる。

概して言えば、小本には第三段（③）「およそかたちあるもの、それが空の性質を持つものであり、空の性質を持つもの」を備えるが、大本では慧運伝本の日本に伝わった写本を除いて、ほとんどはこの第三段目を欠く。大本系に属するネパール写本でもこの第三段目は欠けている。

その状況を反映して、白石校訂の小本には三段目は記されるが、大本（ネパール系梵本校訂）には記されていない。コンゼの校訂本では小本と大本が合体して校訂されているが、脚注には大半のネパール写本（大本系）にこの第三段が欠けていることを明記している。

チベット語訳も同じく、大蔵経に含まれた般若部・秘密部ともに大本系であるため、三段を欠いているが、敦煌出土写本は小本系統であるため、例外的に三段目を持っている。

しかし、不思議なことに漢訳ではまったく状況が異なる。多くの小本系サンスクリットでは備えている第三段が、小本でありながらも玄奘訳と伝羅什訳では欠けている。しかも①と②が一体となった説き方をしているため、例えば玄奘訳で見ると、

「②色は空に異ならず、空は色に異ならず。①色はすなわちこれ空、空はすなわちこれ色なり。
④受想行識もまたまたかくのごとし」

となっている。

一方、大本系統では、般若訳、法成訳、施護訳はいずれも二段（③を欠く）であるが、法月訳と智慧輪訳は三段を備えている。また、二段の教説であっても、法成訳と施護訳は①・②・④という順で説くが、般若訳は玄奘訳同様に②・①・④という順になっている（ただし、①と③の区別はなかなか困難

である)。この状況を一体どのように解釈したらよいのだろうか。

その理由は、般若経の背景を考えると氷解する。小品系統では「〝色は空である〟。同じく〝受想行識も空である〟と観察しなければならない」とか、「空性であるもの、それは無量の性質である」といった表現は多く見える。しかし、この場合は〔1〕空であって空性ではないし、〔2〕「空性こそが色である」という文脈も見られない。

一方、大本系統ではこの二つが文中に見られる。さらにまた、〔3〕大品系統の『二万五千頌般若』では、このような玄奘訳に近い二段からなる空性説を説いている。

「②一方が色であり、他方が空の性質なのではない。一方が空の性質であり、他方が色なのではない。

①色こそが空の性質であり、空の性質こそが色である。

④一方が受であり、他方が空の性質なのではない。一方が空の性質であり、他方が受なのではない。

受こそが空の性質であり、空の性質こそが受である。……〔想、行は略〕

一方が識であり、他方が空の性質なのではない。一方が空の性質であり、他方が識なのではない。

識こそが空の性質であり、空の性質こそが識である」

（木村高尉校訂本六四頁）

この教説の形態は、漢訳、チベット語訳すべての大品系諸本に共通する古い伝統であり、その内容は『般若心経』とほぼ同一である。つまり、『般若心経』の二段からなる空の教説が、この箇所を母体として説かれるようになったことは明らかなのである。このように、この系統が古くからあったことが確認できる。

また、『二万五千頌般若』のサンスクリット文の構造から見て、②から①と、①から②という相違は、一連の構文であるから、あえて区別する必要はないだろう。ここで区別すべきなのは、①・②から直接④へ続く系統と、①・②から③を経由して④へ続く二つの系統である。

おそらく初期の『般若心経』は右に引用したように、②・①から④へという二段形式で説かれていた。それが玄奘訳や般若訳などに見られるものである。

しかし、この空の教説の前に、『般若心経』では自性が空であることが述べられていることを思い出していただきたい。

従来の伝統的な仏教では、五蘊は認められていたわけであるから、「五蘊が自性空である」という教説をそのまま聴聞(ちょうもん)したとすると、「色などの五蘊が空の性質ならば、五蘊自体が成立しないではないか」

【般若心経の空性説の展開】

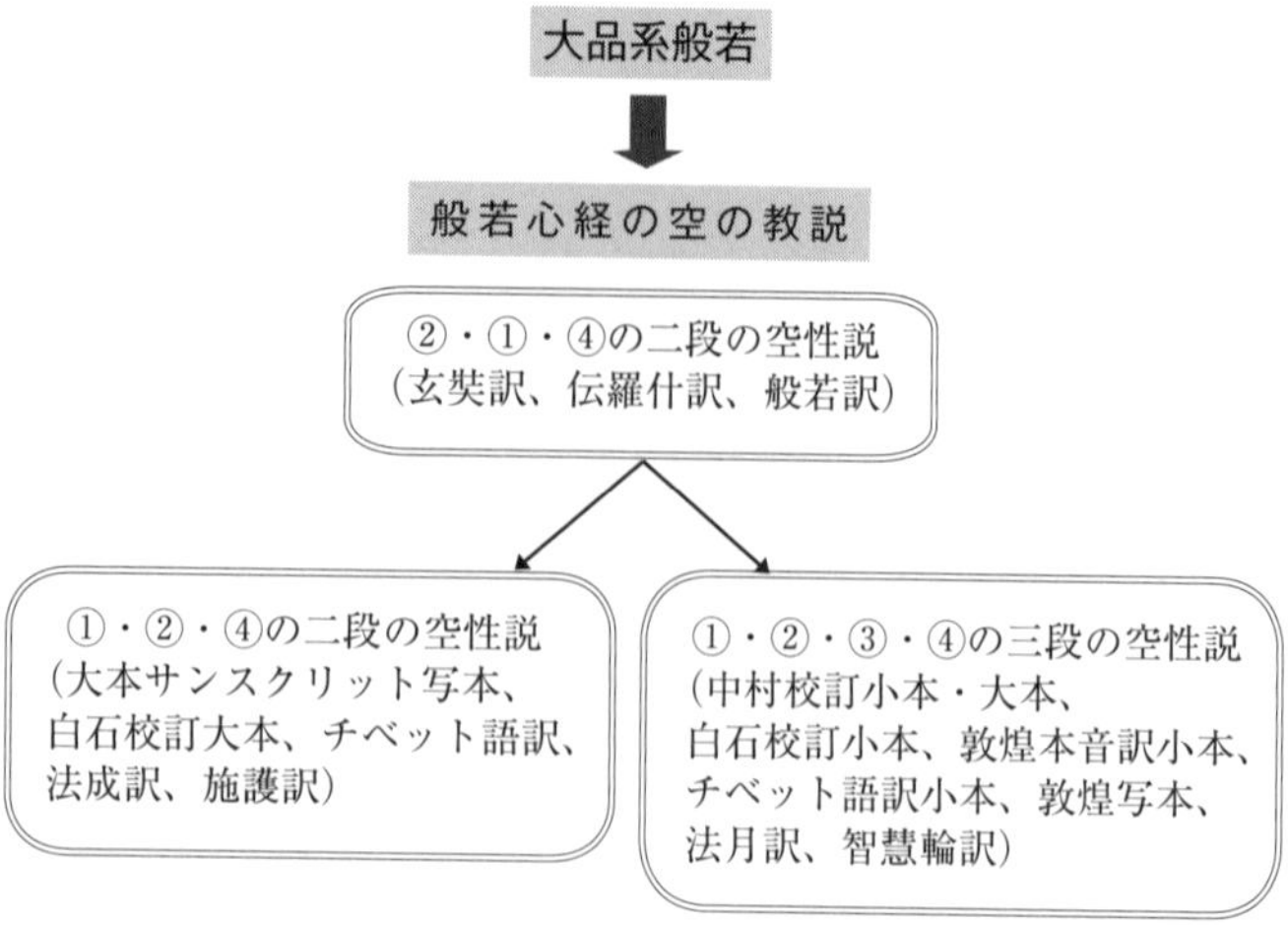

と誤解されてしまう。そこで「①色が空の性質であり、空の性質こそが色なのである」ことを最初に説示して、不安に陥ることがないよう、段階を追って説明するようになったものだろう。

ついで、②「色は空の性質と別ではなく、空の性質は色と別ではない」が続くため、このややまわりくどい空の教説を、関係代名詞で「およそAであるものはBである。およそBであるものはAである」と公式化したものと考えられる。それが、③「およそかたちあるもの（色）、それが空の性質を持つものであり、空の性質を持つもの、それがかたちあるもの（色）なのである」という経文の添加となり、三段形式による空の教説となった。これが小本系統の伝統ということになるだろう。

ただし、それは小本系統にとどまることはなかったようである。法月や智慧輪の漢訳大本を見ても、この系統の流れを汲むことが確認できる。このような『般若心経』の空の教説の展開は、右の図のようにまとめられるだろう。

9…すべては空の姿である――正宗分④

――諸法空相

ここは引き続き、観自在菩薩がシャーリプトラに対して、空の教えを説くところである。特に、先の「かたちあるもの（色）は空の性質を持つもの（空性）であり、空の性質を持つものこそが、まさにかたちあるものなのである」（色即是空　空即是色）という教説のうち、後半の教えを補強するものである。

> シャーリプトラよ。この世では、すべてのものは空であることを特質とする。〔それらは〕生じたものではなく、滅したものでもない。汚れがなく、汚れを離れたものでもない。不足したものではなく、充足したものでもない。

【語釈・文献解題】

ものごと（色）は、心のはたらき（受想行識）と関わっていて、さまざまな原因によって縁起して なり立っている。それは実体としてのすがたではなく、現象として仮に現れたものなのであり、それを 空の性質（空性）というのである。

1.「空であることを特質とする」の異読

「空であることを特質とする」という箇所を漢訳で見ると必ずしも一致した訳を取っていない。多くは「空相」（伝羅什訳、玄奘訳、法月訳、施護訳）、あるいは「性相空」（智慧輪訳）であるが、法成訳のみが「一切法空性〈無相〉」というように、「特質がない」という否定形で訳している。これはなぜなのだろうか。

実はこの箇所にはサンスクリット原文でもいくつかの異読がある。そもそも、もとの**「空であることを特質とする」**（śūnyatālakṣaṇa）とは、「空であること」（śūnyatā）と「特質」（lakṣaṇa）の合成語を解釈したものである。しかし、中には「自体が空であり、特質がない（alakṣaṇā）」とする写本も多くある。法成の「無相」という訳はこれにもとづいているのであろう。

このサンスクリット本の異読は、「空であること」を「自体が空である」とし、「特質とする」（ラクシャナ）を「特質がない」（ア・ラクシャナ）とまったく逆に取る。

その理由は、この箇所の原文が、もともと「空」もしくは「空であること」と、「特質」という二つの語からなる結合語であったため、結合部の長母音を区分する際に、両方の解釈が生まれたという文法上の理由による。

確かに文脈としては、異読のように、空なのであるから、〈すべてのものに固有の〉「特質がない」と表現してもさしつかえはない。そのためか、チベット語訳でもこの読みを踏襲し、「空性であり、特質がない」と訳すし、プラシャーストラセーナやジュニャーナミトラをはじめとするインド人のすべての注釈家も「特質がない」と読んでいる。

例えば、シュリーシンハの注釈では、「すべてのものは空であることを特質とする（śūnyatālakṣaṇā）を、本経のチベット語訳やカマラシーラの注釈以降の注釈と同じく、「すべてのものは空であって、特質がない（śūnyatā alakṣaṇā）と切って解釈する。

また、ヴィマラミトラは、この「特質がない」ことを、「すべてのものが、①空性であり、②〈特質がなく〉、③生じたものではなく、④滅したものでもなく、⑤汚れがなく、⑥汚れを離れたものでもなく、⑦不足したものではなく、⑧充足したものでもない」というように、八つの局面の一つとして考えている。

2. 不生・不滅等の否定の背景

「生じたものではなく、滅したものでもない」（anutpannā aniruddhā）から以下、六つの否定句が述べられる。六つの否定は、『二万五千頌般若』の対応箇所（第二章・七四ページ参照）には次のように動詞の形で述べられる。

> 「空であること（空性）は、生じもしないし、滅しもしない。汚されもしないし、浄化されもしない。減りもしないし、増えもしない」
>
> （『二万五千頌般若』第一章）

やや『般若心経』の原語とは異なる点があるが、内容は一致しているし、前後の文脈からしても、『般若心経』との結びつきを窺うには十分である。これをこの系統の漢訳で見ると、「舎利弗。是諸法空相。不生不滅。不垢不浄。不増不減」（『大品般若』「習応品」第三）となる。

このように、右の章句は『般若心経』（伝羅什訳『大明呪経』）とまったく同じである。玄奘訳（『大般若経』「第二会」、『般若心経』）でも、舎利弗を舎利子とする点が異なるが、それ以外はまったく等しい。『般若心経』の六種の否定は、このような般若経の伝統を背景として、定まってきたことはまちがいない。なお、この否定の第一である「不生」は空と同義なのであるが、このことについては解説で述べることにする。

また、六つの否定辞はナーガールジュナによる『根本中論』の帰敬偈で知られる「〈不生・不滅〉〈不断・不常〉〈不一・不異〉〈不去・不来〉」という八つの否定辞（八不）を想起させる。

これは縁起を修飾する語句なのであるが、このような八不の否定は、すでに『一万八千頌般若』（第七四章）や『二万五千頌般若』（第二・三章）にみえる。

ナーガールジュナ

『八千頌般若』では、八不のような形式は見られないが、縁起生と関連して述べられる否定がある。そこでは「すべてのものを不生不滅であると完全に知るなら、汝（法上菩薩）は無上正等正覚に到ることが確定するだろう」（第三一章）と言い、この教えを「不去不来の教説」と呼んでいるが、このような否定の形式は、般若経の特性と言ってよい。

3. 不垢・不浄の異読

「汚れがなく、汚れを離れたものでもない」（amalā avimalā）

とは、アマラ（汚れがない）とアヴィマラ（汚れを離れていない）という二つの対立概念の否定である。いずれもマラ（垢、汚れ）から作られた言葉であるが、前者はマラを否定するから「汚れがない」（不垢）ということであり、後者は「マラを離れたものでもない」として、マラ（垢、汚れ）を二重に否定するから「汚れがないのでもない」（不浄）という意味となる。

　しかし、校訂本ではこれにも異読がある。中村本（amalāvimalā）はこの二つの語を切り離さないが、白石本（amalā'vimalā）はヴィマラの前に分離記号（アヴァグラハ）を入れている。しかし、コンゼ本はアマラー・アヴィマラー（amalā avimalā）というように、否定辞を伴って切り離す。

　このような相違はあるにしても、これらの校訂本では、「垢」と「浄」という二つの対立概念の否定であり、ディレンマの形式となっている。漢訳もチベット語訳（秘密部）もインドの注釈もこの点はおおよそ一致する。したがって、私もこの校訂による解釈を取る。

なお、マクス・ミュラーと南条文雄の刊本では、アマラー・ヴィマラー（amalā vimalā）と切り離す。これは「汚れがなく、汚れを離れている」という意味であり、対立概念にはなっていない。しかし、彼らの英訳では、後者を「汚れなきものではない」（not faultless）と訳しているので、これはアヴィマラー（avimalā）の誤植と見てよいだろう。

ただし、例外がいくつかある。それはチベット語訳の般若部「汚れがなく、汚れを離れている」、漢訳で言うと法成訳「無垢離垢（むくりく）」、インド人の注釈で言うとヴィマラミトラの「汚れがなく、汚れを離れている」とする解釈である。これらはマクス・ミュラー＝南条による刊本と同じである。しかし、これでは対句のディレンマの形式を損なってしまうので、受け容れがたい。

4．不増・不減の順序

「不足したものではなく、充足したものでもない」（anūnā asampūrṇāḥ）とは、ウーナ（ūna 欠けている）とサンプールナ（sampūrṇa 満たされている）という反対概念の形容詞がそれぞれ否定されている。ただし、サンプールナは小本の系統ではパリプールナ（paripūrṇa）となる。

チベット語訳もサンスクリット本と同じ順序であるが、漢訳は「無減無増」（法成訳）、「不減不増」（智慧輪訳）は同じであるが、多くは「不増不減」（伝羅什訳、玄奘訳、法月訳、般若訳）、「無増長無損減（むぞうじょうむそんげん）」（施護訳）の順となる。

この句の意味は、ちょうど静かな池に小石を投げると波紋が立って、水位が上がり、水かさが増えたように見えたとしても、その体積はまったく変わっていない。そのように空は増すこともなく、減ることもないと説明される。

以上の六つ（三組）の形容詞は、ア（a-）（母音の前ではアン〔an-〕）で否定する系統と、ナ（na）

で否定する系統にわかれる。概して言えば、大本の系統はア（a-）・アン（an-）で否定し、小本の系統ではナ（na）で否定するという傾向があるが、意味の違いはない。

【解　説】

ここは、プラシャーストラセーナの区分で言うところの「智慧の領域」の最初の部分である。領域を知らなければ修習することができない。そこでヨーガ行者の修習のために智の対象をはっきりさせようとして説かれた教えであるとする。

1．すべてのものとは

まず、観自在菩薩は「すべてのものが空であることを特質とする」と説く。この言葉は、空の性質（空性）こそが、すべてのものの特質（特徴）であることを積極的に述べた教えである。

ここで言う「すべてのもの」とは、感覚器官（根）と、感覚の対象（境）と、構成要素（界）と、感覚がはたらく場（入）、縁起などをさしている。また、ここで言う「もの」とはダルマ（dharma）の訳である。

すでに見てきたように、『般若心経』では最初に五蘊があることを述べるが、この五蘊を根拠とする感覚器官やその対象、これらによって認識がなり立つための構成要素などをダルマというのである。
仏教はすべてが無常であり、無我（むが）であると教える。それは私たちが自己や、自己を取り巻く社会を仮構し、それに執着し、もがき苦しんでいる。そのような仮構された自己を捨て、真実の自己を見つめるあり方を繰り返し述べている。

ダルマの分析＝アビダルマの哲学が栄えたカシュミール

　そこでは自己の存在性を追求し、五蘊という構成要素によってとらえ、縁起によって存在することを示す。その結果、ダルマによって現れ出る自己と、連鎖する世界の姿を詳細に描き出すようになった。

　たとえば、日常的な行為を考えてみよう。眼の前で咲き誇る薔薇（ばら）、それを見ている自分がいる。その鮮やかな赤色や微（かす）かな香り、美しさを感じ、安らかな気持ちになる自己、これは感覚とその対象が結びついてなり立つものであり、これらすべての現象をダルマの現れと考えたのである。

　このように、薔薇も現に薔薇を見ている私もダルマと切り離してはあり得ない。自己を包む世界はダルマの網の中に存在する。

そのことを知らなければ悟りには向かわない。そこで様々な観法を通して、真実の世界を覚知する道を教えたのである。

今ここで確認しなければならないのは、仏教の刹那滅観や無常観から、このようなダルマによる分析がすすみ、人間の見方や世界のとらえ方を規定するようになった。それが大乗仏教以前にすでに確立していたということである。

しかし、このようなダルマの追求は、非常に煩瑣な哲学や、果てしもない修行の階梯を必要とするようになる。これでは具体的な個人の救いにはつながらない。そのために、大乗仏教ではより直接的にものを見る眼を鍛え、個人の救済にふりむけるため、空という教えを説いたのである。

2. 空性の特質とは

このことを前提として、すべてのもの（ダルマ）が「空であることを特質としている」というのである。この表現をさらに「空であること」と「特質としている」とに区分して考えてみよう。

まず、ここで言う「空であること」とは、空性のことである。これは空という形容詞の抽象名詞であり、空であることを一般化しているのである。

この花は「美しい」というとき、その「美しさ」を一般化すれば、他のものに適用できる。このように、空性とは空であることを他に適用する用法とも言えるのである。

次に、「特質」とは、ラクシャナという語の翻訳であり、「定義する」「特徴づける」という意味を持つ動詞ラクシュから作られた中性名詞である。つまり、あらゆるものに「空であること（空性）が特徴づけられている」と、空性を積極的に評価しているのである。

この語句は、先に述べた「およそかたちあるもの（色）、それが空の性質を持つもの（空性）である。空の性質を持つもの（空性）、それがかたちあるもの（色）である」という論理を補足するものと言える。

例えば、「かたちあるもの（色）、それが空の性質を持つもの（空性）である」と言っても、そこには何もないわけではない。空という状態があるのである。実際、私たちは空である世界に生きている。しかし、それは空無の世界というのではない。空である世界こそが、私たちの実在の世界なのであり、この空である世界と別の世界があるわけではない。だから、それを「空の性質を持つもの（空性）、それがかたちあるもの（色）である」と逆転させるのである。

迷いも悟りも同じくこの世界の中でのことである。私たちはこの空である世界以外に、生きる基盤を持っていない。その意味で五蘊は空と別ではなく、空性こそが五蘊なのである。「すべてのものは、空であることを特質とする」というのは以上のような意味である。

3．六つの否定

しかし、すべてのものが「空であることを特質とする」と言っても具体性がない。そこで別の視点から、①生じたものではなく、②滅したものでもない。③汚れがなく、④汚れを離れたものでもない。⑤不足したものではなく、⑥充足したものでもない、という六種の否定辞（六不）で説いたのである。

この六不は①と②、③と④、⑤と⑥という三組のディレンマからなる。ディレンマとは、「二重の〔困難な〕仮定」を意味するギリシャ語起源の語で、二つの選択支によっていずれも過失が附随することを指摘し、すべてのあり方を否定しようとする両刀論法である。

われわれの分析的な考え方では、「生じたもの」を否定すると、その反意語である「滅したもの」を導くことになる。そこで敢えて「滅したものでもない」と繰り返し否定し、空であることが、決してそのような反対概念を導くような否定ではないことを明らかにするのである。これが三組のディレンマとなる。

日本語でジレンマと言われるのは、このディレンマから転化した言葉で、どちらも好ましくない選択のために、二者択一の板ばさみに陥るという困難な状況をさす。あたらずとも遠からずであるが、本経ではまさしくディレンマ論法によって、すべてのもの（ダルマ）が空である姿を諄々と説くのである。

その最初が「生じたものではなく、滅したものでもない」（不生・不滅）であった。この対句は、般若経では、智慧の完成（般若波羅蜜）や、ものの本質（法性）などを形容する対句として、しばしば登場する。より類似した用例として、次の例があげられる。

「世尊よ、智慧の完成（般若波羅蜜）は、〈自己の特質が空であること〉（svalakṣaṇaśūnyatā）であるために、生じたものでもなく、滅したものでもありません」

（『二万五千頌般若』第二章、木村校訂本一四二頁以下）

これも『般若心経』の意図とまったく同じである。初期の般若経では、不生のみで空であることを意味していたが、さらに一歩進めて「滅したものでもない」を補い、不生・不滅というディレンマの形を取ったのである。

しかし、人間の概念化、言葉による分析はきりがない。不生・不滅というディレンマ、にとどまることなく、六つの否定、八つの否定と繰り返す。それもすべては止むことなき概念化への沈静だったのである。

10…仏説も空——正宗分⑤

是故空中（ぜこくうちゅう）

次に、観自在菩薩（かんじざいぼさつ）の「すべては空（くう）の姿である」という教説を、さらに五蘊（ごうん）、十二処（じゅうにしょ）、十八界（じゅうはっかい）、十二縁起（じゅうにえんぎ）、四聖諦（ししょうたい）という仏教の教説にもあてはめ、この空の中ではすべてがないということを一つ一つ述べてゆく。

その故に、シャーリプトラよ。空においては、かたちあるものはなく、感受作用はなく、表象作用はなく、意志作用はなく、認識作用もない。〈五　蘊〉

眼はなく、耳はなく、鼻はなく、舌はなく、身はなく、心はない。色形はなく、音声はなく、香りはなく、味はなく、触れられるものはなく、心の対象もない。〈十二処〉

眼の領域から、乃至（ないし）は、心の領域までもなく、心の対象の領域はなく、意識の領域もない。〈十八界〉

明知(みょうち)はなく、無明(むみょう)はなく、〔無明が〕尽きることもなく、乃至は、老いも死もなく、老いと死の尽きることもない。

〈十二縁起〉

苦悩と、〔苦悩の〕生起と、〔苦悩の生起の〕抑制と、〔苦悩の生起を抑制する〕道はない。

〈四聖諦〉

〔その実践を〕知ることがなく、〔それを〕得ることはなく、得ないこともない。

【語釈・文献解題】

1. 五　蘊

「かたちあるもの、感受作用、表象作用、意志作用、認識作用」は五蘊（色(しき)・受(じゅ)・想(そう)・行(ぎょう)・識(しき)）と言われる。これについてはすでに説明した。ところが空の立場においてはその五蘊がないというのである。この分類を認識論の立場から再構成したのが、以下の十二処、十八界である。

2. 十二処

(1) 六(ろっ)根(こん)

「眼、耳、鼻、舌、身、心」は、人間に備わった六つの能力（インドリヤ）、およびその器官であり、漢訳では「根」と訳す。具体的には視覚（チャクシュ）、聴覚（シュロートラ）、嗅覚（グフラーナ）、味覚（ジフヴァー）、触覚（カーヤ）という五感に、心作用（マナス）という第六感を加えた「六つの感官」である。ここでは、意根（心）を除いて漢訳の六根（眼根・耳根・鼻根・舌根・身根・意根）の訳を依用した。

第六感の意根は、前の五つの根が感覚能力であるのに対し、知覚能力または知覚器官である。いずれにせよ、これら六つで人間のすべての感官を意味するのである。

(2) 六境

「**色形、音声、香り、味、触れられるもの、心の対象**」は、六つの感官（六根）の対象であり、それぞれ、色（ルーパ）、声（シャブダ）、香（ガンダ）、味（ラサ）、触（スプラシュタブヤ）、法（ダルマ）と漢訳され、まとめて六境とか六塵と言われる。

前の五つが感覚の対象であり、最後の第六感の対象が心作用の対象としての法（ダルマ）であって、サンスクリットではこれだけが複数となる。

この六根と六境が一つになって知覚を生ずることから、これら感官としての六根を六内処、対象としての六境を六外処といい、内外合わせて「十二処」（十二入）となる。

入（アーヤタナ）とは、感覚が「入ってくる場所」「とどまる所」という意味であり、人間の感覚がはたらき、認識が成立する場が「十二処」と考えられているのである。

さらに、これらの十二処（感官と対象）を縁として生じた認識が「眼識・耳識・鼻識・舌識・身識・意識」という六つの識別（六識）である。「識」は、分別や判断などの認識作用を意味するヴィジュニャーナの訳であるが、五蘊の分類における、第五の識蘊と同じである。ただし、この六識は本経には直接言及されていない。

それぞれの識は、それと対応する六種の感官（六根）と、その対象（六境）とによって起こるとされる。つまり、人間の認識は、根（感官）・境（客観）・識（主観）という三者の和合によってなり立っていると分析するのである。

3．十八界

六根、六境、六識を合わせた識別の領域（ダートゥ　構成要素）を「十八界」という。十八界のすべてを列挙すると、眼界、耳界、鼻界、舌界、身界、意界の六つと、色界、声界、香界、味界、触界、法界の六つと、眼識界、耳識界、鼻識界、舌識界、身識界、意識界の六つで、あわせて「十八の領域」となる。

本経で「**眼の領域、乃至は、心の領域、心の対象の領域、意識の領域**」とするのは、これら十八の領域の最初①「眼界」と、最後の⑯「意界」（心の領域）、⑰「法界」（心の対象の領域）、⑱「意識界」（意識の領域）と連続して認識の領域について述べ、中間（②〜⑮）を省略しているのである〈①乃至⑯・⑰・⑱〉。この系統は中村校訂本の他に、マクス・ミュラーと南条文雄（なんじょうぶんゆう）校訂刊本に見られる。

このリストには別のタイプもある。それらは最初の①「眼界」は同じであるが、最後が異なる。例えば、第二の系統として、⑰法界が欠けていて、⑯意界、⑱意識界で終わる、すなわち「眼の領域、乃至は、心の領域、意識の領域」とするタイプがある〈①乃至⑯・⑱〉。この系統は大本の別系で、ネパール系写本、コンゼ校訂本、日本に伝承された複数の写本にも見られる。

次の第三と第四は小本系の系統である。

第三の系統は、⑯意界と⑰法界がなく、⑱意識界で終わる「眼の領域、乃至は、意識の領域」とするもの〈①乃至⑱〉。これは中村校訂小本をはじめとする多くの小本系に見られる。

第四の系統は、⑯意界で終わり、⑰法界と⑱意識界がないもので、「眼の領域、乃至は、心の領域」とする系統〈①乃至⑯〉である。これは日本伝来の複数の小本写本に見られる。

第六根・第六境・第六識
⑯意界
⑰法界
⑱意識界

【十八界（18の領域）】

	五根・五境・五識				
六根	①眼界	④耳界	⑦鼻界	⑩舌界	⑬身界
六境	②色界	⑤声界	⑧香界	⑪味界	⑭触界
六識	③眼識界	⑥耳識界	⑨鼻識界	⑫舌識界	⑮身識界

これらに対して、第五の系統はまったく異なる。前述したように、サンスクリット本では、「**乃至は**」（ヤーヴァット）として、中間の項目が省略されているが、多くの大本、すなわちマクス・ミュラーと南条文雄校訂刊本や、フェール写本、白石校訂ネパール大本などでは、すべての領域（ダートゥ界）を略すことなく数え上げる。これが第五の系統である。上のリストは、その省略しない十八界すべてをあげたものである。

ただし、その場合は①・②・③、④・⑤・⑥というように記述される。つまり、視覚認識であれば「眼・色・眼識」という順で、聴覚認識であれば「耳・声・耳識」というように、一つの認識の連鎖で説かれている。この並び順を考えても、十八界とは認識のあり方にもとづいた領域の体系であることが、はっきりとわかるだろう。

以上のように、五蘊から始まり、十八界までは、仏教の存在論と認識論にもとづく伝統的な体系である。このような分析的思考は、自己を構成するものから世界に至るまで、すべてがダルマによって構成されているというアビダルマの世界観、存在論が基盤となっている。その上で、本経では、「空であることにおいては」これらすべてのものがないと言い、このような実体観をすべて否定してゆくのである。

4. 十二縁起

十二縁起とは言うまでもなく、十二の支分の因果関係によって苦しみの発生と消滅を示した初期仏教以来の根本的教えである。

それは「無明によって行あり、行によって識あり、名色…、六入…、触…、受…、愛…、取…、有…、生によって老死等の一切の苦蘊が生ずる」というように、すべての形成されたものが苦であり、その根本原因が無明（無知）にあることを因果関係によって示す。

そしてまた逆に、「無明の滅によって行滅す。行の滅によって識滅す。名色…、六入…、触…、受…、愛…、取…、有…、生の滅によって老死等の一切の苦蘊が滅する」というように、苦しみの根本原因である無明の滅によって、涅槃が実現されることを示すものである。

前半は、老いや死、憂い悲しみといった人間には避けられない苦しみがどのように展開するのかを明らかにした流転縁起であり、後半はその悟りの実現がどのように達成されるのかを明らかにした還滅縁起とされる。

右の『般若心経』の本文「**明知はなく、無明はなく、〔無明が〕尽きることもなく、乃至は、老いも**

死もなく、老いと死の尽きることもない」は、この教説を背景とした、十二縁起の否定である。

ただし、この経文の説き方は、最初に「**明知はなく**」とあるし、続けて「〔**無明が**〕**尽きることもなく**」とあって、伝統的な説き方を簡略にしたようであり、その用語も「**滅する**」（ニローダ）ではなく、「**尽きる**」（クシャヤ）とあって、初期仏典以来の十二縁起の定型文とはやや異なる。

詳細に分析するとサンスクリット文の章句にも、はっきりとした相違があり、それらはおもに三系統にわかれる。また、いくつかの写本には、すべての十二縁起支を略することなく掲載している系統もあり、その説き方は多様である。

鹿野苑の地・サールナート

5．四聖諦

四聖諦とは言うまでもなく、仏教の根本的な教えである「苦諦・集諦・滅諦・道諦」という四つの尊い真理を意味し、釈尊が鹿野苑において最初に説法した際に、述べた教えとされる。

〈苦諦〉は、迷いの生存は苦しみであるという真理。〈集諦〉は、欲望が苦の生起の原因となっているという真理。〈滅諦〉は、尽きることのない欲望を制止し、制御することが苦滅の理想の境地であるという真理。〈道諦〉は、苦の制御に到るためには八つの正しい修行方法（八正道）によらなければならないという真理である。

この教えを前提として、本経では「**苦悩**（**苦**）**と**〔**苦悩の**〕**生起**（**集**）**と**〔**苦悩の生起の**〕**抑制**（**滅**）**と**〔**苦悩の生起を抑制する**〕**道はない**」として、空の立場から、四諦の説を否定するのである。

プラシャーストラセーナも空の立場から「無尽意菩薩品」（『大方等大集経』）を引用しつつ、この箇所の四諦説を解説している。以下にそれを引用しておこう。

> 「この集合（五蘊）〔によってなり立っている私たちに〕苦しみがあり、苦しみの姿を空性であるとあるがままに知ることが、〈聖なる苦しみの真実（＝聖苦諦）〉であると言われる。
>
> およそ五蘊が渇愛の原因であり、〔悪しき〕見解の原因であるとすることが〈集まり〉であり、そのような渇愛の原因と見解の原因を取得せずに、〔自分勝手に〕でっち上げないこと、それが〈聖なる苦しみの集まりという真実（＝聖集諦）〉と言われる。
>
> およそ〔五〕蘊は過去に生起せず、未来にも転移せず、現在にもとどまらないと知ることが〈聖なる苦しみの集まりを制御するという真実（＝聖滅諦）〉と言われる。

およそ〔このような〕不二の智に心を集中して、四諦が空であると知ること、それが〈聖なる実践の道（＝聖道諦）〉である」

ここで説かれるように、(1)五蘊からなる私たちに苦しみがあるが、そのすがたを空であると知ること、(2)五蘊が渇愛や邪見の原因となっているのであり、自己の願望によって、いたずらに構想しないこと、(3)五蘊は過去・未来・現在にとどまらない必滅のものであること、(4)この事実をありのままに知る智慧に集中する。この実践を通して、四諦を空であると知ることが、大乗の四諦の教えであるとするのである。

6．**知ることがない**（**無智**）

この「**知ることがない**」とは、ジュニャーナミトラのように、すべてのものを認識する「**知がない**」こと、あるいはプラシャーストラセーナのように、煩悩障と所知障という、二つの障害を捨て去った知がないこと、とする解釈もある。つまり、我空（人空）と法空を修習して煩悩障と所知障の二つの障害を離れる。しかし、最高の真実の立場からはこのような知もない。このことを「知ることがない」とするのである。

しかし、ここは文脈からして、四諦八正道に関する〔八種類の〕知（八忍八智）、あるいは四諦を繰り返し観法する実践の結果、最後にもたらされる悟りの「知」と考えるべきだろう。このような知も空性の中にはないのである。

7．得ることはなく、得ないこともない（不得・非不得）

この知がないのだから、涅槃を「**得ることはない**」という。ただし、大本では「**得ることはなく、得ないこともない**」と続く。この大本の系統は、ほとんどのサンスクリット原文に共通であり、チベット語訳大本も支持する。漢訳でも大本系の法成訳（「無智無得亦無不得」）、施護訳（「無智無所得亦無無得」）がこれに属する。

この「得ること」（プラープティ）はアビダルマでは、我々に特定の状態をもたらす作用一般をいう。その意味では涅槃という状態に到るためのダルマのはたらきと見てもよい。ただし、この「得ないこと（アプラープティ）もない」を、大品般若系伝承にもとづき、悟りの直観知である「アビサマヤ（abhisamaya　現観）がない」とする写本もある。

その意味では、ここは涅槃の獲得と、それにともなう智慧の発生という一連の状態を想定した教説と考えるべきだろう。

【解　説】

この箇所はプラシャーストラセーナの区分で言うところの「智慧の領域」の残りの部分である。ジュニャーナミトラによれば、ここまでを「空性の特徴」とする。

空であることを特質とするのは、すべてのものがそうなのであって、例外はない。そのことを示すために、ここでは伝統的な仏説に言及する。

五蘊や十二処・十八界は、まとめて三科（さんか）と言われる。まず、①五蘊はすべてを身と心として、これを五つの要素にわけたものである。②十二処は、すべてのものを感覚や知覚の認識から考察して、認識の主体的な能力としての六内処（六根）と客体的な対象としての六外処（六境）の十二に区分したものである。③十八界は前の十二処に、感覚や知覚の識別そのものである六識を加え、十八種にわけたものである。

なぜこのような区分をしたのかというと、当時のインド宗教や思想界に、本体や実体というような考え方を立てる有力な見解があったからであり、仏教はそのような実体的な存在論を否定したからである。そのような実体的な考え方は、現在でも変わることはない。絶対的な神や精神原理を説く哲学や宗教はいくらでもある。その考え方の基本は、世界や宇宙には普遍的な存在がある。それは、永遠に変わることがない属性を持っていて、あらゆる存在の根源的な因となる。それが時間や空間を超えて結果である現象世界を作っているとするものである。

しかし、仏教はそのような見解には与しない。そのような存在はあるかもしれないが、少なくともそれは、人間の理解を超えているものであり、あったとしてもその根源を把握する能力は人間にはない。また、苦しみからの脱却には意味がないとする。

いずれにせよ、人間も世界もそのような絶対的で不変なものとは見ない。つまり、我や実体を否定するのである。

その代わりに、考察の対象を自己の経験世界に限定し、感官とその対象、それを縁として生ずる認識のあり方において分析し、その上にのみ我々の世界があると考える。これが十八界と言われるような認識の領域だというわけである。

このように、十八界という分析で世界を把握する方法は、仏教のものの見方をよく表している。われわれは、とかくまず自分がいて、その外側に対象があると考えがちである。自分の感覚や知覚と、その対象が独立にあり、自分の意志とは無関係に存在する。

しかし、本当にそうだろうか。確かに外的対象はあるかも知れないが、それが自己の感官や知覚と無関係にあるなどと、どうして言えるであろうか。

自己を含むもののあり方を、感官（根）・対象（境）・主観（識）という三つの側面から考える見方こそ、現代の認識論にも通用するばかりでなく、古くて新しい妥当性を持った認識であろうかと考える。

しかし、本経ではそれにとどまらない。このような見方も、空であることの中では否定されるのである。空であることにおいては、すべてに例外はない。仏教の根本的な教えとして伝承された縁起も、四諦も、その実践によって得られる涅槃も知られないし、得るということもない。それが空の姿なのである。

11…無所得によって得られるもの――正宗分⑥

以無所得故

ここでは、観自在菩薩がシャーリプトラ長老に対し、空の立場から無所得によって達成される「悟り」の世界（涅槃）が述べられる。そして、それを見通す「最高の智慧」（般若波羅蜜）が根拠となり、すべての菩薩が仏へと現れ出てゆく、このような智慧を重視する般若経の眼目が説かれている。

シャーリプトラよ、その故に、諸菩薩は〔涅槃を〕得ることがないから、智慧の完成に依拠して、心を覆うものなく住する。心を覆うものがないから、怖れがなく、顛倒を超越していて、涅槃に入っている。

―― **三世におられる一切の諸仏は、智慧の完成に依拠して、この上ない正しい悟りを現等覚された。** ――

【語釈・文献解題】

1. **無所得（得ることがない）**

「得ることがないから」（aprāptitvena）には異読がある。フェール本やマクス・ミュラー＝南条校訂本では、直前の文脈に従って、**「得ることがないから」**を**「得ることも（なく、）得ないこともないから」**（na prāptir nāprāptir, aprāptitāprāptir）とする。また、最初の**「その故に、シャーリプトラよ、得ることがないから」**という部分を欠く写本もある。

要するに、仏教徒にとって四諦や八正道の実践がなされるべきであり、それによって「悟り」が得られるはずであるが、空の立場においては、得るとか、得ないとかという判断を超えているというわけである。

2. **諸菩薩は〔涅槃を〕得ることがないから、智慧の完成に依拠して、心を覆うものなく住する。**

・サンスクリット原文

この前半の文脈には以下の三種の異読がある。

①「諸菩薩は得ることがないから、智慧の完成に依拠して」（中村校訂本、慧運写本、マクス・ミュラー＝南条校訂大本）

②「菩薩の智慧の完成に依拠して」（コンゼ校訂本、マクス・ミュラー＝南条校訂小本）

③「菩薩摩訶薩は、智慧の完成に依拠して」（寛喜写本、白石校訂ネパール写本）

異読があるのは、「諸菩薩の」に対応するサンスクリット原語であり、①「諸菩薩の」（bodhisattvānām）、②「菩薩の」（bodhisattvasya）、③「菩薩摩訶薩は」（bodhisattvo mahāsattvaḥ）と三種ある。①は複数属格、②は単数属格、③は単数主格である。文法としては「心に罣礙なく（a-cittāvaraṇaḥ）」「住する（viharati）」は、ともに単数形で統一されているから、菩薩の語のみが複数であるのは整合性に欠ける。したがって、②と③が妥当かもしれないが、①の中村本を底本とする本文の訳では、属格を主格と見なし、主語として「諸菩薩は」と訳してある。

・漢訳

漢訳もサンスクリット本と同じく、以下の三種にわけられる。ただし、すべて菩提薩埵（菩薩、諸菩薩衆、菩薩摩訶薩）というように、主格で訳している。

①「菩提薩埵は般若波羅蜜多に依るが故に、心に罣礙なし」（玄奘訳、法月訳、般若・利言訳）

「菩薩は般若波羅蜜〔多〕に依るが故に、心に罣礙なし」（伝羅什訳）
「菩提薩埵は般若波羅蜜多に依りて住し、心に障礙なし」（智慧輪訳）
②「諸菩薩衆は般若波羅蜜多に依止し、心に障礙なし」（法成訳）
③「菩薩摩訶薩は般若波羅蜜多に相応する行に依るが故に、心に著する所なし」（施護訳）

なお、上記サンスクリット文のように、サンスクリット語の属格を主格に読むことも可能であるから、これらがどの漢訳にあたるかを想定することはできない。ただし、ここで複数の漢訳が「菩薩」ではなく、「菩提薩埵」と音訳するのは、ボーディ・サットヴァ（bodhi-sattva）をボーディ・サクタ（bodhi-sakta）という語源学的解釈によっているためかもしれない。

つまり、「菩提薩埵」を二分して、「菩提」（bodhi）を悟りの智慧である「般若波羅蜜〔多〕」に対応させ、「薩埵」（sattva）をその俗語形であるサッタ（satta）を経由して、サクタ（sakta）に対応させて解釈したものである。

なぜなら、俗語形のサッタ（satta）は梵語のサッタ（satta　有情）と、「依る」の意味を持つ梵語サンジ（√sañj）の過去分詞であるサクタ（sakta）の両義を持つからである。そのために、サクタをこれと同意味のアーシュリー（ā√śrī　依る）の絶対分詞（āśritya）「依って」と解釈し、「菩薩は般若波羅蜜を依り所として住し、心には罣礙なし」と読む。漢訳者はこの箇所を、このような語源解釈を含む

【菩提薩埵の語源解釈】

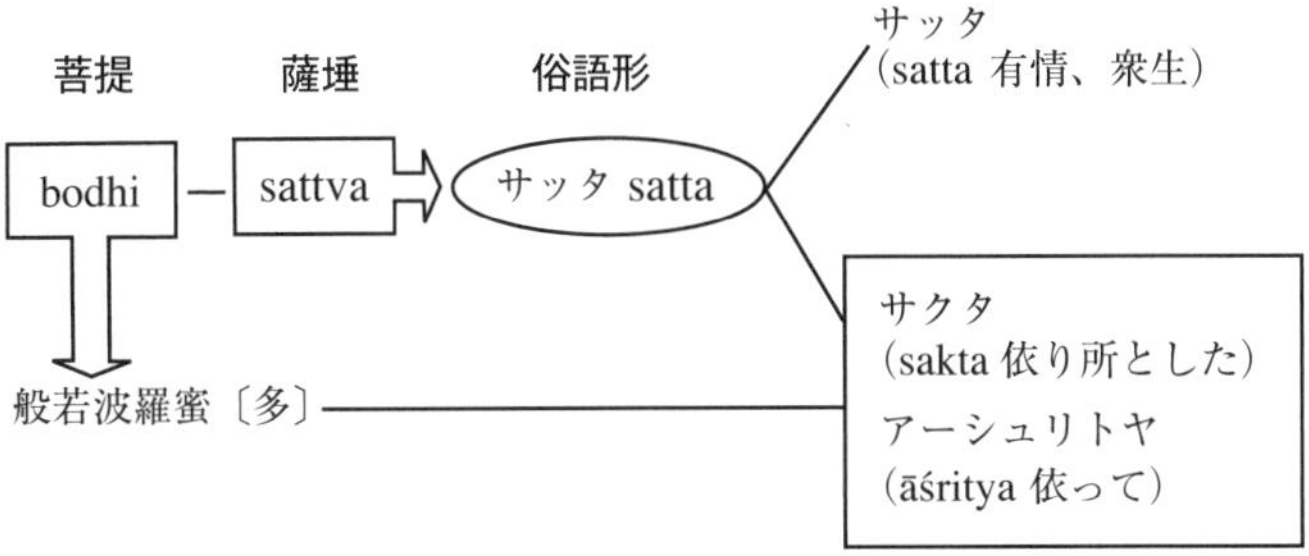

ものと理解し、敢えてこの箇所だけを「菩薩」とせずに、「菩提薩埵」と音訳したのであろう。

後半の「**心を覆うものなく住する**」(viharaty acittāvaraṇaḥ) という箇所にも、「**心が覆われて住する**」(viharati cittāvaraṇaḥ) という異読がある。

前者の読みは、中村校訂本やチベット語訳、漢訳諸本が一致して支持する。一方、後者の読みは、マクス・ミュラー・南条校訂本やネパール写本である。両者はまったく逆の読みを伝えているが、後者(「心が覆われて住する」)の読みは、小本の異読にも伝えられることから、単なる誤写ではない。しかし、これでは意味が通じない。

また、複数のネパール写本は、「**心を覆うものなく住する**」という箇所そのものを欠き、さらにその後の「**心を覆うものがないから**」(cittāvaraṇa-nāstitvād) については、「**心の対象がないから**」(cittālambaṇaṃ nāstitvād) という読みを取っている。

これに従えば、「**心の対象がないから怖れがない**」となる。いずれの読みも可能であるが、ここは「**心を覆うものがないから**」というように、中村本や漢訳の伝統にしたがった読みを記しておいた。

菩薩は他の修行者とは異なる「智慧の完成」を備えている。それは無所得をはっきりと知る「最高の智慧」であり、この智慧によって、心を覆うものが取り除かれている状態にあるというのである。

3．顛倒を超越している

「**顛倒**」の原義は、事実をありのままに見ないこと、あるいはそのような状態である。仏教ではすべてが無常・苦・不浄・無我であると説くが、この現実を「常・楽・浄・有我」ととらえて執着する誤謬（常顛倒・楽顛倒・浄顛倒・我顛倒）が〈四顛倒〉である。さらにこれを、誤った想念（想顛倒）、誤った見解（見顛倒）、誤った心のあり方（心顛倒）という別の規範で分類した〈三顛倒〉とあわせて、〈七顛倒〉とも呼ばれる。

いずれにしても、大乗仏教ではこのような仏教的真実から乖離した誤謬が顛倒であるという。しかし、空の立場にとどまるならば、そのような「**顛倒を超越している**」とするのである。

また、プラシャーストラセーナによれば、「顛倒」とは非存在なる外的対象に対して、さまざまな形象を観察するものである。そこで、自己とそれを構成するダルマについての無我（人法二無我）に入って、解脱に対する煩悩という障害と、所知という障害（自我と法の執著）を捨て去り、顛倒から脱却するのであるという。

漢訳は「遠離顛倒夢想」（玄奘訳、法月訳、般若・利言訳、智慧輪訳）、「超過顛倒」（法成訳）、「遠離一切顛倒妄想」（施護訳）、「遠離一切顛倒夢想苦悩」（伝羅什訳）と、一切の有無や、顛倒の後に続く語に多少の相違はある。

4. 涅槃に安らいでいる

「**涅槃**」とは、サンスクリット語ではニルバーナ（nirvāṇa）といい、「（炎が）消えて滅びた（状態）」を意味する。ちょうど風が炎を吹き消すように、燃えている煩悩の火が悟りによって消滅し、すべての苦悩のなくなった状態をさす。そのとき、寂静な最上の安楽の境地が実現する（「涅槃寂静」という）。したがって「永遠の平安」「完全な平和」「絶対の安らぎ」とも訳す。

これは、いっさいの苦・束縛・輪廻から解放された仏教の理想の境地であり、修行のゴールである。この目的地に到達するためには、智慧を磨き修行を積んで、迷いや煩悩や執着を断ち切るのであるが、本経ではそのような道筋は描かれない。

本経では「**涅槃に入っている**」（niṣṭha-nirvāṇaḥ）という。多くの漢訳はこれを「涅槃を究竟する」と訳す。例えば、「究竟涅槃」（伝羅什訳、玄奘訳、法月訳、般若・利言訳、法成訳）、ただし、「究竟寂然(じゃくねん)」（智慧輪）、「究竟円寂(えんじゃく)」というように、涅槃は「寂然」、あるいは「円寂」とも訳される。

「**入っている**」と訳したサンスクリット原語はニシュタ（niṣṭha-）である。この語は、「ある状態」「もとづいている」「関連している」などを意味し、「〔涅槃の〕状態にある」ということである。

5．三世(さんぜ)の諸仏

「三世」とは過去・現在・未来である。諸仏というブッダの複数化を時間軸の上で表現したもので、過去の仏、現在の他方(たほう)世界にいる仏、未来の仏、このように「三世に住するすべての諸仏」は、「**智慧の完成によって、この上ない正しい悟り（無上正等菩提(むじょうしょうとうぼだい)）を現等覚(げんとうがく)された**」のである。

過去のすべてのブッダは、この「智慧の完成」によって目覚めた。また同じく、現在も、未来も、ブッダは必ずこの智慧によって生まれる。このように、「智慧の完成」はすべての仏が依り所にする智慧であることから、一切諸仏の母とも言われる。このことから、この智慧は三世の諸仏の母と言われるのであり、また仏母(ぶつも)とも言われる。

また、「**この上ない正しい悟り**（**無上正等菩提**）」とは、アヌッタラー・サムヤックサンボーディで、悟りを意味するサンボーディに「この上ない」（アヌッタラー）と「正しい」（サムヤック）という形容詞を付加した語である。特別な悟りの意味を込めて、法成訳（無上正等菩提）以外は、「阿耨多羅三藐三菩提」と音訳している。

この悟りを「現等覚された」とは、虚妄性のない真理の極みを尽くしたということである。

奉献塔に刻まれた千仏（ナーランダー）

以上の箇所は、後に解説する明呪（vidyā）を説く箇所と順序は逆であるが、『二万五千頌般若』「第二章」（木村校訂本七〇頁）（『大品般若』「勧持品」第三十四）によく一致し、『般若心経』の成立を考察する上で、重要な箇所となる。

【解　説】

プラシャーストラセーナの区分（二一八頁）によれば、以下は〔8〕「智慧の功徳」から、〔9〕「智慧の果報」である。また、ジュニャーナミトラは経文全体を七分するが（二四二～二四三頁）、この前半の「智慧の功徳」をさらに④「智慧の領域」と⑤「智慧の功徳」とに二分し、最後はプラシャーストラセーナの区分と同じく⑥「智慧の果報」と区分し、合計三つにわける。

今、ジュニャーナミトラの区分を基準に、『般若心経』本文をあてはめれば、前半は「シャーリプトラよ、それ故に、諸菩薩は〔涅槃を〕得ることがないから、智慧の完成に依拠して、心を覆うものなく住する」までが④で、「心を覆うものがないから、怖れがなく、顛倒を超越していて、涅槃に入っている」までが⑤である。そして、後半の「三世におられる一切の諸仏は智慧の完成に依拠して、この上ない正しい悟りを現等覚された」が⑥となる。

これまでに見てきたように、空の立場から見ると、ダルマの世界によって現れている世界はすべて打ち消され、私たちにとって、求め、為されるべき四諦や八正道の実践もない。したがって、得られるはずの「知」も「悟り」（涅槃）も、すべてその存在の基盤を失う。

そこでは、もはや「〔涅槃を〕得る」とか、「得ない」とかという次元を超えているのである。確かに、常識のレベルでは、涅槃を得るということがないのは、悟りに到らないということである。しかし、空性（くうしょう）という意味では、このような判断はそもそも迷いなのである。

ここからが、それに対して説かれる空の肯定的な面を表す教説となる。

まず、経文の前半で述べられるように、「無所得の故に、涅槃を得ることができる」というのである。ただし、涅槃を得ようという次元では、いまだ悟りに到ることはできない。むしろ悟りを得るとか、得ないとかいうような判断を超えた地平において、初めて「悟り」への道が開けるのである。

したがって、ここで述べられる「得ることが〈ない〉」という否定は、一般の信者のレヴェルではなく、出家修行者の描く悟りへの道筋を、さらに否定する大乗の立場と解釈するべきである。

この点が般若経を代表する『般若心経』の独自性とも言えるのである。

また、空性の立場から言えば、存在を構成する要素はなく、煩悩を除去すべく、踏み行うべき実践もない。したがって、涅槃を得るという根拠さえもない。そのような事実を見通すのが般若波羅蜜であり、この智慧にもとづいて生きることが菩薩の生き方である。本経ではそれを「智慧の完成に依拠して、心を覆うものなく住する」と述べている。

そうすれば、「心を覆うものがないから、怖れがなく、顛倒を超越していて、涅槃に入っている」というのである。この意味で「心に覆うものがない」という菩薩は、すでに悟りの世界に趣入（しゅにゅう）していると言えるのである。そのような菩薩には、大乗の教えへの怖れがなく、真実を見きわめているから、「顛倒を超越している」とされる。そのことを見通す智慧が根拠となり、悟りへと向かってゆくのである。以上が「智慧の果報」である。

この甚深（じんじん）な智慧の完成を、三世十方（じっぽう）という時空に広がる世界にとどまるすべての菩薩が、連綿として受け止め、受持（じゅじ）し、解説（げせつ）し、他の人に教えてきたものなのである。

12…智慧の完成は真言である——正宗分⑦

以上に「智慧の完成」の根源的なはたらきについて述べたが、続いて、この最高の智慧が「大いなる真言」をはじめとする五つの真実の言葉（真言）として説かれる。後に述べる「ギャテー、ギャテー」で知られる真言と合わせて、この真言の教説こそが『般若心経』の一つの特徴ともなっている。

故知般若波羅蜜多（こちはんにゃはらみた）

それゆえに〔シャーリプトラよ、あなたは〕知るべきである。〝智慧の完成は、大いなる真言（しんごん）であり、大いなる明知（みょうち）の真言であり、この上ない真言であり、比べるものなき真言であり、すべての苦しみを鎮（しず）める真言である。〔それは、〕偽りがないから真実である〞と。

【語釈・文献解題】

最初に本節の主題である真言について述べておく。

1.「真言」とはマントラ（mantra）の訳であり、漢訳では言（ごん）、咒（しゅ）、呪禁（しゅごん）、明（みょう）、神呪（じんしゅ）などと訳される。この語は、「考える」という意味の動詞マン、それにトラという道具や場所を表す名詞を作る接尾辞を加えて作られた男性名詞であり、考える道具、聖なる言葉を意味するが、もともとインドのヴェーダ宗教で述べられる神聖な咒句（じゅく）である。

ヴェーダの宗教では、さまざまな祈りの場で神々を招請（しょうせい）し、その神々に祈願するため、祈祷句を唱えた。この咒句の誦持（じゅじ）という宗教行為が仏教に導入されたものである。

もちろん仏教ではブッダの教えが集約された言葉がマントラであり、これを「真理の言葉」と考えている。しかし、その言葉の意味に対応する力が内在すると考える点ではヴェーダの宗教とまったく同じである。そのため、古来中国やチベットの翻訳者たちは、その言葉の意義を尊重して、中国語やチベット語に訳さず、梵語（ぼんご）のまま、漢字あるいはチベット文字に音訳した。

しかし、本経でいうマントラ（真言）は、単なる咒句ではない。ここで述べられる真言は、般若波羅蜜〔多〕であり、悟りへと導く「智慧の完成」のことである。つまり、般若波羅蜜の別名とも言えるのである。

2. それゆえに〔シャーリプトラよ、あなたは〕知るべきである。

「それゆえに」以下は、観自在菩薩がシャーリプトラ（舎利子）に直接語った内容であるから、本稿の訳では〔シャーリプトラよ、あなたは〕を加えた。実際にネパール写本やチベット語訳にも、「シャーリプトラよ、〔あなたは〕」と明記する伝承を確認することができる。

しかし、この「知るべきである」の内容が、どこまで係るかが問題である。それを検討するために大本の梵文写本をたどれば、以下のような二つの系列にわかれる。

①それゆえに、知るべきである。「智慧の完成は、大いなる真言であり、……偽りがないから真実である」と。智慧の完成の中で真言が述べられた。（tasmāj jñātavyam prajñāpāramitā mahāmantro……satyam amithyatvāt. prajñāpāramitāyām ukto mantraḥ）

②それゆえに、知るべきである。「智慧の完成の真言は、……真実にして偽りがないから、智慧の完成にふさわしい真言である」と。（tasmāt〔tarhi śāriputra〕jñātavyaḥ prajñāpāramitāmantro……samyak na mithyatvāt prajñāpāramitā-yukto mantraḥ）

前者①は、「知るべきである」の内容の最後は「偽りがないから真実である」までとなる。本稿で採用した中村校訂本などによる訳はこれである。

後者②は、後に扱う「智慧の完成にふさわしい真言である」までであり、その真言が最後の「次のように述べられる。すなわち、ギャテー・ギャテー」と連続する。この構文の違いによって、内容は大きく異なる。

最初の真言の箇所だけに注目するならば、①と②との違いは、「般若波羅蜜」と「〔大いなる〕真言」の二語を一つの複合語とするか、切り離して主格で読むかという違いであるが、それは校訂者の読みによるものであって、写本自体の相違ではない。なお、①と②には、それぞれ真言の前に「大いなる」(マハー)を付加するものと、しないものがある。

①「智慧の完成」は〔大いなる〕真言である。(マクス・ミュラー=南条校訂本、コンゼ校訂本:フェール本)

②「智慧の完成」の〔大いなる〕真言が……(中村校訂本、白石校訂本:マクス・ミュラー=南条校訂W本、白石校訂ネパール写本)

前者①は「智慧の完成が、大いなる真言である」以下、合計五つの真言であることを説き、後者②は「智慧の完成という真言が、大いなる明知の真言であり」以下、合計四つの真言であるとする。

本稿では、以下の真言句もすべて般若波羅蜜の言い換えと見るので、般若波羅蜜を主語とする①の読みを採用してある。

漢訳では、伝羅什訳と施護訳は「大いなる真言」に相当する語を欠くが、玄奘訳、法月訳、般若・利言訳は「故知般若波羅蜜多、是大神咒」、法成訳は「是故当知般若波羅蜜多、大蜜（密）咒者」、智慧輪訳は「故知般若波羅蜜多、是大真言」であり、おおむね①を支持する。

一方、チベット語訳は般若部、秘密（密教）部ともに②の読み「般若波羅蜜〔多〕の真言」を支持する。

3．五種類の真言

次にこれら五真言句について順次見てみよう。

（1）「**大いなる真言**」とは、マハー・マントラといい、大神咒、大真言、大密咒などと漢訳されるように、密咒の偉大なことを述べる。

「智慧の完成」が「真言」なのであれば、「大いなる真言」とは「大いなる智慧の完成」（般若波羅蜜）、すなわち摩訶般若波羅蜜経（＝大いなる般若経）のことである。

（2）「**大いなる明知の真言**」とは、「偉大なる明知」、すなわち「大いなる智慧の完成」という真言（マントラ）である。

この明知はサンスクリット語ではヴィディヤー（vidyā）といい、知識、学問という意味であり、般若経の碩学エドワード・コンゼもノレッジ（knowledge）と訳す。しかし、本経での意味は、無明（むみょう）に対する「悟りの知」と解し、明知と訳した。初期の般若経で重視されたのは、マントラではなく、このヴィディヤーである。

(3)「**この上ない真言**」とは、アヌッタラ・マントラという。アヌッタラとは、最高という意味の形容詞ウッタラに、否定辞アンを添加して作られた語であるから、「この上なき」という意味となる。

(4)「**比べるもののなき真言**」とは、アサマサマ・マントラという。「サマサマ」とは「サマ」すなわち、「等しい」という言葉を繰り返して、強めた形容詞で、「まったく等しい」という意味である。この語に否定辞の「ア」をつけたものがア・サマサマであるから、アサマサマ・マントラとは、「等しいものが全くない、比類のない真言」である。

通常のサンスクリット語ではあまり見られないが、仏教混交梵語で書かれた大乗経典ではしばしば見られる。これを漢訳で言うと「無等等咒（むとうどうしゅ）」となる。

（×は相当する語句が欠けていることを意味する）

3. anuttara-mantra	4. asamasama-mantra	5. sarva-duḥkha-praśamana-mantra
bla na med pa'i sngags	mi mnyam pa dang mnyam pa'i sngags	sdug bsngal thams cad rab tu zhi bar byed pa'i sngags
無上明咒	無等等明咒	能除一切苦
無上咒	無等等咒	能除一切苦
無上咒	無等等咒	能除一切苦
無上咒	無等等咒	能除一切苦
無上真言	無等等真言	能除一切苦
無上咒	無等等咒	能除一切諸苦之咒
無上明	無等等明	而能息除一切苦悩
阿耨哆囉滿怛囉	阿耨哆囉滿怛囉	薩〔囉〕嚩耨佉（欠）鉢囉捨（舎）嚢

(5)**「すべての苦しみを鎮める真言」**とは、サルヴァ（すべての）・ドゥッカ（苦しみ）・プラシャマナ（鎮める）・マントラ（真言）という複合語であり、前の三つの語が最後のマントラという語を形容している。その意義は、苦しみの発生を沈静化して、人を迷いの此岸（しがん）から悟りの彼岸に導く「智慧の完成」のはたらきを、真言として述べているのである。

以上、これら五つの真言句は、智慧の完成（般若波羅蜜）を主語とするものであり、般若波羅蜜のすぐれた徳性を称讃したものである。

この箇所の文脈は、おおよそ大本系の心経梵本では共通しているが、チベット語訳と漢訳では事情が異なる。これらの中で、この五真言の形式を持つのは、法成の漢訳だけであり、むしろ『般若心経』大本梵本に限られた特徴と言わざるを得ない。

【『般若心経』の真言句】

大本『般若心経』梵本	1. mahā-mantra	2. mahāvidyā-mantra
チベット語訳『般若心経』	×	rig pa chen po'i sngags
伝羅什訳	×	大明咒
玄奘訳	大神咒	大明咒
法月訳	大神咒	大明咒
般若・利言訳	大神咒	大明咒
智慧輪訳	大真言	大明真言
法成訳	大蜜咒	大明咒
施護訳	×	広大明 mahāvidyā ?
不空訳（音写）	麼賀満怛嚕	麼賀尾儞也満怛囉

細かく言えば、チベット語訳では第一真言が欠けた四真言であり、漢訳では法成訳を除いて、第五句は「〔般若波羅蜜は〕すべての苦しみを鎮めるもの」とあり、真言（咒）の語を欠いている。小本系の梵本がこの四真言であることを考慮すれば、おそらく大本系梵本が五真言の形式に確定したのは後代のことであろう。

上に『般若心経』諸本の五真言の記載状況をまとめておいたので、確認していただきたい。

4．すべての苦しみを鎮める真言

先に述べたように、心経の小本系梵本は四真言であるが、大本系の梵本はこの五真言を基本とすると規定することができる。

再言すると、大本の第五真言は「すべての苦しみを鎮める真言」であるが、小本系では「〔智慧の完成は、……〕すべての苦しみを鎮める」となっていて、真言（mantra）の語はない。つまり、四真言句の形態なのである。そして、漢訳でも、大本系でありながら、法成訳以外はすべて梵文小本と同じ形態になっている。それはなぜなのだろうか。

その理由はもとの般若経にある。そもそも、『般若心経』は拡大般若経にもとづいて成立した教えである。特に、この真言句を述べた部分は、『般若心経』に対応する小品系般若諸本の該当箇所には見られない。いわば、大品系般若経に由来するものである。

たとえば、大品系般若諸本は梵本（『二万五千頌般若』）を除いて、心経の「能除一切苦」に対応する一文がある。特に『大品般若』では、先の「明知の真言」（明咒）を説く箇所の直後に「是の般若波羅蜜が、能く一切の不善を除き、能く一切の善法を興す」と続く。この「不善」を「苦」と置き換えれば、『般若心経』とほぼ一致する。

さらに、『放光般若』、『大般若経』「第二会」でも大同小異であるし、チベット語訳でも「この般若波羅蜜はすべての不善なるものを捨てる。すべての善なるものを成立させるからである」とある。

このように、これら大品系般若の経文は、心経梵文大本のように「すべての苦しみを鎮める〈真言〉」というように、真言にかかる一句ではなく、「〔般若波羅蜜は〕すべての苦しみを鎮めるものである」という文脈となっている。『般若心経』小本は、まさにこれを受け継いだのである。

なお、白石訳は自身の梵文大本校訂テクストにもとづいて、「一切苦を滅除するの咒なり」とする。一方、中村訳は自身の校訂梵文大本テクストとは異なり、「すべての苦しみを鎮めるものである」とし、真言を訳していない。そのために四真言句となっているが、これは小本に影響された翻訳で正確ではない。

5. 偽りがないから真実である。

ここは以下のような二種類の系統に大別される。

①偽りがないから真実である（satyam amithyatvāt）

②正しきものであり、偽りがない（samyaktvaṃ na mithyātvaṃ）

前者①は中村校訂本、コンゼ校訂本、白石校訂本であり、後者②はマクス・ミュラー＝南条校訂本、マクス・ミュラー＝南条校訂Ｗ本、フェール本などである。

この箇所に対する多くの漢訳（伝羅什訳、玄奘訳、法月訳、般若訳、智慧輪訳）は、「真実不虚故（しんじつふここ）」であるが、法成訳は、「真実無倒故、知般若波羅蜜多是秘密咒」、施護訳「是即真実無虚妄法、諸修学者当如是学」と、傍線部分が付加されてあるように、先に述べた「知るべきである」を含む訳語が最後に見られる。このことによって2（一九六頁）で見たような二つの構文の相違が確かめられる。

【解　説】

本節は『般若心経』の最終節である。プラシャーストラセーナも、ジュニャーナミトラも「智慧の陀羅尼」（シェ・ラプ・キ・ズン　shes rab kyi gzungs）という名目で解釈する。

この場合、陀羅尼と真言が混同して用いられているのではない。陀羅尼（ダーラニー）は、もともと経典の憶持を意味する言葉であり、経文中の真言（マントラ）とは異なる。彼らはこの最後の節について、本経を記憶し、保持するために、マントラが置かれていると解釈しているのである。

つまり、真言にはそのような機能がある。具体的に言えば、私たちが本経を唱えるとき、その功徳を記憶し、効果を保つために、本経の最後に真言が付されているのであり、それが本経の魅力の一つになっている。このことは、多くの人が実感しているはずである。

また、本経の真言の意味は般若経典としても大きな特色がある。それは智慧と言葉が同一であるという思想を背景として、それを明呪品（『小品般若経』）や神呪品（『大般若波羅蜜多経』）として受容した般若経典における真言の歴史性ぬきに語ることはできない。『般若心経』に限定すれば、本節において般若波羅蜜が真言であることを五つの語句で説いている点にある。

それらの内容は、智慧の完成が持つ徳性であり、教説を短く集約した言葉である。（さらにそれが、般若波羅蜜の真言へと帰着するという構造を持つのだが、それについては次に詳説する。）

本経の独自性はその構造から言っても極めて明瞭である。それは、前半に説かれているような「空の教え」だけではない。また、単なる真言だけでもない。ここで述べられるように、「最高の智慧、それは真実の言葉である」という思想である。それが「般若波羅蜜こそが真言である」という教説の意味なのである。

このように、この智慧と真実の言葉が一つのものであるという究極の教え、そこにこそ本経の大いなる教えの秘密がある。

13…般若波羅蜜多の真言――正宗分⑧

説般若波羅蜜多呪（せつはんにゃはらみたしゅ）

これまで『般若心経』の一つの特徴である、「智慧の完成」こそが「真実の言葉」（真言（しんごん））であるという教説を見てきた。ここでは、いよいよそれが般若波羅蜜〔多〕の真言として述べられるというフィナーレである。真言の解釈にはどうしても文法の援用が必要なため、多少煩瑣になるがご容赦願いたい。

なお、本節は観自在菩薩がシャーリプトラ（舎利子）に対して説かれる最後の教説でもある。

智慧の完成の中で、真言が〔次のように〕述べられた。すなわち、

〝行けるものよ、行けるものよ、彼岸に行けるものよ。彼岸に完全に行けるものよ。悟りよ、幸いあれ。（ガテー　ガテー　パーラガテー　パーラサンガテー　ボーディ　スヴァーハー）〟

シャーリプトラよ、菩薩はこのように甚深なる智慧の完成という実践を学ばなければならないのである」

【語釈】

「**すなわち**」とは、タドヤター（tadyathā）の訳である。この語は、通常はそれ以下の従属接続詞として、主文と副文（マントラ）を接続する機能を持つ。したがって、本書でもこのように訳した。なお、後期のインド・ネパールやチベットの伝統では、序分としてではあるが、マントラ（真言）の一部として見なされる。サンスクリットの音訳である不空訳は「怛儞〔也〕他」とし、チベット語訳でも音訳のまま表記されている。ただし、漢訳では施護訳（怛⿰革也他〔唵〕）以外は意訳されるので、真言とは別と見ている。

「**行けるものよ**」とは、ガテー（gate）の訳である。この語は「行く」を意味する動詞ガム（gam）か

ら作られる過去受動分詞ガタ（gata　到った）を、女性形容詞（gatā）として用いたもので、その単数、呼格の形である。

以下のいくつかの形容詞と同じく、最後の「悟りよ」（ボーディ　bodhi）を修飾する。したがって、「行きたる……悟りよ」とかかるわけである。

「**彼岸に行けるものよ**」とは、パーラガテー（pāragate　波羅掲帝）である。この語も基本的にはガター（gatā　行きたる）が基礎にあり、その前に対岸という意味のパーラ（pāra　彼岸）が付加されている。したがって、此岸に対して、「悟りの岸に到るもの」という意味なのである。悟りはしばしば煩悩の流れを隔てた対岸として描かれる。

「**彼岸に完全に行けるものよ**」は、パーラサンガテー（pārasaṃgate　波羅僧掲帝）であり、「ガター」の前に「サン」をつけて、強意となっている。同じく女性、単数、呼格である。

「**悟りよ**」と訳したのは、ボーディ（bodhi　菩提）である。この語は男性名詞でも女性名詞でも用いられる。この語の解釈

ガンジス河の日の出

は一定していないが、ここでは般若（prajñā）と対応させて、ボーディー（bodhī）と長音化させた女性名詞と考え、その単数、呼格がボーディとなったとする。

「幸いあれ！」とは、スヴァーハー（svāhā）の訳である。この語は、インドの伝統宗教におけるホーマー（護摩）で、供物を捧げる時に唱える言葉で、「自己の放棄」を意味しているという。ヴェーダの学匠ヤースカが伝えた語源解釈（ニルクタ）によれば、「善く言った」（su āha）、あるいは「自分の言葉が言われた」（svā vāg āha）などを意味するという。この解釈によれば、般若波羅蜜の真言が説かれたことを、かく讃えるのである。

【文献解題】

1. **智慧の完成の中で、真言が〔次のように〕述べられた。〈ウクタとユクタ〉**

観自在菩薩がシャーリプトラに対して、「それゆえに、智慧の完成は五つの真言である等と知るべきである」と教示し、続いて「智慧の完成の中で真言が述べられた」とあるのだが、すでに述べたように、ここは以下の二つの系統に大別される。

① 「智慧の完成の中で真言が述べられた」（prajñāpāramitāyām ukto mantraḥ）

② 「智慧の完成にふさわしい真言である」（prajñāpāramitā-yukto mantraḥ）

前者①は「真言」が主語で、「智慧の完成の中で」という於格に続いて「述べられた、説かれた」（ukta　ウクタ）となるが、後者②は「智慧の完成」と「ふさわしい」（yukta　ユクタ）という複合語が、主語である「真言」を形容しているという違いである。

前者は中村校訂本、コンゼ校訂本、白石校訂本など代表的なサンスクリット刊本や、秘密部チベット語訳に見られる。また、サンスクリット小本でも同様であるため、ほとんどの解説本はこちらの原文にもとづいて解釈する。また、本経の最初の方でも、同じ文脈でこの於格の用例があるので、私もここでは、①の中村校訂本にもとづいた。

ただし、中村訳はこの於格を「その真言は、智慧の完成において次のように説かれた」（同訳一一頁）と訳す。このように「智慧の完成において」と訳したとしても、この「智慧の完成」が経典を意味するのか、教えを意味するのか明らかではない。また、経典を意味するとしても、般若経一般を指すのか、『般若心経』を指すのか、他の特定の般若経を指すのかも、曖昧なままである。

そこで私は、その曖昧さをなくすため、「智慧の完成の中で真言が述べられた」と訳し、「〔五明呪にあるように〕『般若心経』以前に説かれた般若経〔一般〕にある真言」という意義を出そうとした。般若経の碩学エドワード・コンゼも「智慧の完成によって、この真言はすでに伝えられている」（By the prajñāpāramitā has this spell been delivered.）と英訳する。

この場合、「智慧の完成」は「般若波羅蜜〔多〕」すなわち般若経典のことであり、その中でこの真言が実際に説かれているからである。このことは後述するように、『般若心経』の歴史的背景を考慮に入れた解釈となる。

しかし、この①にしても別の解釈がある。たとえば、白石訳では「般若波羅蜜多の意義を説ける呪と は」とし、最近刊行された立川武蔵訳（『般若心経の新しい読み方』春秋社、二〇〇一、九頁）も「般若波羅蜜多を意味する真言が説かれている」と訳している。

これらのように、於格を「～の意味で」と解釈することは文法学派の文脈では珍しくはないし、般若波羅蜜多呪に一貫した意味を与えるという点でも、この解釈は非常に興味深い。

つまり、「智慧の完成」とは真実の言葉としての真言であることを承け、さらに以下の真言が「智慧の完成（般若波羅蜜多）を意味する」と再言し、その内容が「すなわち、ギャテー・ギャテー 云々」とまとめられるという構文である。これが本経の一つの核心部分となっているのである。私もこれを否定するものではない。その最も大きな理由は、②の読みにある。

②は、白石校訂ネパール写本（広本）、フェール本、マクス・ミュラー＝南条校訂本、同W本が採用している。この読みには〈ふさわしい〉、あるいは〈～に相応した〉という意味を持つユクタが見られる。したがって、「智慧の完成に〈ふさわしい〉真言である」となる。

また、チベット語訳では般若部系統の訳がこの読みを取るため、チベット語訳の校訂本を出版したライデン大学のシルク教授もこの般若部のチベット語訳を「〜にふさわしい」（appropriate）と訳する。後述するように、この真言はその語義と構造からして「智慧の完成」そのものを謳ったものであり、まさにそれに〈ふさわしい〉と言えるのである。

この場合「智慧の完成」は教えとも経典とも取れるが、このユクタを〈結びついた〉と理解すれば「智慧の完成の中で説かれた」という解釈と異なるものではない。

2. 般若波羅蜜多の真言

この真言は、漢訳では施護訳、チベット語訳などの新しい翻訳では、タドヤター（tadyathā　すなわち）の語から音訳されている。また「般若大心陀羅尼」（『陀羅尼集経』巻三）や『帝釈般若経』の梵本などに見られる類似の真言でも、その多くはこの語句（tadyathā　怛耶他）を含んでいる。これらの伝承にしたがえば、序分としてではあるが、この語も真言の一部をなすものと考えられる。

さらに、ネパール河口写本ではタドヤターの後にオーン（oṁ　唵）を加えている。この形態は玄奘訳『大般若経』（六〇〇巻）の末尾に「怛耶他　唵　伽帝伽帝……」〈般若佛姆親心呪〉とあるし、チベット語訳『般若心経』の秘密部にもある。このことからも、般若経がしだいに密教化する過程の中で、

『般若心経』のテクストも、密教の真言の様式に沿って整えられたことを想起させる。

陀羅尼の中には、タドヤターから始まり、シレー　シレーとか、ガルベー　ガルベーとか、ジャイェー　ジャイェーとか、同じ音節を語呂よく繰り返す場合が多く見うけられる。

この般若波羅蜜多の真言が、ガテー　ガテー　パーラガテー　パーラサンガテーとあるのは、これがこのような伝統の中で形成されたものであることを示している。

しかし、通常の梵文ではtadyathāは接続詞としての機能を持つため、ここでは「すなわち」を、真言とは別に訳しておいた。

3．真言に隠された意味

すでに前著（『大般若と理趣分のすべて』北辰堂、一九九五、一四五～一四六頁）において、私は般若波羅蜜多（prajñāpāramitā）が神格化され、般若波羅蜜菩薩（仏母）として多くの尊像や図像に描かれ、礼拝されるようになる過程を述べた。この真言はその般若波羅蜜多（prajñāpāramitā）に対する呼びかけとなっている。このことは、『般若心経』が形成されたとき、すでに般若波羅蜜多が人格視されていたか、少なくとも人格化される第一歩を示していると言ってよいだろう。

さらに踏み込んで言うと、その真言の内容自体に般若波羅蜜多が読み込まれている。その構造を以下に示しておこう。

まず最初に、ガタ（gata）は「行く」を意味する動詞ガム（gam）の過去受動分詞であった。これと同じく「行く」を意味する動詞イ（i）、あるいはその過去受動分詞イタ（ita）がここに反映されていると考えるのである。したがって、ガタの女性、単数、呼格のガテーに対して、イタは同じくイテー（ite）となる。

これと同じように、パーラガター（pāragatā）もパーラサンガター（pārasaṃgatā）もパーラミター（pāramitā）に対応することになる。

そして、これらの形容するものが前者（ガテー）ではボーディ（bodhi　菩提）である。ボーディは、ボーディーの呼格であるから、ボーディの前のすべての形容句もこの菩提にかかると見る。したがって、「行きたるものよ、……悟りよ！（菩提よ！）」という意味となる。

一方、後者（イテー）ではボーディに対応するものはプラジュニャーという女性名詞であり、イテーもパーラミターもこの語にかかる。したがって、「行きたるものよ、……智慧の完成よ！」という意味となり、この真言全体が実は般若波羅蜜多を讃えたものと解釈できるのである。

ここで繰り返されるガター（gatā　行った）を、同じ意味のイター（itā）に置き換えると、次のようになる。

ガテー	ガテー	パーラガテー	パーラサンガテー	ボーディ
gate	gate	pāragate	pārasaṃgate	bodhi

↓

イテー	イテー	パーラミテー	パーラサミテー	プラジュニャー
ite	ite	pāram- ite	pāra- samite	prajñā

以上のように、この真言は、イタ（ita）とガタ（gata）の同義性を含意した語源解釈が背景にある。つまり、女性形パーラガター（pāragatā）は、パーラミター（pāramitā）と同義と解釈するのである。この立場からすると、『般若心経』の真言は、パーラガテー（pāragate）という呼格で、般若波羅蜜多という智慧の象徴に対し、パーラミテー（pāramite）として呼びかけたものとなるのである。

なお、ジャイナ教をはじめとして、パーラガタ（pāragata）もパーランガタも、彼岸に到達した人、終局に到った聖者のことであるように、『般若心経』でも智慧の完成を人格化してこのように呼称するのである。そして、最後にはボーディ（bodhi　菩提）と、悟りの智慧であるプラジュニャー（prajñā　般若）の一体化となって完結する。すなわち、この真言は「智慧の完成よ」となる。これがこの真言の隠された意味である。

【解　説】

1．真言の歴史的背景

以上のような『般若心経』の真言（マントラ）が、般若経の中でどのようになり立ってきたのかという真言の歴史的背景をここで補足しておく。

『般若心経』の真言を配したチャクラ（輪）
E. Conze, *Buddhist Wisdom Books*, George Allen & Unwin : London, 1980.

仏教ではヴェーダの宗教で用いられるマントラは、その初期には採用されなかった。そのかわり初期の大乗経典に見られるように、経典の憶持（記憶）を意味するダーラニー（陀羅尼）や呪的な知識としてのヴィディヤー（明知）が注目されるようになり、いくつかの経典の「陀羅尼章」などにおいて経典の受持や読誦の利益が繰り返し述べられるようになった。

特に般若経ではヴィディヤーが重視され、本経のテーマである般若波羅蜜〔多〕という悟りの智慧こそが、まさにこのヴィディヤー（明知、明呪）であると言われる。

たとえば『八千頌（はっせんじゅ）般若』では、般若波羅蜜という経典を受持し、読誦すれば、四天王やインドラ神、ブラフマー神の保護を受け、薬草マギーが毒蛇の毒を消し去るように、般若波羅蜜はあらゆる煩悩や争いを沈静するという。それはなぜかというと、般若波羅蜜は大いなる明呪（ヴィディヤー）であるからと述べる。

このように、般若波羅蜜は般若経を指しているのであり、それがヴィディヤーであるとする。したがって、ヴィディヤーとは呪的な力を含む知識にほかならない。その意味で「明呪」であるし、煩悩を沈静化する悟りの智という意味では「明知」なのである。

サンスクリット語では、マントラ（真言）は男性名詞であるし、ダーラニー（総持（そうじ）、陀羅尼）やヴィディヤー（明知、明呪）は女性名詞である。また、プラジュニャーパーラミター（般若波羅蜜）という智慧が女性名詞であることから、初期の般若経はヴィディヤーを重視し、般若波羅蜜をヴィディヤーと呼称するようになったのであろう。

2. 般若経の影響

『般若心経』の真言の教説は、歴史的には般若経を背景として成立したものである。特に、先に述べたように『般若心経』の五つのマントラは、その由来がはっきりした説である。

それを述べる章句を見ると、すべて同格の構文であり、「智慧の完成は、①大いなるマントラであり、②大いなる明知のマントラであり、③この上ないマントラであり、④比べるものなきマントラであり、⑤すべての苦しみを鎮めるマントラである」。しかも、この五つのマントラはすべて智慧の完成の言い換えにほかならない。

この説のもととなった大品系般若経では、マントラ（真言）ではなく、ヴィディヤー（明呪）とするが、文脈は同じである。

初期の般若経は智慧の完成が明呪であることを、大いなる明呪（mahā-vidyā 大明呪）、この上ない明呪（anuttara-vidyā 無上呪）、比べるものなき明呪（asamasama-vidyā 無等等呪）の三つの語句をもって説いていた。小品系で言えば、比較的訳出年代の古いものは、いずれもこれら三明呪（大明呪、無上呪、無等等呪）を説いている。しかし、やがて後代に発達した『大般若経』は、この三明呪に「大神呪」を加えた四呪を説き、さらに『仏母出生』とチベット語訳は六明呪、現存の新しい形式を伝えるサンスクリット本は七明呪を採用するに至った。このように小品系では訳出年代が新しくなるにつれて明呪の種類も次第に増加していったのである。

一方、大品般若系では、三明呪の原則は変わらないで保持された。ただ、玄奘訳『大般若経』中の『第二会』のみが『第四会』と同じく四明呪を採用し、『般若心経』に説かれる「大神呪」（mahā-mantra）

【真言思想の展開】

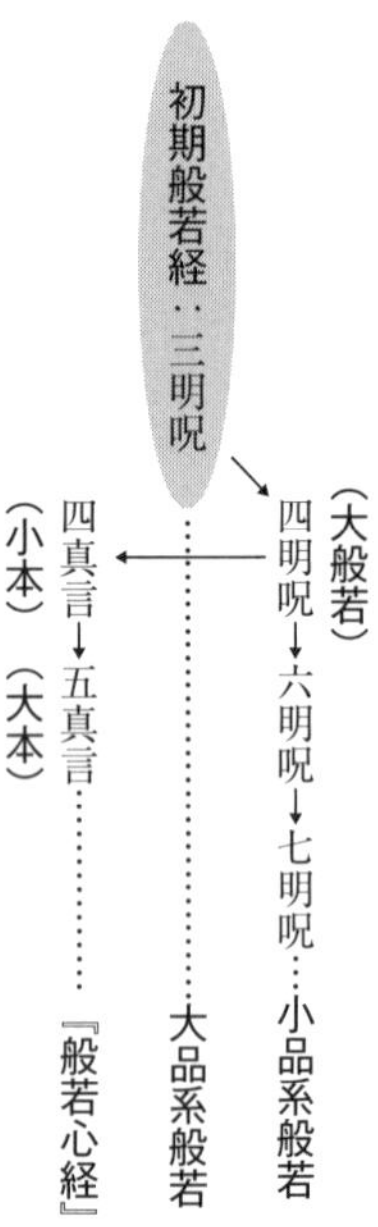

を組み入れた。

これにもとづき、『般若心経』はヴィディヤー（明呪）をより呪的効果のあるマントラ（真言）に変換し、四つの真言とした。さらに、「すべての苦しみを鎮める」という智慧の属性を、真言のはたらきと見なし、これを第五の真言とする形式に定めた。

以上が般若経から『般若心経』に至るまでの真言思想の歴史的展開である。これを図示すると右のようになる（その一覧については本章12「智慧の完成は真言である」を参照されたい）。

3.『般若心経』のマントラ

これらのヴィディヤー（明呪）、あるいはマントラ（真言）は、般若波羅蜜の偉大な属性を取り上げたものであるが、基本的には「完全な智慧は真実の言葉（マントラ）であり、それはプラジュニャーパーラミター（般若波羅蜜）という一語に収斂する」という思想があった。

それがここで取り上げた『般若心経』のマントラである。この真言の真意は、般若波羅蜜という教えそのものにほかならず、同時に広大な般若経の核心である本経をさらに短いマントラの形に凝縮したエッセンスなのである。このことは真言の構造が般若波羅蜜そのものを讃えるという形式を持っていることからも、はっきり確認できたかと思う。

そして、それが「般若波羅蜜の中に説かれた真言」であり、「般若波羅蜜の意味を説ける真言」であり、「般若波羅蜜にふさわしい真言」と言われる理由なのである。

こうした緊密な構造のために、このマントラは『般若心経』にとどまらず、多くの般若経系統の経典に採用されるに至ったのである。

14…『般若心経』の讃嘆——流通分

世尊の讃嘆と、聴衆の喜び

ここは、その教えを後世に流布伝持(るふでんじ)するために経典を讃嘆(さんたん)する最後の部分で、経典のエピローグにあたる。この部分は「流通分(るずうぶん)」と言われ、多くの経典に共通するが、『般若心経』では大本にのみ見られる。

そのとき世尊はその三昧から立ち上がって、聖なる観自在菩薩に〔次のように〕賛意を表された。

〝善いかな、善いかな、善男子よ。それはその通りである、善男子よ。まさにそのような甚深なる智慧の完成の中で実践を行うべきなのである。あなたが説いたように、如来・阿羅漢も随喜されるであろう。〟

このように世尊は喜びをもって説かれたのである。

長老シャーリプトラ、聖なる観自在菩薩、それらの〔比丘、および菩薩摩訶薩、その〕会座の者すべてと、神々、人間、アスラ、〔ガルダ鳥、〕ガンダルヴァ楽神を含む世間は、世尊によって説かれた〔この教えに〕大いに歓喜した。

以上、〔二十五頌仏母〕般若波羅蜜多心経が終わる。

【語釈・文献解題】

1. 語義について

「**賛意**」と訳した原語は、「サードゥ・カーラ」(sādhu-kāra)で、もともとは「サードゥという〔感嘆の〕表現」の意味である。サードゥとは、「〔目標に〕達成する、実現する、証明する」という意味の動詞サードゥ（sādh）に由来し、「善い、高潔な、正しい」という意味の形容詞である。この語サードゥにカーラを結びつけた複合語がサードゥ・カーラ（賛意）で、パーリ語でも同じ形を取る。

「**善いかな、善いかな**」は感嘆詞である。世尊が観自在菩薩の説法に対して、実際にこのサードゥ（善哉）と言ってほめ称えている。多くはサードゥ、サードゥ（善哉、善哉）と二度繰り返して用いられる。

ガルダ鳥（カンボジア、バンテアイ・スレイ）

サードゥ（善哉）とは、もともとインドでは最古の宗教聖典『リグ・ヴェーダ』においてすでに「まっすぐな、正しい〔道〕、用意された、善い、高潔な」、あるいは、祝福の言葉として用いられ、今日の会話でも論者に賛意を表するときにサードゥ、サードゥ（sādhu, sādhu）という。仏教はこれを取り入れたもので、仏が弟子の述べたことを承認し、ほめる際に定型句として用い、「善哉、善哉」とか「快哉、快哉」などと漢訳される。また中国でも「善哉」は、『論語』（顔淵）をはじめとする古典においても広く用いられるので、漢訳者はこの表現を「サードゥ」の訳に採用したのだろう。

龍（ナーガ）を抱えるアスラ
（カンボジア、アンコール・トム城門）

「随喜」とはアヌモーディヤテー（anumodyate）の訳。他者が善行を見て共感を持ち、他者がともに喜ぶこと。本経の場合は、観自在菩薩が説法されたことを他の如来たちが喜ぶのである。

「神々、人間、アスラ、〔ガルダ鳥、〕ガンダルヴァ楽神を含む世間」という一文は、聴聞する世界のすべての者を意味し、多くの経典に見られる定型句である。漢訳では「一切の世間の天・人・阿修羅・乾闥婆等は、仏の説きたまう所を聞きて、皆な大いに歓喜して、信受し、奉行せり」とほぼ一致した形式で述べられる。チベット語訳も同様である。ただし、ここでガルダ鳥を加えたのは、中村校訂本以外の、マクス・ミュラー＝南条校訂本、白石校訂本、コンゼ校訂本、W本など大部分のサンスクリット校訂本にガルダを含むからである。

「神々」はインドではデーヴァ（deva　光り輝くもの）で、ここでは文意から神々と複数で訳したが、漢訳では「天」と訳される。

神の概念は仏教の救済論とは対応しないが、バラモン（婆羅門）文化の影響下に仏教に取り入れられた。バラモン教においては『リグ・ヴェーダ』以来、三十三神、あるいは三三九神とも言われる多数の神が信仰されたが、その多くは自然現象が神格化されたものである。仏教は、これらの神格を取り入れて、ブッダに従いつつ、その教えを守護するものとしてこれらを受容した。例えば、梵天（ぼんてん）・帝釈天（たいしゃくてん）・四天王（してんのう）・八部衆（はちぶしゅ）などがそれである。

特に八部衆にはここで述べられる、神々（天）・アスラ（阿修羅）、ガルダ鳥（迦楼羅（かるら））、ガンダルヴァ楽神（乾闥婆）が含まれる。

「**アスラ**」（阿修羅）とは、サンスクリット語asuraのことで「生命（asu）を与える（ra）者」の意である。これを音写で、阿修羅、阿素羅（あそら）、阿須倫（あしゅりん）、あるいは略して修羅（しゅら）などと訳した。原語のアスラは古代ペルシャのゾロアスター教の最高神アフラ・マズダのアフラ（ahura　神）に対応し、元来は善神を意味していた。しかし、インドにおいてインドラ神（帝釈天）の信仰が強くなると、アスラは彼等の敵と見なされるようになり、常に彼等に戦いを挑む悪魔という立場におとしめられた。こうしてアスラは「神（sura）ならざる（否定辞a）者」、すなわち非天（ひてん）として通俗的に語源解釈されるようにもなった。

「**ガルダ鳥**」（迦楼羅）とは、サンスクリット語ガルダに相当する音写で、インドの神話ではヴィシュヌ神が乗る巨鳥、すなわち金翅鳥（こんじちょう）である。龍を常食とする。請雨（しょうう）、止風雨（しふうう）、家内安全等の修法（しゅほう）の際にこの神をまつるが、これは、毒や煩悩、また、害を与える一切の悪を食い尽くし、人々に利益（りやく）をもたらすところからきたものであろう。W本とネパール河口本、白石校訂本などにはガルダあり。

「ガンダルヴァ楽神」（乾闥婆）とは、サンスクリット語ガンダルヴァ（gandharva）のことで、「達婆」「健闥縛」「乾沓和」などとも漢音写される。インド神話におけるガンダルヴァは、古くは神々の飲料であるソーマ酒を守り、医薬に通暁した空中の半神とされ、また特に女性に対して神秘的な力をおよぼす霊的存在とも考えられていたが、後には天女アプサラスを伴侶として、インドラ（帝釈天）に仕える天上の楽師として知られるようになった。このことから、「天上の音楽師」と、「中有の身体」という二つの意味が生じた。前者は本経で説かれる楽神であり、後者は中有（死後から再生直前までの存在）に捧げられる香との関連と、ガンダ（香）という語義から、「香神」「食香」などと漢訳される。

2. 末尾のタイトルについて

本経のタイトルは中村校訂テクストでは「般若波羅蜜多心経」となっているが、実際はマクス・ミュラー＝南条校訂本、白石校訂本「聖なる仏母二十五頌般若波羅蜜多心」をはじめ、実に多様である。これらを逐一あげたらきりがないが、この相違を簡単にまとめると、「聖なる」「二十五頌」「仏母」「経」の有無があげられる。このうち、最初に「二十五頌」について見てみよう。

ネパール写本を中心として「二十五頌」を記す写本は数多い。偈頌数でタイトルを表現するのは般若経の伝統にしたがったものであるが、本経は偈頌で書かれてはいないので、この偈頌数は長さの目安にすぎない。

そこで仮に音節数を偈頌（シュローカ）に換算すると、三二（音節数）×二五（偈頌数）＝八〇〇音節ということになる。実際に大本心経の音節は、合計九〇〇弱であるから、タイトルと実際の音節の数にそう大きな乖離はない。

しかし、本経の「二十五」というタイトルは、その長さを意味するばかりではないだろう。本経の成立が『二万五千頌般若』と深い関係があることは、本書でもすでに何度か指摘した通りである。さらに、本経のネパール写本には「『二万五千頌〔般若〕』中に説かれた般若波羅蜜多の心髄」という経名があることは、本経との密接な関連を証明するものである。したがって、この両者も単に「二十五頌」（Pañcaviṃśatikā）というタイトルと、「二万五千頌」（Pañcaviṃśati-sāhasrikā）という類似性だけの問題にはとどまらない。

次に、「仏母」（bhagavatī）という語の有無である。中村校訂テクストやコンゼ校訂テクストは仏母がないが、実際にはかなり多くの写本に見ることができる。特に後代の写本に多い。梵文写本にもチベット語訳（秘密部「仏母般若波羅蜜多心」、般若部「聖なる仏母般若波羅蜜多心」）にもある。

漢訳では最も後の翻訳である、宋代の施護訳（『仏説聖仏母般若波羅蜜多経』九八〇訳）のみが仏母を備える。この傾向は拡大般若経でも同じである。小品系では同じく施護訳の『仏説仏母出生三法蔵般若経』や、同じく宋代の法賢訳『仏母宝徳蔵般若経』をはじめ、天災息訳『聖仏母小字般若経』と『観想仏母般若波羅蜜多菩薩経』など、すべて宋代の訳である。このことから、仏母という般若経の別名は、比較的後代になって付加されたことが推測できる。

次に末尾に「経」（sūtra）があるかどうかという問題である。形式として経とする漢訳は別であるが、実はサンスクリット原文では日本の写本とそれを底本とした中村校訂本をのぞいて、本経で経を加えることは稀である。それも後代になると経ではなく、ネパール系統の写本のように三種にわかれる。

①hṛdaya（心）
②dhāraṇī（陀羅尼）
③hṛdaye dhāraṇī（心中陀羅尼）

これら『般若心経』のネパール写本の多くが「陀羅尼集」の中に収録されていることから、ネパールではこれらの写本は、陀羅尼文献と見なされていたことがわかる。以上のことから、本経は仏母や仏教の密教化に従って、次第に陀羅尼経典と見なされるようになったと言えよう。

本経の最初からここまで、世尊は一言も述べない。悟りという名の深い瞑想に入り、観自在の説法を聞いているだけである。そこで観自在の説法が終わってから、ようやく立ち上がって、「善いかな、善いかな、善男子よ。それはその通りである」云々と言って、その説法を認証する。ここに至って初めて世尊の役割が明らかとなる。

観自在菩薩（右）とブッダ（左）（ナーランダー）

そもそも観自在菩薩の説法は、シャーリプトラの問訊（もんじん）から始まる。しかし、その問い自体も世尊の威神力（いじんりき）によってなされたものである。世尊は観自在菩薩の甚深（じんじん）なる智慧の完成を洞察し、それを声聞（しょうもん）の代表であるシャーリプトラに質問させた。それは伝統的な仏教教理である五蘊（ごうん）、十二処（じゅうにしょ）、十八界（じゅうはっかい）の空であり、十二因縁（じゅうにいんねん）、四諦（したい）の空（くう）である。それはやはりシャーリプトラの出番がふさわしい。そして、空の世界を見通す般若波羅蜜という悟りの知によって、新たな目覚めを獲得してゆく。そのようなものの本質を観ることが自在である菩薩に、シャーリプトラからの答えを引き出させたのである。

世尊は語らず、二人の対論、より正確には観自在菩薩から長老シャーリプトラへの説法によって、その悟りの深淵（しんえん）を会座にいるすべての者に見せたのである。それも一瞬にである。

そこで世尊はおもむろに瞑想から立ち上がり、喜びをもって〝善いかな、善いかな〟と述べ、観自在菩薩を是認する。それは、まさに一言である。しかし、この言葉によって、再び現実の世界がよみがえる。無常であり、空であった世界が、完全な智慧によって、生まれ変わり、般若波羅蜜をたたえるマントラとともに花開く。神々をはじめすべての生きとし生けるものがこの世界を讃える。以上が本経のストーリーである。

第四章

『般若心経』の展開

1…インド・チベット

歴史的背景

1．インド仏教史における『般若心経』の位置

まず、インド・チベットにおける『般若心経』の展開について見てみよう。ここでインド・チベットとしたのは、インド仏教とチベット仏教の深いつながりのためである。インド仏教は紀元前後に大乗仏教運動が起こり、その初めに般若経が編纂された。その後おそらく四、五世紀頃の般若経を綱要化する思潮の中で、『般若心経』が誕生する。しかし、『般若心経』の内容を虚心坦懐に読むと、密教思想の影響を受けていることなどから、その成立はかなり後代にまで引き下げざるを得ない。

実際にインド仏教史の中で、『般若心経』が登場するのはかなり後になる。最も古いサンスクリット写本にしてもせいぜい八～九世紀頃であるし、漢訳にしても羅什訳の真偽が疑われている以上、七世紀の玄奘の翻訳までその存在の確たる証拠はない。

インドでは七世紀頃には『大日経』や『金剛頂経』も成立し、本格的な密教が栄えていた。チベッ

トに仏教が導入されたのもこの時代である。したがって、『般若心経』はインドにおいて七世紀よりもやや前に成立していた可能性はある。

2．チベットへの仏教の導入

チベットはその最初から密教化したインドの大乗仏教を受容した。その本格的な輸入は、八世紀のティソンデツェン王（七五五～七九七頃に統治）に始まる。ティソンデツェン王はシャーンタラクシタ（七二五～七八三頃）、カマラシーラ（七四〇～七九七頃）という当時随一の学匠を、インドから呼び寄せ、仏教を国教化した。

インド仏教の学匠が書いた最古の『般若心経』の注釈は、このカマラシーラによってなされたものである。

次のレパチェン王の時代には仏典の翻訳事業が盛んに行われた。これにはインド僧が中心となり、チベット人がこれを助けて完成するという方法がとられたが、その代表がインド僧ジナミトラ（七九七～？）、スレーンドラボーディ、シー

『大日経』にもとづく胎蔵マンダラ（チベット）

レーンドラボーディなどである。

チベット語訳『般若心経』は、まさにこの時代のヴィマラミトラと、チベットの訳経僧リンチェン・デによって翻訳された。なお、デルゲ版の奥書によれば、この翻訳はさらにゲロとナムカーという二人のチベット人学僧によって校訂されたという。おそらく私的な翻訳はそれ以前にもあったであろう。

いずれにせよ、インド・チベットにおける『般若心経』の歴史は、ヴィマラミトラのチベット語訳『般若心経』よりカマラシーラの注釈が第一の記録なのである。

また、チベット仏教の初期において、密教の導入に関与した代表的人物としては、シャーンタラクシタの推奨によってチベットにやってきたパドマサンバヴァと、ヴィマラミトラ、ヴァイローチャナの三人があげられる。彼らは後世に確立した宗派でいうと、ニンマ派（古派）に属する。

このうちパドマサンバヴァの著作は残されていないが、後の二人は多くの著作があり、いずれも『般若心経』の注釈を残している。また、後述する『般若心経』の注釈者ヴァジュラパーニもマハームドラー（大印（だいいん））という密教の実践者として知られる。この意味で『般若心経』と密教の深い関係を無視することはできない。

3．後伝期のチベット仏教

レパチェン王の時代に推進された仏教保護政策は、あまりに極端であったため、特権階級を生むことになり、寺院は富裕層となった。そのことが民衆の反感を買い、あげくのはてに王は暗殺される。この陰謀の中で擁立されたランダルマ王はこれまた極端な破仏を行ったため、仏教は一時チベット本土では壊滅状態になった。

その後、約一世紀半を経て、やがて仏教の再輸入が始まる。イェシェウー王はランダルマ王の破仏によって衰退していた仏教を立て直すために、ヴィクラマシラー大学の学頭アティシャ（九八二～一〇五四）を招聘したのである。そのため、アティシャ以降の復興した仏教は後伝仏教と呼ばれ、それ以前の前伝仏教と区別される。

後伝期にはアティシャ、シュリーマハージャナなどが注釈を書いている。なお、敦煌に残る大部分のチベット語訳『般若心経』の写本も、敦煌が支配された唐代の一時期（七八一～八四八）に集中している。したがってこの時代の『般若心経』も、前伝期（八～九世紀）ということになる。

インド・チベットの『般若心経』注釈の概要

1．注釈の種類と特性

インドの学匠が関わったと考えられる注釈は少なくとも八種類ある。しかし、それらのサンスクリット原典は一つも残っておらず、漢訳もされなかった。しかも、それらはすべてがチベット語訳だけで現存しているにすぎない。あるいは、サンスクリット原典などもともとなかったのかもしれない。ともかく、この意味でもインド・チベットと一まとめにして考えたいのである。

それらの作者名をあげれば、次の八名の注釈である。

(1) カマラシーラ（Kamalaśīla）
(2) ヴィマラミトラ（Vimalamitra）
(3) ジュニャーナミトラ（Jñānamitra）
(4) プラシャーストラセーナ（Praśāstrasena）
(5) ヴァジュラパーニ（Vajrapāṇi）
(6) ディーパンカラ・シュリージュニャーナ（Dīpaṃkaraśrījñāna）、通称アティシャ（Atiśa）
(7) シュリーマハージャナ（Śrī-mahājana）
(8) シュリーシンハ（Śrī-siṃha）

チベット大蔵経ではこれらの注釈は、(8)シュリーシンハの注釈のみは経疏部の中の「雑部」に収蔵されているが、それ以外はすべて「般若部」に収蔵されている。しかし、その内容は多彩である。たとえばカマラシーラ注やプラシャーストラセーナ注、シュリーマハージャナ注のように空や唯識思想を基盤にして発達した瑜伽行唯識派という立場から解釈されているものもあるし、ヴィマラミトラ注やヴァジュラパーニ注やシュリーシンハ注のように、密教の立場から注釈されたものもある。しかし、これらに共通する解釈の基盤もある。

2.『現観荘厳論』による注釈

これら『般若心経』の注釈は、その形式から見るとプラシャーストラセーナ注やジュニャーナミトラ注のように、本文の記述にしたがって逐次的に解釈する随文解釈もあれば、ヴィマラミトラ注、カマラシーラ注、アティシャ注のように、全体の構造を般若経の注釈である『現観荘厳論頌』（アビサマヤ・アランカーラ頌）の構成にもとづいて八分類するものもある。

これは『般若心経』が他の拡大した般若経と同じ内容を持つと見なされていた証拠である。四～五世紀頃以降のインド仏教ではマイトレーヤ（弥勒）作とされるこの『現観荘厳論』こそが、般若経の正統的な注釈だったのである。

チベットの伝承によれば、般若経の偉大な注釈家に四名がおり、その第一である龍樹には直接、般

『現観荘厳論』の著者と伝えられる弥勒

若経の本文に注釈したものはないが、その『中論』などのいわゆる「六如理論集」は、般若経が直接表明する「顕わな思想」としての空を明かす。

これに対して弥勒の『現観荘厳論』は、般若経の秘められた教え、すなわち「隠れた意味」としての修道の思想を明らかにする。前者は、中観派の思想を形成し、後者は瑜伽行派の思想を樹立したとも言われる。

『現観荘厳論』とは、本来『二万五千頌般若』の内容を修行実践の観点から二七三偈・八章にまとめた綱要書である。しかし、これを『八千頌般若』など、他の般若経に対応させつつ、両者に注釈をほどこすという形態で、多くの注釈を生んできたのである。

この注釈文献は不思議なことに一つも漢訳されなかったが、チベット大蔵経に含まれるインド撰述だけでも二十一種類、蔵外文献には九十五種類以上が見いだされている。

『般若心経』の注釈は、このような『現観荘厳論』にもとづくとともに、瑜伽の五つの修行段階である五道（資糧道・加行道・見道・修道・無学道）に沿って解釈する。これもインド仏教における実践論的体系の一つの柱である。

しかし、これらはいわば注釈に託して彼らの仏教実践論を述べたものと言えないであろうか。

現在、わが国でも『般若心経』解説書は、おびただしい数に上るが、その大半は『般若心経』に名を借りた啓蒙的仏教概説書であり、経典の内容は二の次のような気がする。この事実は程度の差こそあれ、昔も今も同じような状況なのかもしれない。

しかし、決定的に異なるのはその形式と解釈の特性である。それは伝統と独創性と言ってよい。多くのインド・チベットの注釈には厳密に定型化された解釈の方法があり、それを借りながら、その中に極めて組織的で独自の解釈を反映させてゆく。おそらくそれは、彼らの強靱な思索の中から生まれた解釈なのだろうが、その基本は、経文に対する正確な読みと思索から導かれるものに違いない。それゆえにこそ読む者に信頼を与え、大きな影響を及ぼし続けてきたのだと思う。

それはもちろん中国や日本の注釈にも言えることである。読むに値する注釈は、伝統に裏づけられた体系があることであり、そこに明確な解釈の基準が読みとれることである。

以下にはこれらインド撰述と伝えられる八つの注釈のすべてを解説することはできないが、その解釈の概要と特徴をまとめておこう。

インド撰述と伝えられる八つの注釈

本書では、すでに第三章（九八～九九頁）において、インド撰述と伝えられる八つの『般若心経』の注釈の著者名、タイトル、所蔵番号などについて、簡単に触れておいた。ここではそれにしたがいながら、概要、特徴、著者などを、まず「般若部」に収められる七つを成立の順に紹介し、最後に「雑部」所収の一つに触れることにする。

(1) **カマラシーラ『般若波羅蜜多心経の広注』**(Prajñāpāramitāhṛdaya-ṭīkā)

カマラシーラ（七四〇～七九七頃）はインド後期中観派の学匠。彼の立場は、その師であるシャーンタラクシタと同じく、瑜伽行中観派に属すると言われる。

八世紀の末にティソンデツェン王はシャーンタラクシタの遺言にしたがって、弟子のカマラシーラをチベットに招いた。カマラシーラは「サムイェー（寺）の宗論」で中国の禅僧摩訶衍（大乗和尚）を論破したため、以後のチベット仏教に大きな影響を与えた。その思想は中国禅の説く頓悟に対して、六波羅蜜などの実践にもとづく漸悟を説いたとされる。彼の修道論はチベットで書かれたとされる『修習次第』に見られる。

彼の著書は十点以上知られているが、論理学関係、経典の注釈書、中観関係の三つにわかれる。そのうち経典の注釈は、般若経についてのものが多く、『文殊般若』、『金剛般若』、そしてこの『般若心経』の注釈がある。

本注釈には、二諦説や瑜伽の五道を用いた解釈が見られる。また、引用文はないが、アサンガ（無著）に言及するように、瑜伽行唯識派の影響が大きい。基本的な骨格は、瑜伽行派の開祖とされる弥勒の『現観荘厳論』にもとづいており、本注の最初に「一切智相品から三身を説く法身品に至る八種の意味を説く」と言うように、『現観荘厳論』の八章を、本注釈の中にそのままあてはめる。

そもそも『現観荘厳論』は前述したように般若経の注釈書であり、般若経の膨大で雑多な内容を智の発達として捉えた修道論的著作である。したがって、彼の注釈はこのような般若経解釈の基盤にもとづいているのである。

本注釈の中でも、『十万頌般若』、『二万五千頌般若』、『八千頌般若』という三つの般若経を広・中・略として、三つの機根（修行者の素質）に対応させ、これら「三つの般若経の要略であ

シャーンタラクシタ

るこの教えの中に、五種類（の道）の本体である八種の意味が述べられた」と言い、実際の経文を引用しつつ『現観荘厳論』にしたがって区分する。

　このように、カマラシーラは『現観荘厳論』を熟知していた。この論の思想にもとづいた、機根の三分法（初・中・上の三機根の菩薩）を考慮し、瑜伽行派の実践論をなす五道の修道説を採用して、『般若心経』を解釈した。この注釈が以後のインド・チベットに与えた影響は絶大である。

(2) ヴィマラミトラ『聖般若波羅蜜多心経の広疏』（Āryaprajñāpāramitāhṛdaya-ṭīkā）

ヴィマラミトラはチベット仏教ニンマ派において重要視される人物である。八世紀頃、西インドに生まれ、ブッダガヤーで修行し、密教の学匠ブッダグフヤの弟子となった。また、大成就者と言われるシュリーシンハのもとで、ゾクチェン（大究竟）と言われるアティヨーガを学んだとも言われる。ゾクチェンとは南宗禅の影響を受けて成立した後期密教の一形態である。

　彼はティソンデツェン王の崩御（七九七）の前後に入蔵し、その教えをチベットに伝えた。十三年間チベットに留まったが、中央チベットでは受け容れられず、中国に赴いたとされる。彼はチベットにおけるゾクチェン（大究竟）の系譜の立役者とも評される。

　チベットに滞在する間には、多くの経典の講義をし、後期陀羅尼経典をはじめ、多くのサンスクリット原典をチベット語に翻訳するのに協力した。また、密教関係の論書（ろんしょ）を中心に多くの著作を残した。
　彼の著作は二十点以上におよぶが、そのほとんどは密教の論書である。『般若心経』に関する事績としては、チベット人の訳経僧リンチェン・デと協力して『般若心経』のチベット語訳を行ったことが特筆される。その注釈において、『現観荘厳論』にもとづいて、経全体を八つに区分して注解するのは、カマラシーラ注を踏まえている。

　彼の注釈は『般若心経の広疏』と称され、チベット大蔵経の北京版で三十三葉（よう）からなり、チベット大蔵経に収蔵される八本の注釈のうち、最大の規模を持つ。したがって、引用も大変多い。特に『大日経』からの引用が多く、他に『八千頌般若』、『二万五千頌般若』、『仏母宝徳蔵般若経（ぶつもほうとくぞう）』などの般若経類のほか、『解深密経（げじんみっきょう）』、『月灯三昧経（がっとうざんまいきょう）』、『無尽意経（むじんにきょう）』、あるいは龍樹の論書や三性説（さんしょうせつ）を説く唯識思想の引用もある。

　また、外的対象の認識に関する論議では、仏教内では説一切有部（せついっさいうぶ）や経量部（きょうりょうぶ）、仏教外ではミーマーンサー学派などの諸説が比較されるなど、当時の仏教思想の貴重な資料ともなる。

　本注の奥書によれば、「ツァンペジュンネ寺に住する比丘（びく）たちを指導するために、ヴィマラミトラがこの『般若心経』の注釈をほどこした」とあるから、この注釈は最初からチベットで書かれたものであろう。

(3) ジュニャーナミトラ『聖般若波羅蜜多心経の解説』(Āryaprajñāpāramitāhṛdaya-vyākhyā)

本論には訳者名がない。ジュニャーナミトラについてはあまりよくわかっていないが、著作は二つ知られている。一つは『般若心経』の注釈であり、もう一つは『理趣経』の注釈である『聖般若波羅蜜多理趣百五十頌注釈』である。ただし、両者ともにチベット語訳にしか残っていない。

最古のチベット語訳経目録である『デンカルマ目録』(八二四成立)にはこの書の名前が記載されていることから、少なくとも九世紀初頭、チベット仏教の前伝期には翻訳されていたであろう。

ジュニャーナミトラの『般若心経注』は北京版で言うと十四葉からなり、中程度の長さである。その構成は、①導入、②智慧(般若)に入ること、③空性の特徴、④智慧の領域、⑤智慧の功徳、⑥智慧の果報、⑦智慧の陀羅尼という七つのテーマからなるが、これを本文に対応させると次のようになる。

①導　入　　　　　:「このように私は聞きました。~にとどまっておられた」

②智慧に入ること:「そのとき実に世尊は〈深遠な悟り〉という三昧~五蘊はもともと空であると見られた」

③空性の特徴　　:「その故に、空においては~得ることはなく、得ないこともない」

④智慧の領域　　:「シャーリプトラよ、その故に、諸菩薩は〔涅槃を〕得ることがないから智慧の

完成に依拠して、心を覆うものなく住(じゅう)する」

⑤智慧の功徳　…「心を覆うものがないから、怖れがなく、顛倒(てんどう)を超越していて、涅槃に入っている」

⑥智慧の果報　…「三世(さんぜ)におられる一切の諸仏は、智慧の完成に依拠して、この上ない正しい悟りを現等覚(げんとうがく)された」

⑦智慧の陀羅尼　…「それゆえに〔シャーリプトラよ、あなたは〕知るべきである」以下最後までに対応させる。

彼の注釈は明晰(めいせき)で簡潔であるが、思想的には唯識(ゆいしき)の三智(さんち)に言及する点や、「色即是空(しきそくぜくう)」の解釈において、瑜伽行(ゆがぎょう)唯識派に近い立場であったことが想定される。

(4)　**ヴァジュラパーニ『世尊母(せそんも)般若波羅蜜多心経の広注(こうちゅう)・義灯(ぎとう)』**(Bhagavatī-prajñāpāramitāhṛdaya-ṭīkārtha-pradīpa)

北京版には訳者名がないが、デルゲ版によれば、インドの学僧ヴァジュラパーニ自身とチベット僧の翻訳者センゲ・ギャルツェンによって校訂されたとする。

チベットの歴史書『青冊(せいさつ)』(デプテル・ゴンポ、一四七六～七八成立)によれば、ヴァジュラパーニ

後期密教のヨーガ行者

は十一世紀に活躍し、東インドのマイトリーパの弟子であり、マハー・ムドラー（大印契）と言われる成就法の実践者であった。その人生の大部分をネパールで過ごしたが、チベットに旅をして、そこで多くの弟子に授戒し、大印契を教えた。二十九点以上を翻訳し、七点の著作が伝えられている。

『般若心経』の注釈は二十一葉で、彼の著書の中では唯一の非密教系の論書であるが、密教的な解釈が随所に見られる極めて特徴的な注釈と言える。「色即是空」などの重要なフレーズを簡単に言及するのに対し、「諸菩薩は顛倒を超越していて」といった特定の語句について、長い注釈を施すことがある。とりわけマントラ（真言）の解説については最も詳細に述べる。基本的に学術的な注解ではあるが、時に彼自身の成就者としての実践と経験にもとづいた術語を用いながら解釈を施す。

デルゲ版の奥書によれば、数人のチベットの翻訳官がネパールのラリタオウラ（パタン）にいたヴァジュラパーニを訪ねて教えを請うた。そこで説かれたのがこの『般若心経注』であり、将来チベットにおいて広まるであろうというブッダの予言を述べたという。

(5) **プラシャーストラセーナ『聖般若波羅蜜多心経の広注』**(Āryaprajñāpāramitāhṛdaya-ṭīkā)

プラシャーストラセーナについては、本論の著者ということ以外、ほとんど知られていない。また、本論には訳者名がない。

この注釈には「十句義解明」(daśārtha-prakāśikā)という副題が付いているように、『般若心経』を、①智慧(般若)という名称(タイトル)、②因縁、③三昧、④議論の開始、⑤智慧に入ること、⑥智慧の特徴、⑦智慧の領域、⑧智慧の功徳、⑨智慧の果報、⑩智慧の陀羅尼、という十種類に区分して解釈する。

これをジュニャーナミトラの七分類と比べると、最初の①「導入」を本論では①から④に展開していることと、③「空性の特徴」を本論では⑥「智慧の特徴」とする以外は完全に一致する。

この注釈の中で、⑥と⑦のみで全体の半分ほどの分量を占めているように、本論では最も重要な解説部分と言えよう。⑥は「色が空である」という本文に対し、「智慧の特徴を空」と見て注解がなされる。ここに般若経に述べられる特殊な三性説の術語が用いられる。⑦は、智慧の領域を知ることによって、ヨーガ行者が修習に入ることができるように説かれたとされる。ここには、ヨーガ行者、アーラヤ識、大円鏡智、自性清浄、客塵煩悩といった瑜伽行唯識学派に関連する用語が多く見られ、本文の解釈に適用される。

また本論の引用を見ると、宝積系の経典、すなわち『無尽意菩薩経』（三度）と『七百頌般若』（一度）を引用する。以上のことから、プラシャーストラセーナは十世紀頃に活躍した瑜伽行唯識派に属する学匠と見て良いだろう。

本論は、空性説を五無（無始、已滅無、畢竟無空、相互無、無自性）の立場から解釈したり、組織的な二諦説を説いたりする点で思想的に特色がある。その二諦説は、世間と出世間、勝義と世俗を二分し、世間は世俗のみに対応し、勝義は出世間のみに対応するという。一方、世俗には世間と出世間があり、それを世俗と勝義をつなぐ階梯として位置づけている点は独特であって興味深い。『般若心経』を思想的に解釈する上で、一つの規範になるであろう。第三章における『般若心経』の解説でも、しばしば本論を参照した。

(6) ディーパンカラ・シュリージュニャーナ『般若波羅蜜多心経の解説』（Prajñāpāramitāhṛdaya-vyākhyā）

ディーパンカラ・シュリージュニャーナ（九八二～一〇五四）は通称アティシャと言われる。

彼はヴィクラマシラーの学頭であったが、イェシェウー王の招聘を受けて、一〇四二年頃チベットに入った。その後は、チベット人のために『菩提道灯論』や『大経典集』（Mahāsūtrasamuccaya）をはじめ多くの著作をなし、三乗を意識した仏教の統一をはかり、戒律の重要性を説いて密教を浄化した。特にその主著『菩提道灯論（細疏）』の中で、仏教の修行階梯を、帰依、発菩提心、菩薩律儀、般若行、密教の順に行うべきことを説き、後代のすべての宗派に大きな影響を与えた。彼の教えの系統は、後にカーダム派となって組織された。

ディーパンカラ・シュリージュニャーナ

チベット大蔵経テンギュル（論部）の般若部には、彼に帰せられる著作が二つ収録されている。一つは、弥勒の『現観荘厳論』に対する注釈としての『般若波羅蜜多要義灯明』(Prajñāpāramitāpiṇḍārthapradīpa) であり、論書をさらに注釈したものである。そのスタイルも本文を引用しながら注釈する随文解釈ではなく、『現観荘厳論』の概要を偈頌でもって解釈したものである。

もう一つが『般若心経』の注釈である。北京版によれば、本注釈は本人とチベット僧ツルティム・ギャルワとの共訳となっている。本論は『般若心経』の本文を引用しながら注釈する随文解釈であり、彼の著作の中で経典の注釈は本論だけである。

タイトルは『般若心経の解説』というが、奥書によれば、「チベット人比丘レクペ・シェラプがディーパンカラ・シュリージュニャーナにお願いして解説してもらい、その意味を自分でテクストに書写した」とある。したがって、本注釈もアティシャが入蔵してから、比較的後年にアティシャの口述をレクペ・シェラプが直接チベット語でまとめた可能性が高い。

その注釈の内容は、ヴィマラミトラ注を引用しつつ、その構造解釈を継承し、さらに詳細な考察を加えたものであり、いわばヴィマラミトラの復注である。ヴィマラミトラ注と同じく、『現観荘厳論』にしたがって全体を八分し、瑜伽の五道（資糧道・加行道・見道・修道・無学道）の概念にしたがって分析する。

なお、本論では、『解深密経』と『現観荘厳論頌』といった瑜伽行派の代表的典籍のほか、陳那（ディグナーガ）の『般若波羅蜜多集義綱要』といったテクストを引用する。

(7) シュリーマハージャナ『般若波羅蜜多心経の義遍知』(Prajñāpāramitāhṛdayārtha-parijñāna)

シュリーマハージャナについてはあまり知られていないが、彼の『般若心経』注の奥書によれば、十一世紀後半にチベットを訪れたという。彼には九つの著作があったとされるが、現存するものはこの

『般若心経』の注釈のみである。本書は彼と翻訳者センゲ・ギャルツェンによって共訳、校訂された。全部で十九葉からなり、ジュニャーナミトラやプラシャーストラセーナに類似した考察を行う。

思想的な立場から言えば、唯識派の強い影響が指摘できる。たとえば、冒頭で『文殊根本タントラ』(Mañjuśrīmūlatantra)からアサンガについての長い予言を引用し、「色が空である」というフレーズを、瑜伽行派の学説である三性説の観点から解釈する。

その他、小乗と大乗のアビダルマや『現観荘厳論』に見られる発達した修行道の概念をもって、本文を解説する点が、彼の注釈の顕著な特色である。

(8) **シュリーシンハ『真言を開示する般若波羅蜜多心経注』**(Mantravivṛta-prajñāpāramitāhṛdaya-vṛtti)

本書は北京版ではヴァイローチャナ作、デルゲ版ではシュリーシッディ作とするが、本書の末尾の記述から、シュリーシンハ作とした。

本書は『般若心経真言注』と言われる注釈で、前の七部と異なり、チベット大蔵経・経疏部の「般若部」ではなく、「雑部」に収蔵されている。もちろんこれはインド撰述に含まれるものではあるが、いささか疑問もある。

「チベット大蔵経・北京版」の『大谷目録』によれば、著者はシュリーシンハであり、訳者名はない。

また、注釈末尾の奥書によれば、「シュリーシンハが略釈を作り、マントラ（真言）についてはヴァイローチャナ比丘のために注釈したものである。これをヴァイローチャナがティソンデツェン王に講義した」とある。

このヴァイローチャナとはチベットで初めて出家受戒の儀礼を行った「試みの六人」の一人である。彼はティソンデツェン王（七四二～七九七）の晩年にインドに留学した。また、ブッダグヒヤを招聘するためにインドに遣わされた使者の一人であったともいう。その彼が帰国後に、直接にティソンデツェン王に講義したのであるから、チベット語で講義したと考えるほうがよいだろう。

そうであるなら、この注釈はインドの学問的背景を持ってはいるが、サンスクリット語から翻訳されたものではなく、最初からチベット語で書かれた可能性が高い。チベット語訳の訳者が欠けていること、チベット語訳の冒頭にあるべき「サンスクリット語で～、チベット語で～」という形を取っていないことも、傍証になるであろう。

なお、ヴァイローチャナは当時の仏教の方針に反して、タントラ仏教を説いたために、東方のツァワロンに追放され、ティソンデツェン王の晩年までラサに帰ることが許されなかったという伝承もある。

本書も内容は、「世尊毘盧遮那と、それら二仏母と、すぐれた集団である僧団に礼拝したてまつる」と始まり、五蘊を普通の意味では五蘊、すぐれた意味では五部族の仏、無上の意味では五智であるというように、随所に密教的な解釈が施されている。

また、同じく次の帰敬偈に、「経中の真言を注釈するところは、すぐれた人々に示されるべきであり、哲学者（因明家）たちに示してはいけない」とあるように、本注釈の密教的な傾向が窺える。

以上のように、インド・チベットの仏教には八つの注釈書がある。これらの注釈は「般若部」に属しているが、シュリーシンハの注釈(8)のみは経疏部の中の「雑部」に属している。

その他、『註般若波羅蜜多心経』が「卍続蔵経新纂」第二十六巻（七二〇頁上〜七二三頁上）に収録されている。ただし、ナーガールジュナの弟子の提婆であれば、二〜三世紀の注釈となるが、この時代に『般若心経』は成立していないから、後代に提婆に仮託されたものであろう。したがって、本稿では考慮しなかった。

『般若心経』についての基本的見方

1．インド・チベットにおける『般若心経』の歴史的見方

歴史的に見ると、インド・チベットの解釈は、ほぼ例外なく『般若心経』は「『十万頌般若』等の心髄」という意味で解釈されている。これはプラシャーストラセーナ、ジュニャーナミトラ、ヴィマラミトラ、シュリーマハージャナといった本経に注釈を加えている思想家に共通する解釈である。それは

『十万頌般若』、『二万五千頌般若』、『八千頌般若』、それぞれを広・中・略と呼び、それらの核心であるという見解である。

般若経は空や縁起、智慧などの中観的な思想を説いてはいるが、その行間からは、五道や三智、八現観などの修道の体系を読みとることができる。そのような解釈をしているのが、これらの般若経の注釈である『現観荘厳論』である。

つまり、『般若心経』にも『現観荘厳論』で説かれる、五道（資糧道、加行道、見道、修道、無学道）や十地という修道の体系や、三智という智慧の展開が読みとれるはずである。そこに仏道修行を始めてから悟りという目的に到るまでの修道の段階を、『般若心経』の本文に対応させて解釈する方法が導入されたのであろう。

またここで扱った多くの注釈の著者は、八世紀から十一世紀にかけてインドからチベットに渡り、翻訳活動に従事したことが知られている。実際に彼らは注釈を著したばかりでなく、自らチベットの訳経僧と協力して、チベット語に翻訳した。あるいは、そのままチベット語で書いたものも多くあったであろう。そのために現在これらのテクストが残ったとも言える。

2. 般若経の重視

これらの注釈が書かれた時代は般若経が特に重視され、注釈によって学ばれていた。たとえば、アティシャは多くの文献をチベット語に翻訳しているが、中でも『八千頌般若』と、ハリバドラの注釈である『現観荘厳論光明』のチベット語訳を校訂しているし、他の著書の中で多くの般若経を引用するように、般若経を特に重視していたことが知られている。

さらに、大蔵経に属さない蔵外文献ではあるが、『十万頌般若』という経典のような著作もある。本書には『大きな十万頌般若の心髄をまとめた小さな十万〔頌般若波羅蜜〕』（略称『小十万頌般若波羅蜜』）、『心髄綱要』など複数のタイトルがあり、奥書によれば、彼がネパールに滞在中（一〇三八～一〇四一）に口頭で述べたものをネパール人が筆記し、それがチベット語に訳されたとされる。

本書の内容は、『十万頌般若』の導入部分をそのまま引用し、その後に同経に説かれる仏教の教義を表す法数を付加した綱要の形式を取るもので、注釈とも言えない。おそらく、説法用の講義録のようなものだったろう。

3. チベットの僧院における般若経と『般若心経』の役割

また、チベットの大寺院では、僧侶はゲシェー（博士位）と言われる学位を目指して、暗誦と問答という二つの方法によって学修に励む。その学修次第の中心になる書は五つあるが、最初の基礎入門課程を終えた修行者は、般若現観荘厳概説、般若現観荘厳細説、般若学総説課程へと順次進む。このように、最も初期に学ぶべき典籍は『現観荘厳論』であり、般若学なのである。

このように、チベット仏教の僧院では、日常の修行生活の中で、『八千頌般若』や『現観荘厳論』といった多くのインドの経論が読誦されているが、特に「般若現観荘厳概説」（初級）では、問答の時には『二十一多羅母への祈り』という祈願文と『般若心経』が暗誦される。『般若心経』は空性に関係していて、それを読誦することはその人の理解力にとって最も有益であるという理由で唱えられる。通常は三分ぐらいで読み終えるが、瞑想するために唱えるときは、二時間くらいかかるほど重厚な調子でゆっくりと唱えるという。

一方、日常の勤行にも内外の障礙を除去するという功徳をもって唱えられている。このように『般若心経』に万能の効果を求めるのは、わが国における『般若心経』の信仰と同じである。

2…中国

――多心経と玄奘訳

次に中国の漢字文化圏における心経の展開を見てみよう。中国および周辺地域や、朝鮮半島などでは、わが国と同じように心経が唱えられてきた。現代でも特に真言のところなどは、聞いていてもはっきりと理解できる。もちろん、歴史的な展開からするとあたり前なのだが、初めて読誦を聞くと一体感を覚えて感動したりする。それでは一体、このような漢字文化圏において、『般若心経』がどのように受容されたのだろうか。その具体的な状況については、実はあまり知られていない。

中国では、『般若心経』は「心経」あるいは「多心経」などと略称されていた。前者は多くの般若経の中から本経を区別するための呼称であり、経題に従った略称と言える。一方、後者は般若波羅蜜という伝統的な漢訳を、玄奘（六〇二～六六四）が般若波羅蜜多と改訳したことによる。

玄奘

たとえば、玄奘以前では般若波羅蜜と訳していたが、玄奘以降ではほぼ般若波羅蜜多となる。訳経史を見ると、同じく唐代の義浄（六三五～七一三）、不空（七〇五～七七四）、法月（八世紀）、般若（八世紀後半）、智慧輪（九世紀）、法成（九世紀）などがこの訳語を採用しているし、宋代の施護（十～十一世紀）、天息災（十～十一世紀）、惟浄（十一世紀）も同様である。このように、玄奘訳以降にこの「般若波羅蜜多」という訳が流布してゆくようすがはっきりとわかる。

また、『般若心経』の展開から言っても、漢字文化圏においては例外なく玄奘訳が用いられる。したがって、この「多心経」という略称は、玄奘訳『般若波羅蜜多心経』の影響を物語る象徴的なものと言えるのである。この「多心経」という略称は、唐代の中国および敦煌等の周辺地域で広く用いられていた。

詳細は後述するとして、中国仏教における『般若心経』の流布を概観すると、まず、玄奘が貞観二十三年（六四九）に、知仁の筆受によって『般若心経』を訳出した。これに対して、当時『金剛般若経』の研究で名声をはせ、仏教界を代表する僧であった慧浄（五七八～六五三）が、いち早く『般若心経疏』を著し、続いて玄奘の弟子たちが次々と注釈を書いた。

このうち玄奘門下の円測（六一三～六九六）による『般若波羅蜜多心経賛』と、法相宗の祖とされた慈恩大師基（六三二～六八二）の『般若波羅蜜多心経幽賛』に加え、華厳宗の第三祖で、華厳教学の大成者とされる法蔵（六四三～七一二）の『般若波羅蜜多心経略疏』が心経三疏と呼ばれ、古来より尊重されてきた。

前の二書は唯識・法相宗の解釈であり、後者は華厳宗の後継者によって盛んに研究され、宋代の仲希の『顕正記』や、師会の『連珠記』、明代の銭謙益『小鈔』などの復注が著されている。いずれにしても、これらはすべて玄奘の『般若心経』にもとづく注釈であり、この事実が漢字文化圏における『般若心経』の決定的な特徴と言える。

以下には玄奘の翻訳とその前後を中心に、中国における『般若心経』の歴史的展開を追ってみたい。

『般若心経』はいつ中国に伝えられたのか

1．最初の『般若心経』と羅什訳『大明呪経』について

『般若心経』が明確に中国で登場するのは、玄奘の翻訳が最初である。それ以前には支謙（しけん）や羅什（らじゅう）の翻訳があったという伝承もあるが、それがはたして『般若心経』であったのか確たる証拠はない。

特に羅什訳とされる『摩訶般若波羅蜜大明呪経（まかはんにゃはらみつだいみょうじゅきょう）』が現にあるではないかというが、これもその根拠は薄弱である。その理由をあげてみると、以下の四点が考えられる。

(1) 玄奘自身の記述

後代の玄奘自身は羅什訳のことを一言も述べていない。彼の伝記でもこの訳については何も伝えていない。その内容からしても『大明呪経』と玄奘訳『心経』はあまりに近似しており、改訳の必要性を感じない。なお、彼が伝記で述べている記事については後述する。

(2)『摩訶般若波羅蜜大明呪経』という経題の特殊性

そもそも、羅什はヴィディヤー（vidyā）を明呪と訳すのであり、フリダヤ（hṛdaya）を明呪とは訳さない。『般若心経』はフリダヤであり、別のタイトルは見つかっていないのだから、このマハー・ヴィディヤー（大明呪）というタイトルを羅什訳『般若心経』とするのは無理がある。

(3) 内容の特殊性

また、内容から見ても、この『大明呪経』は、梵本（ぼんぽん）から翻訳されたのではなく、羅什訳『大品（だいぼん）般若経』からその重要な章句の訳文を借りて構成されたと考えざるを得ない。「大明呪」という経題の由来もそこにある。このことは第二章（4「『般若心経』の成立」）で述べておいた。

(4) 経録の記載

経録（きょうろく）の記載から見ると、この『大明呪経』は、七三〇年に智昇（ちしょう）よって撰述（せんじゅつ）された『開元釈教録（かいげんしゃくきょうろく）』になって初めて、それも突如として登場する。玄奘の弟子靖邁（せいまい）（七世紀）は『般若心経』に注釈を書いているが、その彼自身が編纂した経典目録『古今訳経図紀（ここんやっきょうずき）』においても、まったく言及していない。

このように、この経典の出自は明らかではないのである。

以上のように、中国における『般若心経』の伝承として確実な資料は、玄奘訳が最初なのである。しかし、現存する資料からはそのように結論するとして、それでは『般若心経』はいつから、どのように中国に伝えられ、翻訳されたのであろうか。この問題は依然として残ったままである。

2. 経録が伝える初期の『般若心経』

現存する最古の経典翻訳目録として、六世紀初めに編纂された僧祐撰『出三蔵記集』がある。これには「摩訶般若波羅蜜神呪」および「般若波羅蜜神呪」という二書が記載されているが、すでに当時から両経典とも失訳となっていた。

この経典はその経題から『般若心経』と関連すると想像されているのであるが、その根拠は実は何もないし、その訳者に帰される支謙（二世紀末～三世紀中頃）の時代に『般若心経』が成立していたことはあり得ない。

その後、いくつかの経録に同様の記事が見られるが、注目されることに、失訳であるこの経に対して「出大品経」と注記されるようになる。この「大品経」とは『般若心経』ではなく、『二万五千頌般若』に対応する羅什訳『大品般若波羅蜜経』（四〇四訳）のことである。

つまり経録には、「『〔摩訶〕般若波羅蜜神呪』は羅什訳『大品般若経』から抜粋された経典である」という見解が次第に定着していったのである。

3.『開元釈教録』が伝える羅什と玄奘の翻訳

これらの記事に加え、玄奘訳『般若心経』が、道宣撰『大唐内典録』（六六四）に初めて記載されるが、羅什訳についての記載はない。羅什訳が新しく登場するのは、智昇撰『開元釈教録』（七三〇）である。まず、この経録には玄奘の『般若心経』翻訳について、次のように述べている。

「貞観二十三年（六四九）五月二十四日、終南山翠微宮において訳せり。沙門知仁筆受す」

終南山の翠微宮とは、長安の南郊外にあり、唐の太宗がなくなる二年前に避暑地として建てられた離宮である。玄奘が帰国してからずっと援助し続けてきた太宗は、この年の同じ月に宮中の含風殿で崩御している。おそらく玄奘は、翠微宮で皇帝の冥福を祈りつつ、本経を翻訳したであろう。

しかし、もう一つの『般若心経』に関連する記事が別の箇所で次のように掲載される。

「摩訶般若波羅蜜大明呪経一巻
姚秦三蔵鳩摩羅什訳（経題第一訳を出す。拾遺して編入す）」

このように、智昇が初めて『大明呪経』を第一訳として経録に加えたのである。しかも、この経は玄奘訳と同本異訳であり、次のように述べられる。

「般若波羅蜜多心経一巻
大唐三蔵玄奘訳（内典録第二訳を出す）
右二経同本異訳（前後三訳、二存一欠なり。其の般若心経は旧録に単本となす。新たに勘して重訳となす）」

これによれば、『般若心経』には前後三訳があり、そのうち一つはすでに欠本で、羅什訳と玄奘訳の二つの訳が現存する。そして、玄奘訳心経は、『大唐内典録』に心経の第二訳として記載されるものであり、第一訳である羅什訳を重訳したものというわけである。

なお、「般若波羅蜜神呪経」については別の箇所で、失訳ではあるが「大品経から出る」と再言している。三つの訳の存在は、大体このように伝承されてきたのである。

なお、唐代の阿地瞿多訳とされる『陀羅尼集経』の第三巻には、「『大般若理趣分』の呪と『般若心経』の呪はみなこの中に在る」と説かれていることも注目される。以上のことを整理しておこう。

①玄奘訳以前にも『般若心経』の翻訳はあったが、それが何であるかははっきりしない。

②経録からして『大品般若経』から呪の部分を抜粋してできたもので、純粋な単独経典の訳ではなかったのかもしれない。

③それが現存の羅什訳と伝えられる『大明呪経』につながるのであろう。ただし、それは歴史的には認められない。

④玄奘の翻訳はこれらを踏まえて重訳と記されるようになったにすぎない。

⑤経題と『陀羅尼集経』の記述からして、『般若心経』の呪は別行として唱えられていた。

玄奘の伝記における『般若心経』の訳業

1．玄奘の伝記から見る、それ以前の『般若心経』

玄奘（六〇四～六六四）は明の呉承恩が書いた『西遊記』（一五七〇頃成立）などにより、三蔵法師としてつとに有名である。その天竺求法の旅はさまざまに脚色されているが、それを取り払って史実のみをざっと述べてみよう。

六二九年玄奘は国禁を犯してひそかに長安を出発し、艱難辛苦しつつ新疆の西トルキスタンの北路、すなわちアフガニスタンからインドに入り、中インドのナーランダー寺院でシーラバドラ（戒賢）に師事して唯識説を学び、インド各地の仏跡を訪ね、仏像や仏舎利のほか多数の梵本を携え、貞観十九年（六四五）に長安へ帰った。

ナーランダー寺院の遺跡

帰国の後は太宗の援助を受けて、その年の三月から長安の弘福寺に居を構えて訳経を開始し、その一九年後の六六四年に没した。『般若心経』は四十七歳のときの訳業である。

2．玄奘はすでに『般若心経』を知っていた

玄奘については『大慈恩寺三蔵法師伝』という伝記がある。これは、弟子の慧立の記したもので、それに弟子の彦悰が新たに付加して現存の十巻にまとめたものとされている。本書の第一巻には、『般若心経』について次のように見える。

「蘭州から涼州に移り、そこに一ヶ月ほど滞在した。涼州の僧侶と俗人は、法師に『涅槃経』、『摂大乗論』および『般若心経』の講義を開いて欲しいと求めたので、法師はこれらの経典を人々のために講義した」

この話が事実であるとすれば、玄奘はすでに『般若心経』を知っていたわけである。

また、ここで言う涼州は現在の甘粛省武威県にある、河西地方東端のオアシスで、シルクロードの要衝で、チベットや東トルキスタンの諸国に接し、商人は盛んに往来していた。しかし、さらに瓜州を越えた沙州（敦煌）の上流にある玉門関から先は、大変な難所であり、この熱砂を越えなければ西方には至れない。『三蔵法師伝』では、その過酷な旅の中で玄奘が『般若心経』を念じた様子を次のように伝えている。

「ここ（玉門関）から先は、莫賀延磧の砂漠である。長さ八百四里で、古くは沙河といった。空には飛ぶ鳥もなく、地上には走る獣もなく、また水草もない。辺りを見まわしても自分の影があるだけである。法師はこの砂漠をただ観音菩薩と『般若心経』を心に念じて渡った。

それというのも、むかし、玄奘法師が蜀にいたとき、体中にでき物ができ、衣服が破れ汚れた病人がいた。そこで法師は彼をあわれんで、寺に衣服や飲食の世話をさせた。病人は全快し、法師にこの経を与えたという。

法師はいつもこの経を諳んじていたが、今、沙河を通過することとなり、さまざまな悪鬼に遭遇した。そのとき観音を念じても、それらの悪鬼をさらせることはできなかったが、この経を読誦して声を発すると、それらはみな消えてしまった。危険なときに救われたのは、実にこの経のおかげであった」

この話の史実性はともかく、『般若心経』はこのような霊験あらたかな経典として、弟子たちに伝えられていたのである。しかし、この話が事実であるなら、玄奘の知っていた『般若心経』が何かということが改めて問題になる。

3．玄奘以前の『般若心経』とは

現存の大蔵経を見ると、鳩摩羅什（三五〇～四〇九頃）が訳したという『摩訶般若波羅蜜大明呪経』があるが、この経の由来は玄奘の時代になって羅什に帰せられたもので、内容上からも『般若心経』を訳したもの、すなわち梵本から翻訳された経典であるのは疑わしい。少なくとも玄奘の時代にこの種の

『般若心経』が広まっていたことが確認できるのみである。

以上のように、玄奘の伝記による限り、彼の訳業以前にも『般若心経』はあった。しかも彼はそれを唱えて天竺に渡った。しかし、今となってはそれがどのようなものなのかは明らかではない。

それを推測するならば、支謙（二世紀末〜三世紀中頃）に帰せられた「摩訶般若波羅蜜神呪経」とは、呪の箇所のみであった。それは梵文からの訳と言うより拡大般若経の呪の部分を引き出したものだったかもしれない。

「大明呪経」はそれと同一の書ではないが、すくなくとも『般若心経』の形成にあたっては、梵文からの翻訳ではなく『大品経』、すなわち『摩訶般若波羅蜜経』（羅什訳）から主要な教説を引き出してまとめられた『大明呪』のような形式の経典があったのである。

それは「摩訶（＝大）般若波羅蜜〔多〕経」（この場合は玄奘訳の六〇〇巻を言うのではない。大きな般若波羅蜜経は、みなこのように呼称されていたのであり、現存の経典名は後代に区別されたものにすぎない）の核心を標榜する『般若心経』にとって、ごく自然に形成される条件下にあった。このような綱要書は他の般若経文献にも存在する。大きな経典である故に、その帰結としてこのような形になるべくしてなったのであろう。

『般若心経』注釈の数と最初の注釈

『般若心経』の注釈は『大正大蔵経勘同目録』（『昭和法宝総目録』第一巻）の記載によれば、写本と刊本を合わせて一〇四種をあげている。コンゼは『般若経文献開題』の中で、代表的なものとして基、円測、法蔵、師会などの現存する十一種類をあげる。榛葉元水の『般若心経大成』は、清代までの四十九種類をあげるし、福井文雅『般若心経の歴史的研究』は、唐代・宋代に著述された、二十八種（中天竺・提婆〔?〕注を含む）、明代・清代の五十種を記載している。この数に未調査の元代と清代以降の注釈を加えれば、心経の注釈はゆうに一〇〇種にものぼるだろう。

ここでそれらを一々あげることはできないが、その主要な注釈の概観を述べておきたい。

『般若心経』に対する最初の注釈は、慧浄の『般若心経疏』である。

慧浄という人は河北省の人で、十四歳で出家し、隋の開皇の末年（六〇〇）に長安にやってきて、『雑心論』、『倶舎論』、『金剛般若経』の研究で次第に名声を得た。また、三教談論などで道教を批判して有名であった。その学識のために、房玄齢や波頗三蔵は、彼を東方の菩薩と讃えたという。

貞観十九年（六四五）に玄奘が帰朝したときには、勅命によって訳場に迎えられたが、慧浄は病気のためにこれを固辞した。六四九年に玄奘の翻訳が出てから、七十二歳のときにこの注釈を著して、そして翌年に没した。

慧浄には『金剛般若経註疏』、『阿弥陀経義述』、『法華経賛述』、『勝鬘出要賛』など多くの大乗経典の注釈があったが、この『般若心経』に対する最初の注釈はまさに最晩年の著である。

本書は続蔵経の刊本とは別に、数点の写本が敦煌から出土している。全体で十門にわかたれ、詳細に注釈する。本中に見られる多心経、三般若を引いて経題を釈する方法は、基の『幽賛』にそのまま引用されている。それはさらに後代の法蔵による『略疏』（七〇二）、明曠による『疏』（八世紀後半）にも継承されてゆく。その意味でも大きな意義を持つ注釈なのである。

玄奘の弟子の注釈

法相宗系統では、基（六三二〜六八二）の『般若心経幽賛』、円測（六一三〜六九六）の『般若心経賛』、靖邁（〜六六〇〜）の『般若心経疏』という三つの注釈がある。

1. 基『般若心経幽賛』

慈恩大師基は十七歳で出家し、二十五歳のときから玄奘の訳場に参加し、玄奘の信任を得て、世親の『唯識三十頌』に対する注である『成唯識論』を玄奘と二人でまとめ上げた。さらに基は本論に対して護法の唯識説に立脚しつつ、『述記』、『掌中枢要』という二つの注釈を書き、これによって事実上の法相宗が成立した。

後代に、「奘師（玄奘）は瑜伽唯識開祖の祖たり、基はすなわち守文、述作の宗なり」（『宋高僧伝』）と言われるように、基は法相宗の初祖と言われる。また、『法華玄賛』、『大乗法苑義林章』などすぐれた述作が多く「百本の疏主」とも称された。

基の『幽賛』は法相宗の人々によって読み継がれ、その弟子たちによって次々に注釈が書かれた。その内容は、勝空者（三論）に対して、如応者（自分）の解釈を提示するように、基本的には三論などを対論者と仮想しつつ、法相宗（唯識）の立場から随文解釈で詳細に注釈する。

玄奘・基の師弟が住した慈恩寺（西安）

その冒頭では『解深密経』の三時教判や、『弁中辺論』の偈頌を引用して、中道の意味を開示するというように、唯識中道の教理にもとづいた解説を施す。次いで『般若波羅蜜多心経』という経典の題名を、般若・波羅・蜜多・心・経の五つにわけて詳説する。そのうちの「心」の解釈では「大経は文義ともに広大なので、それを伝持するのに恐れをなしてしまう。そこで伝法の聖者は〔大経の〕堅実で妙最の要旨を記録し、この経を別出した」とする。つまり、「大経（ここでは『大般若波羅蜜多経』を意味する）から『般若心経』が要約された」と述べているのである。このように「心」を「要約」と見なすのは、慧浄疏も同様であり、中国においても当初からの伝統的な解釈であったと言える。

経文全体は二十一にわけられ、上巻は「行深般若波羅蜜多時」まで、下巻では残りの十九分を解説する。特に「行深般若波羅蜜多時」のところは、全体の半分を占めており、最も力を注いでいる。その内容は浩瀚で、「観自在菩薩の実践」を述べるに際し、資糧位・加行位・通達位（見道）・修習位（修道）・究竟位（無学道）という唯識の五位説でとらえ、五位に四十心と十地、十二住・十三住を配当しながら、「広大の修」という修行道の体系を構成している。

『幽賛』のもう一つの大きな特徴は、唯識説と結びつけた空性理解である。たとえば「五蘊皆空」の「空」を三無性説で解釈し、「色不異空」から「空即是色」までには三性説をあてはめて、遍計所執性と依他起性による迷妄の色を離れて、法性の色の真実性を述べる。

また、注釈の趣旨に関して、「『解深密経』の三無性説こそが一切乗に発趣する者のための了義（真実）の教えである」と述べ、さらにその最後に「〔本経の〕聖なる意を観察すると、空と有とは別ではなく、機に対して病を遣るように、仮に有、〔仮に〕空と説くのであって、空と有の対立を超えている。〔本経に〕このような三性説の妙理があることを智者は明確に了解している」と明言する。この解釈こそが後代の注釈者たちに大きな影響を与えたのである。

その代表が宋代の龍興寺・守千（一〇六四～一一四三　廻照大師）である。彼は本書に対して、詳細な科文を立てた『般若心経幽賛添改科』を著し、さらに『般若心経幽賛崆洞記』によって『幽賛』の逐次的な注釈を著している。その他にも多くの復注が書かれている。その伝統はわが国にも継承され、『幽賛』に対する多くの復注が書かれた。これら日本の復注の内容については後に扱うつもりである。

なお、最近になって『幽賛』の英訳が、東京の仏教伝道協会が刊行する「英訳大蔵経」の中の一冊として出版された。これはこの英訳シリーズの中で、『般若心経』の中国注釈として唯一入蔵したものである。これによってさらに英語圏の読者にも広まるであろう。

2．円測『般若心経賛』

円測は新羅出身の僧で、十五歳の時に中国に遊学し、摂論学派の人々の講義を受ける。西明寺に住して活躍していたが、玄奘が帰国して訳経を始めるとその講筵に連なり、玄奘の翻訳に対して『成唯識論疏』、『解深密経疏』などの注釈を著した。

玄奘の門下では基などから異端視され、さらに基の弟子の慧沼（六五〇～七一四）は『成唯識論了義灯』を著し、円測の唯識を批判し、基の学説を守った。そのため、円測の著の多くは失われてしまったが、その中で『般若心経賛』は現存する貴重なものである。

彼は最初に本経を注釈するに際して「四門分別あり」として、「一．教えを起こす因縁。二．経の趣旨（宗体）を弁ずる。三．題目を訓釈する。四．経文をともなって解釈する」とする。

第一の教えの開始では、三時の教判にもとづき、「有無の二種の偏執を除くのが教の起こりである」とする。また、第二の経の趣旨では「この一部（本注釈）は諸宗の中、無相を宗となす」という。第三の経題では、般若経においてこの教えが最も尊いことを喩えて、「心」とする。したがって、核心、中心という意味なのである。以上が比較的簡略に述べられる。

次に、第四の経文が随文解釈で行われている。その基本的方法は、空を立てて有執を破する清弁と、有を立てて空執を破する護法との、いわゆる「空有の論諍」に言及し、護法の唯識説に立って、多くの経論を引用しながら詳細な議論を展開する。

また、最後の般若波羅蜜多の呪句については、全体が般若波羅蜜多を説いたものとして、三つにわけて注釈する。

第一は「掲諦、掲諦」である。これは「度、度」という意味で、〈自ら度し、他を度す〉という般若の大いなる功徳を顕す。

第二は「波羅掲諦、波羅僧掲諦、菩提」である。そのうちの「波羅」は彼岸（＝涅槃）、「掲諦」は到

（＝到る）、「僧掲諦」は到竟（＝到りおわる）、「菩提」は彼岸の体であるとする。

第三は「莎婆呵」で、速疾という意味である。

以上のことから、この呪句を「般若の妙慧には勝れたはたらきがあり、速やかに菩提という悟りの岸に到らせる」と解釈している。この円測の態度は、基の『幽賛』が真言についてまったく関心を示していないのと比べ、詳細ではないが誠に簡にして要を得た注釈と言えよう。

3．靖邁『般若心経疏』

靖邁は生没年不詳であるが、玄奘の帰国後は玉華宮、慈恩寺翻経院にて、玄奘の訳経事業の筆受となって多くの翻訳に貢献した。また、『古今訳経図記』を著し、古今の経題、翻訳者の名前、単訳か重訳かの区分、翻訳の疑偽について検討した。ただし、この中には『般若心経』の言及はない。

靖邁の『般若心経疏』は、四段にわかれ、第一は経の初めに如是〔我聞〕がなく、経の終わりに歓喜〔奉行〕がかけている理由を明らかにし、第二は仏が般若経を説かれた趣旨を述べ、第三は般若経が般若実相をもって宗旨とすることを述べ、第四には科文を立てて、本文を随文解釈でもって注釈する。「色等が空であること」については、遍計所執性・依他起性・円成実性の三性説をもって解説するように、法相唯識の伝統を継承した解釈を特徴とする。

その他の系統

1．華厳宗系統

法蔵（六四三〜七一二）は、『般若心経略疏』を著した。本注は一．注釈の目的、二．位置づけ、三．主題、四．経題の解釈、五．本文解釈という五門によって分別される。

本文解釈の最初に「観自在菩薩」を釈するが、観自在菩薩は理事無礙（真如と現象世界の区別がない）の境涯に、自在に観達するからこの名があるという。また、「色不異空、空不異色、色即是空、空即是色」の解釈には種々あるが、観行（観想の行法）について解釈するとして、智者大師（智顗）が『瓔珞経』にもとづいて立てた「一心三観の義」を援用する。

一　仮から空に入る観――色即是空（あらゆる存在は実体のない空である）
二　空から仮に入る観――空即是色（実体はないが縁起による仮の存在である）
三　空仮平等の観――色空無異（空・仮の差別を超えて平等〔＝中道〕である）

以上のように、空仮中の三諦説を引用しながら、空についての経文を解釈する。

次に、宋代の仲希（〜一〇四四〜）は、法蔵の『略疏』に初めて注をして、『般若心経疏顕正記』を著した。また、師会（一一〇一？〜一一六六）も『般若心経略疏連珠記』という注釈を書いているように、法蔵の『略疏』は、華厳宗系統の『般若心経』解釈の基準となっている。

さらに明代の銭謙益（一五八二～一六六四）は師会の『連珠記』を批判的に扱い、『般若心経略疏小鈔』を著した。彼は法蔵の『般若心経略疏』を読んで長年研鑽を重ねても、深旨に入ることができなかった。そこで杜順の『華厳法界観門』を読んで、これによって初めて真空法界が要旨であることを悟った。しかし、師会の『連珠記』を読んでみると、観法の門においてその核心を判定していないので、そこで自ら筆を執って、この『小鈔』を撰述したという。明代の多くの注は彼の『小鈔』に影響を受けている。

智顗

2. 禅宗系統

禅宗は『楞伽経』の「仏語の心を宗となす」という立場を重視する。また、宋代以降の禅林では「以心伝心・教外別伝」を標榜する。一方で、六祖慧能が『金剛般若経』の「応無所住、而生其心」（まさに住するところなくしてその心を生ずべし）という一文を聞いて大悟したという伝説があるように、「何ものにもとらわれない心」を持つことは、禅宗の旨帰のようになっている。これが禅宗

弘忍

が『般若心経』を受け容れる大きな要素になった。

もちろん、『般若心経』の「心」はもとより別の意味であるが、同じ「心」を趣旨とすることや、「心無罣礙」という「解き放たれた心」のあり方を重視する立場と共通の土壌があったのである。

唐代では、一時玄奘に師事し、後に五祖弘忍の法を嗣いだ智詵（六〇九～七〇二）に仮託された『般若心経疏』がある。この注釈は敦煌本で伝わり、多くを慧浄の疏に負っている。ただし、先にも少し述べたように、この慧浄の注釈自体にも、日本に伝わる慧浄疏（続蔵本）や敦煌本慧浄疏（龍谷大学本）などいくつかの種類があるように、先行する慧浄疏が改編されて智詵の注釈になったことが知られ、その間には深い思想的展開が認められる。この智詵疏は、神秀系統の人々や、智詵を祖と仰ぐ浄衆宗の人々によって伝持され、八世紀中頃に現在見られるような形になったと考えられる。

また、弘忍の弟子である玄賾の法を嗣ぎ、『楞伽経師資記』を著した浄覚（六八三～七五〇?）も、『般若心経註』を著している。

浄覚の『般若心経註』は、敦煌の写本に残っているが、それには「心は是れ仏心にして、凡夫の解する所にあらず」と述べているように、『般若心経』は仏心を説く経典であると解していたのである。

また、慧能の弟子の慧忠（〜七七五）は無情説法（草木が法を説く）の説を唱えたことで知られるが、彼も『般若心経註』を書いている。この注を受けて宋の道楷（〜一一一八）は『般若心経註』を、懐深（〜一一三二）は『般若心経註』を著しているが、これら三書を一つの会本にした『般若心経三註』が広く流布することになる。日本でも師静が編集して寛政三年（一七九一）に『般若心経三註』として上梓された。

その他、宋の蘭渓道隆（一二一三〜一二七八）は『般若心経註』を著し、日本の鎌倉の禅宗に影響を与えた。次いで明の徳清（一五四六〜一六二三）は『般若心経直説』を、元賢は『般若心経指掌』（一五七八〜一六五七）を著した。元賢は、本書において、賢首大師法蔵と無外智円の二つの注はすぐれているが、初学者には難しいために、本書を撰述してガイダンス（指掌）とすると記している。

3. 天台宗系統

天台系統では、湛然の弟子で唐代の明曠（〜七七七〜）の『般若心経疏』による説と、宋代の智円（九七六〜一〇二二）の『般若心経疏』による説の二つの伝統にわかれる。

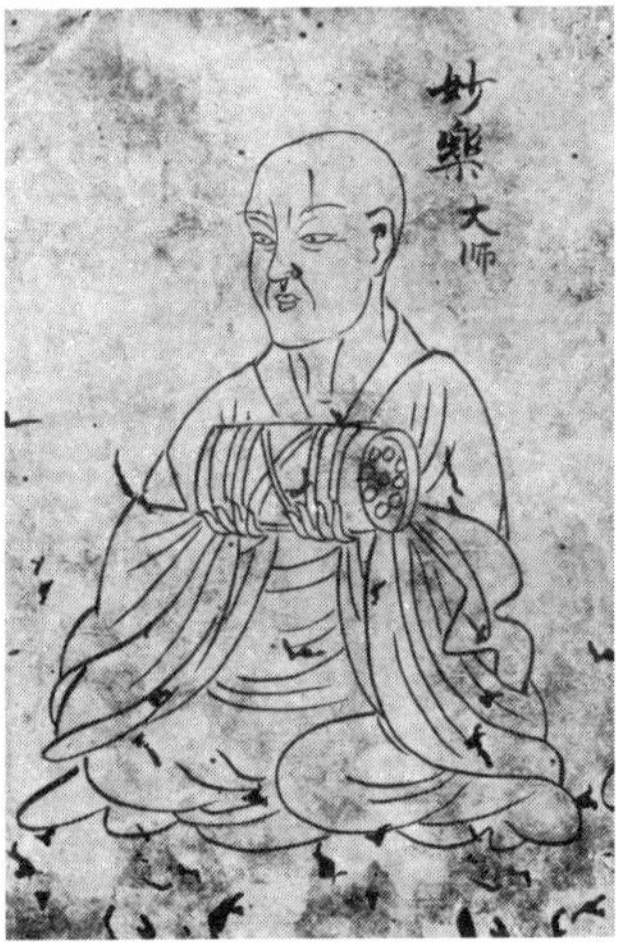

湛然

明曠は湛然の門下で天台を学んだ。彼はこの比較的短い注釈の中で、円融の三諦説、空仮中の三観、即空即仮即中、百界三千の法を具足、一切智・道種智・一切種智の三智、三蔵教・通教・別教・円教などという多くの天台の教理に言及する。なお、当時は不空や一行が盛んに密教を弘めていたため、明曠も密教を学んだ。その背景があって本注には密教説も見られるため、空海は『般若心経秘鍵』でしばしばこの注釈を引用する。ただし、本注釈には後代の人の仮託という疑撰説がある。最澄撰と伝えられる『釈』も、この明曠の『疏』によって後代の人が仮託したと考えられている。

次に、智円はこの『般若心経疏』の最初に、この注釈を天台の教門と龍樹の宗趣にしたがって著したとする。実際に、一．タイトルを注釈する（釈題）、二．本文の注釈（釈文）の二部にわかち、釈題はさらに、総と別の二つ、総の中に列名と引証とにわける。

列名では、この経は「法の譬え」を名とし、「五蘊は皆空である」を体とし、「円照」を宗となし、「苦を度する」を用（はたらき）とするという。続けて経証に入り、科文をあげて、随文解釈で経の本文を注釈する。

さらに智円はこの書に対して、自ら復注『詒謀鈔』を著した。その注によれば、三観の意味によって『般若心経』の注釈を著したが、後代のものが文意不明のまま経の解釈をすることを慨き、さらに疏を注釈して、残し伝える（詒）というのが、自分の意図（謀）であるとしている。

中国以外の地域における注釈と敦煌写本

朝鮮半島出身者では、玄奘の弟子、円測の『般若心経疏』と、同時代に新羅で活躍した元暁（六一七〜六八六）『般若心経疏』が第一にあげられよう。ともに朝鮮仏教の傑出した学僧として大きな影響力を持っている。

次に、敦煌写本の目録を見ると、漢訳では玄奘訳の写本が数十点残されているが、その他は漢人でありながらチベットで活躍し、ランダルマ王の廃仏にあって敦煌に逃れた法成訳の写本が十点あまりあるのみで、羅什訳はもちろん、その他の訳本も残されてない。

唐代の敦煌は七八一〜八五一年頃までチベットの支配下にあった。この状況を考えれば、法成訳の写本があることは少しも不思議ではない（現在の大正大蔵経の法成訳も敦煌出土である）。しかし、それ以外の翻訳者の写本が見られないのは、いかに玄奘訳の影響が圧倒的であったかを物語る。

注釈も玄奘訳にもとづいたもの以外は存在しない。大正大蔵経にある中国撰述の注釈では、円測の『賛』が一点あるのみで、続蔵経にある『慧浄疏』や、大正蔵にも卍続蔵にも未収蔵の『挟註六家般若波羅蜜多心経』、『沙州長吏註』（当時の敦煌の長官による注釈）、『浄覚註』、『智融註多心経』、『智詵疏』、『文沼註』など希少な文献が数点残されている。

近代への心経の展開

最後に近代までの中国仏教について補足しておきたい。それは、唐代・宋代に比べ、明代になると心経の注釈が倍増することである。以下には、そこに至るまでの心経の受容史を概略しておこう。

唐代には、従来の天台・華厳・浄土に加えて、法相・律など諸派の学問体系が構築され、仏教は大いに隆盛した。その教学を背景として、玄奘の翻訳（六四九）以降、半世紀を経たないうちに、弟子たちによる基本的な『般若心経』解釈が形成された。

次いで宋代になり、法難と破仏といった仏教の排斥運動や五代の戦乱があったため、仏教の伝承が途絶えた。そのため中国に根づいた新たな仏教の誕生が求められ、そこで大きく展開したのが禅と浄土である。

特に禅宗は五代から宋代にかけて五家七宗と呼称される諸派の成立があり、最盛期を迎えていた。

次いで元代には臨済が南方に、曹洞が北方において栄えたが、この時代に多くの注釈が作られた。

さらに、明代になって、太祖が「『金剛経』、『楞伽経』、『心経』の三経の講読を天下の沙門に命ずる」という勅令を発したため、心経の理解が飛躍的に進んだ。これを契機として、これら三つの経を重視する禅門系統等で、心経の注釈が多くなされたのである。この伝統が清代から現代にも受け継がれ、『般若心経』の大きな流れになったのである。

また、近代道教の大成者である全真教の王重陽（一一一二〜一一七〇）が心経を介して禅宗から大きな影響を受けたことも見逃せない。彼は儒教・仏教・道教は帰するところは同じであると説き、門人に必読書として、儒教の『孝経』、道教の『道徳経』（『老子』）、『清静経』とともに『般若心経』を読むことを勧めている。

王重陽は、特に「心無罣礙」（心に罣礙なし）の一文を好んだが、それは禅宗が着目した点でもあり、心を重視する全真教の教理と通ずるところがあったからである。ともかく、このために、後の道教徒も『般若心経』を読むようになったと言われる。その好例として、宋代の大顛了通が書いた『註解』を、元代の道士である李道純が引用していることがあげられる。『般若心経』はこのようにして民衆に広まっていったのである。

3…日本

最初に伝えられた『般若心経』

日本に最初に伝えられた『般若心経』梵本は、法隆寺貝葉（東京国立博物館・法隆寺宝物館蔵）に伝えられる『般若心経』の梵文写本である。その確実な年代はわからないが、おそらく八世紀頃に書写されたもので、小本・大本を通じて最も古い。この写本にもとづいていくつかの写本が書写されている。この写本については、第二章（2「『般若心経』のサンスクリット原典」）に書いたので、そちらを参照していただきたい。

一方、漢訳『般若心経』はもっと根拠が確実である。最初に心経について伝える資料は、奈良時代のものである。その内容については明らかではないが、『大日本古文書』によれば、天平三年（七三一）には「心経抄一巻」が書写されたと伝えている。これは玄奘の翻訳（六四九）から、わずか八二年後のことである。

同書によれば、その翌年の天平四年（七三二）には薬師経や観音経とともに「多心経」が読誦され、翌年の天平五年には書写、天平六年には読誦されたと記載される。さらに天平十年の経巻納櫃帳には、当時、黄紙、色紙、白麻紙など、諸種の素材によって写経された「心経」、「般若波羅蜜多大心経」、「多心経」が現存していたことも知られる。ただし、「般若波羅蜜多大心経」とは『陀羅尼集経』に引用される心経の偈頌の部分である。このようなものが独立して流布していた可能性もある。

一方、天平九年と十年には羅什訳とされる「摩訶般若波羅蜜大明呪経」も書写され、以降しばしば記載される。したがって、わが国ではその最初から小本系の心経が伝承され、繰り返し書写・読誦されてきたわけである。

このうち、奈良時代には大量に漢訳心経が書写されるようになるが、この写本は「隅寺心経」と呼ばれて注目を集めてきた。

隅寺心経

隅寺とは、現在奈良市法華寺町にある海龍王寺の別名であり、平城京内の藤原不比等邸の東北隅にあったために、このように呼ばれていたようである。この隅寺にちなんだ一群の心経写本が「隅寺心経」である。それは弘法大師空海が海龍王寺で勉学中に毎日百巻ずつ計千巻書写したものとされる。しかし、それはこれらの心経がいずれも謹厳な書風を持つことから、後世にこのような伝承、すなわち

「隅寺心経は弘法大師筆である」が創作されたものと考えるべきである。

海龍王寺に所蔵される十紙一巻や、東京・根津美術館の十四紙一巻は、この時代に盛んに写経された隅寺心経の遺例である。

特に海龍王寺の写本には、天平勝宝七年料（七五五）の奥書があり、すでに戦前に重要文化財とされ、石田茂作「般若心経遺品総説」、岸田千代子「般若心経遺品各説」（『般若心経百巻』東京美術、一九七三）など、研究者によく知られていた。

ところが、これら「隅寺心経」を総合的に洗い直した研究が現れた。長年心経の漢訳書写本を研究している飯島太千雄氏は、これらを含めた隅寺心経の調査を始め、最近の論文（「天平勝宝紀年経の疑問」『修美』通巻九八・九九号、二〇〇七）で『大日本古文書』を網羅的に調査され、この呼称を奈良時代にまとめて写経された心経という広い意味で用いるべきであるとし、それらは多くは現存しないが、九千巻以上の心経が書写されていたことを報告している（飯島氏はこれを造経と呼ぶ）。

このわが国の心経受容史に新たな光をあてつつある研究を視野に入れながら、奈良時代から近代に至るまでの心経信仰史をスケッチしておこう。

国家仏教と心経の組織的書写

仏教は六世紀中頃にわが国に伝えられた。その後、半世紀ほど後の聖徳太子の治世を経て、やがて仏教は律令国家の礎とされる。さらに一三〇〜四〇年経って、わが国の歴史に心経が登場するようになるが、このころ仏教界の状況は一変する。その状況はこうである。

蘇我氏を中心に信仰され始めた仏教は、六世紀から次第に地歩を固め、聖徳太子（五七四〜六二二）の登場によって、飛躍的に発展する。聖徳太子は推古天皇の摂政として、新たな国家体制の整備をする中で、その礎としての仏教に心を寄せたのであった。

この時代に法興寺、法隆寺などの大規模寺院の建立、経典の講説、僧旻らの留学僧（遣隋使）の派遣が行われ、わが国における仏教の確立がなされた。

東大寺の大仏（盧舎那仏）

ついで、特筆されるのは「三宝の奴」と仏教の僕であることを公称した聖武天皇（在位七二四〜七四八）の治世である。聖武天皇は天平十三年（七四一）詔を発し、諸国に国分寺と国分尼寺を建立した。そして民衆の信頼が厚かった行基と協力して、国家仏教のシンボルとしての東大寺の大仏を建立したのである。なお、その直後には唐から鑑真が渡来し、天皇は盧舎那仏の前で鑑真和上より菩薩戒を受けている。心経に対する信仰もこの時代に大きな変化があった。

前述したように心経は文献としては、天平三年（七三一）頃から日本の歴史に登場する。ただし、大規模な形で心経の書写が行われるようになったのは、その少し後のことである。

まず、『大日本古文書』所収の「正倉院文書」によれば、天平十年（七三八）の閏年に七六八巻が書写されたことなどが記載されている。これはおそらく、天平七年（七三五）に唐から帰朝し、天平九年（七三七）に僧正に任ぜられた僧玄昉の発案によるもので、聖武天皇と光明皇后の安寧と除災のために、閏年の日数（三八四日）の二倍にあたる巻数を書写させたものであった。

これを契機として天平勝宝六年（七五四）に至るまで、閏年には何度となく七六八巻の心経が書写された。なお、聖武天皇の崩御によってこの行事は終了した。

一方、この時代には心経千巻が願経として書写されている。天平勝宝二年（七五〇）五月に藤原北家・藤原真楯の家（佐保宅）に依頼を受けて千巻の心経が書写された記述がある。これを始めとして、同四年（七五二）五月、同九年（七五七）六月、天平宝字七年（七六三）十二月と、何回か大規模な千巻心経書写が行われている。

特に淳仁天皇は、天平宝字二年（七五八）に詔勅を発して写経所を設け、千巻心経などの写経を組織的に行うようになった。このために、千巻心経の書写は恒例となり、次の光仁天皇にも引き継がれる。

こうして、奈良時代の『般若心経』の信仰は飛躍的に盛行することとなるが、これはあくまで天皇や豪族たちの間に広まった仏教信仰の中に限られるものであった。

天皇の詔勅による読誦と書写のすすめ

奈良時代後期には、天皇の勅令によって、『般若心経』の読誦や書写が盛んに勧められるようになる。たとえば、天平宝字二年（七五八）八月十八日、淳仁天皇は勅令を発して、諸国万人に『般若心経』の読誦を奨励した（『続日本後紀』同日の条）。

また、宝亀五年（七七四）四月十一日、光仁天皇は天下の万民、文武百官は摩訶般若波羅蜜を誦し、疫病を防ぎ、天下の寿を遂げるべきであることを勅する。これは心経とは記していないが、おそらくは心経と見なして良いだろう。

このように、多くの天皇により、心経は書写されたり、受持されたりしてきたばかりか、詔勅によって民衆への浸透が図られたのであった。

次の平安時代になると、仁明天皇（八一〇～八五〇）は、天候不順と疾病を般若波羅蜜の妙力で回復することを祈念して、承和五年（八三八）に京畿七道に心経の書写を命じた（『続日本後紀』七、同日の条）。

このような経典への信仰は心経に限ったことではないが、般若経では『大般若経』、『金剛般若経』、

『心経』が代表的なものである。歴代の天皇の多くは『般若心経』への熱心な信仰を持ち続けていたようである。

そもそも皇室の中で『般若心経』が受持された例としては、正倉院中倉に伝わる金字牙牌がある。これは表に「平城宮御宇中太上天皇（元正）恒持心経」とあり、裏に「天平勝宝五年歳次 癸巳三月廿九日」とあるから、元正天皇が『般若心経』を常に護持したこと、その心経が少なくとも七五三年まで現存していたことが知られる。

その他、平安時代には嵯峨天皇が宸翰般若心経を加持し、鎌倉・室町時代には光厳天皇（一三三一～一三三五）と後柏原天皇（一五〇一～一五二六）が書写、後奈良天皇（一四九六～一五五七）が六十六部の心経（紺紙金泥諸国心経）を諸国に分置したとされること、桃山・江戸時代の後西天皇、霊元天皇、桜町天皇、後桜町天皇、あるいは有栖川熾仁親王、有栖川幸仁親王、林丘寺元瑤内親王、近衛三藐院信尹、近衛予楽院家熙など天皇や皇族によるさまざまな装飾経や紺紙金泥・銀泥をはじめとする写経があった。その見事な美しさは宗教作品というよりも工芸品として一級の価値を持つ。

貴族や武士による『般若心経』の信仰

藤原時代には多くの装飾経が造られたが、その中には『般若心経』も多く残されている。たとえば、左大臣藤原道長は、寛弘四年（一〇〇七）に吉野の金峯山に詣でて、自ら書写した経巻を埋蔵供養した。このとき土中に埋められた経巻は、江戸時代に発掘され現存しているが、それらは『法華経』、『無量義経』、『観普賢経』、『阿弥陀経』、『弥勒上生経』、『弥勒下生経』、『弥勒成仏経』、それに『般若心経』である。

金峯山は修験の道場であったから、本尊の蔵王権現に対する誓願の形で、死後、阿弥陀仏の極楽浄土に往生するとともに、弥勒菩薩が兜率天よりこの地上に出現するときに、自らも極楽からやってきて、『法華経』を説くのを聴聞して仏となることを得んとするものである。このように当時の貴族の往生信仰として、『般若心経』も代表的な経典として信仰されていたわけである。

金峯山寺蔵王堂

一方、武士階級でも平清盛（一一一八〜八一）が一門の繁栄を祈願して厳島神社に奉納した装飾経「紺紙金泥五輪塔心経」をはじめ、室町時代の足利直義、氏満、満兼、基氏、一色道範らが、武運長久、子孫繁栄を願って心経を書写した。それも多くは金銀を散りばめた装飾経として、奉納されたりした。そのために、有力な寺院や個人によって保存されてきたのである。

これらのほとんどは玄奘訳の『般若心経』が書写されたが、日本において変更された多少の字句の相違はある。また、奈良の法隆寺には玄奘訳、伝羅什訳、般若訳、智慧輪訳の異訳『般若心経』が所蔵されているし、高野山宝寿院には羅什訳、法月訳、般若訳の三つの異訳『般若心経』が一軸にまとめられたものもある。このように写経の愛好者には『般若心経』はこの上ない豊富な資料を残している。

心経会の催行

ところで、心経の読誦を組織的に行う行事に心経会がある。これはおそらく隅寺心経が盛行した奈良時代や平安時代から次第に行われ、鎌倉時代においては、年中行事となっていたようである。

すでに、菅原道真が寛平四年（八九二）に編纂した『類聚国史』巻一七三によれば、陰陽五行思想にもとづく陰陽寮で依拠する『九宮経』に、「三合歳の厄」を説いている。この三合の歳には水旱疾厄の災厄が生ずるので、心経を読誦することによって、それを息災するのである。とすれば、暦と関係するわけであるから、一定の時期に開催されるものであったはずである。

例えば後土御門院は、文治元年（一一八五）や承元二年（一二〇八）九月十九日に「三合歳厄」を御祈している（『百錬抄』）が、このような厄除けという目的で心経会を催行することは、かなり早くからあったのだろう。

文献によれば、その行事の催行は、少なくとも平安末期あるいは鎌倉初期から見られる。たとえば、『吾妻鏡』では、次のようにある。

「文治四年（一一八八）一月八日　心経会」

「建久五年（一一九四）一月七日　己巳　御所の心経会なり。導師は法眼行恵、請僧は大法師禅衍・源信・禅寮なり。先ず上台所に於いて羞膳、次いで開題す。この間将軍家出御し聴聞あり。事終わって御布施を施さる」

「建仁四年（一二〇四）一月八日　御所の心経会なり」

「元久三年（一二〇六）一月八日　庚寅　晴、御所心経会。将軍家出御す。已下例の如し。導師は三位法橋定暁なり」

「承元二年　戊辰（一二〇八）一月十一日　辛巳　晴、御所の心経会なり。去る八日式日たりと雖も、将軍家の御歓楽に依って延び今日に及ぶ」

「承元三年　己巳（一二〇九）一月六日　庚子　天晴風静まる。御所の心経会例の如し。導師は法橋隆宣。将軍家出御す」

「建長五年（一二五三）正月八日〔六代将軍宗尊が〕幕府恒例の心経会に臨む」

このように、心経会は基本的に一月八日に御所において行われ、将軍も法会に参加していたことが知られる。法橋（正式には橋上人位）とは、貞観六年（八六四）以降に、律師に対して、与えられた最高の僧位であるから、国家の重要な行事であったのだろう。

この後も石清水文書や、東大寺文書、東寺百合文書、醍醐寺文書などによれば、十三世紀から十七世紀まで、途切れることなかった。特に、室町時代にはしばしば催行された。

たとえば、『東寺百合文書』にある永享十年（一四三九）四月一日の記事によれば、「洛外で疫病が流行して、死者が数えきれぬほど多く、病人が巷に溢れていた。そのために東寺の西院で心経会を三度実施し、鎮守で心経を千巻読誦した」とある。これによれば、心経会の目的はやはり除疫であった。

また、ここで心経を千巻読誦することが明記されている。心経会の内容は、このように除災のために『般若心経』を読誦することであった。現代でもこの伝統は継承され、大晦日、あるいは正月に除災のために心経会を行っている寺院も多く見られる。

——八幡宮と心経会

宇佐八幡宮

次に民俗行事として展開した心経会について見ておきたい。

奈良時代中頃には、心経を繰り返して読誦したり、まとめて書写することが行われるようになり、上記のように鎌倉時代には除疫のために読誦を中心とする法会が、年中行事として、行れるようになった。さらに、室町時代になると、その写経の除厄・作善という功徳を重視して、本来の心経信仰と関わりなく行われる行事も成立していった。

たとえば、疫病を祓清める祭事が、現在でも行れているところがある。それは全国八幡宮の総本宮である大分県の宇佐八幡、その中にある末社八坂神社で、毎年二月十三日に行われる神事である。

これはもともと御心経会と言われたが、明治十三年に鎮疫祭に改称されたのである。したがって、現在では「般若心経」ではなく、祝詞奏上のあと玉串拝礼があり、その後宮司以下神職が捧げた玉串とともに、一丈余りの五色の御幣を従者が八坂神社の鳥居の上をめがけて投げ入れる幣越神事である。

このとき、参拝者は争ってこの御幣を奪い合い、鎮疫の護符として家内安全、または無病息災を祈念して、一年間各家庭の守り神として神棚や玄関に飾りつける。その後、蘭陵王の舞楽も奉納される珍しいものである。

この宇佐八幡宮の祖宮とされる大分県中津市の薦神社（大貞八幡宮）にも二月十一日に「御心経会」（鬼やらい行事）が行れているが、これも鎮疫祭である。地元の人はこれを「おしんぎや」と言っているが、これは「御心経会」の転訛したものであろう（中津市三明院の古梶英明住職のご教示）。

同じく、京都の石清水八幡宮は大安寺の僧行教によって、八五九年に宇佐八幡を勧請した神社として、当初から神仏習合した神社であった。この石清水八幡宮恒例の年中行事も仏教の行事が多く、近年まで一月十九日に心経会が行われている。この根拠には、石清水八幡宮で行われていた行事について詳しい『榊葉集』（『続群書類従』第二輯、神祇部）に、正月には僧侶が主導して修正会・心経会が行われていたと記していることがあげられる。

さらに、鎌倉の鶴岡八幡宮でも一月八日に幕府が心経会を恒例として行っていた。

そもそも、この心経会は、『満済准后日記』の応永三十三年（一四二六）一月二十日の条によれば、

「彼法印（融清）申して云く、（中略）此の神事は禁裏様と武家様より御幣を進められ、洛中の

災難などを払う表事にて、宿院より北門に入り、南門に出て、厄基災に於いて此等御幣等をも焼く事也」

といい、室町時代には道饗祭として行われていたのである。

さらに、江戸時代にはこの疫神が厄神と変化して厄除神となり、厄年に男女が厄払いに参詣するようになった。特にそれが八幡神の職能であるかのように考えられ、石清水八幡がその中心となって大いに賑わった。こうして、青山祭と改称してはいるが、現在も一月十八日に除厄の神事が行われているのである。

このような心経会はもはや仏教行事というべきではないかもしれないが、一つの心経信仰の日本的展開（神仏習合）として押さえておくべきであろう。

日本最初の『般若心経』の注釈

次に、注釈を通して日本の『般若心経』の展開を見てみよう。ただし、注釈といっても、非常に厳密な学問的なものもあれば、原文を離れたエッセーのようなものまである。独創的なものもあれば、過去の解釈をそのまま受け継いだものもある。それら取捨選択をするのも容易ではないが、ここでは限られた紙面の中で、特徴のある歴史的な注釈を系統別に言及しておきたい。

1．日本に導入された注釈書

心経の注釈も限りはないが、『昭和法宝総目録』第一巻には、現存しないものも含めて注釈のタイトルが列挙されている。それによれば中国の注釈七十七部に対し、日本の注釈は四十五部が列挙されていて、これらはすべて玄奘訳に対するものであると明記されている。

そのうち正倉院文書を集積した『大日本古文書』によれば、早くも奈良時代の天平三年（七三一）に「心経抄一巻」を書写し、同五年（七三三）にそれを聖武天皇に献じたという記載がある。この注釈が誰のものであったかはっきりとはわからないが、最澄・空海らの入唐八家の請来目録（『東域伝灯目録』）から見ると、嘉遁の『般若心経疏集抄』の可能性もある。

次いで、天平十二年（七四〇）にも、「註心経一巻」と「心経疏二巻」という二つの注釈書が書写されている。この注釈のうち、前者の著者は不明であるが、後者は「円惻師」とあるので、おそらく玄奘の弟子円測の『般若心経賛』のことであろう。

次いで天平十五年（七四三）と同十六年（七四四）にも、円測と靖邁の注釈についての記載がある。

このように、わが国においては、漢訳心経の導入とさほど年代を隔てずして注釈がもたらされ、書写されてきた。

注釈のような文献は、読誦（どくじゅ）や礼拝の対象となる経典とは、その用途がまったく異なる。たとえその流布（るふ）が限定的であったにしても、注釈はあくまで経典の解釈であり、研究にすぎない。つまり、わが国は心経の導入とともに、このような解釈も同時に受け容れたわけである。以下には、この伝承の系譜をたどってみたい。

2. 日本撰述の注釈書

わが国では奈良時代（七一〇～七九四）に『般若心経』の注釈が初めて書かれた。当時の中国では三論（さんろん）、法相（ほっそう）、成実（じょうじつ）、倶舎（くしゃ）、律（りつ）、華厳（けごん）の六つの学派が盛んであり、これらがわが国に伝えられ、南都六宗（なんとろくしゅう）という東大寺を中心とする学問仏教として隆盛していた。これらの学派に属し、大寺院で修学していた僧侶が『般若心経』を研究していたのである。

特にこの時代には法相宗が最も盛んであり、初期の心経解釈はまさにこの学派によって、検討されてきたと言える。

しかし、わが国最初の注釈は、元興寺（がんごうじ）の智光（ちこう）（七〇九～七七〇）の『般若心経述義（じゅつぎ）』一巻である。彼は浄土曼荼羅（じょうどまんだら）の作者で知られる三論の学匠（がくしょう）であり、天平勝宝（てんぴょうしょうほう）四年（七五二）頃にこの『述義』を

智光ゆかりの元興寺極楽坊

書いた。その内容は、慈恩大師基や円測といった中国法相宗の解釈を引用しながら、それを批判し、三論宗の立場から解釈した点に特徴がある。

本注釈のはじめには、彼が九歳で元興寺に入り、学問を志してから三十年を超し、天平勝宝四年（七五二）に、「聖教を周覧するに、その最要なるはこの経を措いてほかにはない。その文は簡約であるが、義は豊かであり、〔中略〕ここに敬って讃述するが、あたかも蚊が大海の水を飲むようなもので、万分の一を尽くすこともできない」と謙虚に述べている。

本注釈は、訳経者、主題、経題、全文の解釈と四部門にわけられる。第一の訳経者では、真偽の問題は別として、羅什訳『摩訶般若波羅蜜大明呪経』、玄奘訳『般若心経』、菩提流志訳『般若波羅蜜多那経』という歴代の三つの翻訳に言及し、すでに流志訳は紛失していることを述べる。

第二の主題では、正観が般若経の宗旨であるとし、基や円測が般若経を第二の不了義（未完成）としているのは、はなはだしい誤解であることを論じ、内容において『解深密経』と『般若心経』に異なりはないと述べる。なお、後述する真興の『略釈』は、このような解釈を批判する智光『述義』に対する、法相の立場からの再批判である。

第三の経題は、「摩訶」「般若」「波羅蜜多」と三分して梵語の意義を検討する。次いで「心」を堅実、最要の称であるとし、多くの般若の教えが広大で多義にわたるため、人々はその伝持することを怖れる。そこで、修行しやすくするために、般若経の中で最も要となる教えを取り出して、これを流布させたのであると釈する。

第四に経文の解釈では、その中心となる空の解釈がなかなか興味深い。

まず、「色などの諸法は因縁によって生じたものであるから無自性である。つまり色は宛然として空である」といい、「すべては畢竟空であるから、今ここに〈色は空に異ならない〉と言う。すなわち、これは仮名を壊わさず、実相を説くものである。このように菩薩は真の正観をもって因縁としての〈色が即ち是れ中道〉であると見るから、〈色は空に異ならない〉のである。しかも、色はすでに空において異ならない。色と空とは平等、無差別なのだから、〈色即是空、空即是色〉というのである」とする。

これがわが国最初の『般若心経』の注釈である。このように洗練された、深みのある注釈が、すでに八世紀に著されていたというのは、わが国仏教史において誇るべき遺産である。

法相系の伝統的注釈

飛鳥・奈良時代の仏教は、中国や朝鮮半島から移入された仏教である。そのような背景があったため、心経解釈においても、中国法相宗の祖である慈恩大師基（六三二〜六八二）による注釈『般若心経幽賛』が解釈の基盤となっている。

たとえば、薬師寺の実応による『般若心経幽賛鈔』、秋篠寺の善珠（七二三〜七九七）による『幽賛記』二巻、元興寺の護命（七五〇〜八三四）による『幽賛解節記』六巻、子島寺の真興（九三四〜一〇〇四）による『般若心経略釈』一巻、さらに後代では是阿（年代不詳）の『鈔』、大含（一七七三〜一八五〇）の『略記』なども書かれている。

これらはタイトルからもわかるように、みな慈恩大師基による『般若心経幽賛』の復注である。彼らは基の解釈にもとづきながら、その中で自らの解釈を再提示するという方法を取ったのである。このように、『幽賛』の影響ははなはだ大きい。

これらのうち実応、善珠、護命の注釈は散逸して伝えられていないが、真興の『略釈』は現存する。この注釈は最初に経題の後に、インドの提婆、中国の円測、靖邁、法蔵、日本の空海や智光など、『般若心経』に注釈を施した十人をあげ、そのうちの基の疏（『幽賛』）に依拠する。

前述した三論の智光『述義』が、慈恩大師基の解釈を批判的に引用するのに対して、真興はこれを再批判し、法相の立場から五段によって解釈した。なお、この経緯は心経が最初から中国法相宗の強い影響下にあったことを物語る。

天台系の注釈

平安時代になると最澄（七六六～八二二）が入唐して、天台をはじめ、密教、禅宗、戒律の四宗を学んで帰朝し、比叡山にこの四宗合同の天台法華宗を創設した。八〇六年には天台宗として二人の公認僧（年分度者）が勅許によって公認され、顕教と密教の両者を学ぶ総合的な教育制度が取り入れられた。

この最澄撰と伝えられる『摩訶般若心経釈』が現存する。ただし、経題は羅什訳にもとづくと言明しているが、実際は玄奘訳にもとづいた注釈である。内容も中国天台宗中興の祖と称される湛然の弟子、明曠（～七七〇～）の『疏』を、後代の人が改編したのが本注釈であると推定されている。

このように本注釈は真撰が疑われてはいるが、これによって天台宗の宗義を理解するのには適している。また最澄には『開題』もあるので、『般若心経』を研究していたことは疑いない。

次いで、最澄の弟子、円仁（七九四～八五四）の『般若心経疏集』と、円珍（八一四～八九一）の『般若心経釈』がある。残念ながら、両者ともに現存しないが、後者は宥快『鈔』の中で、杲宝の『鈔』

ともに言及され、その一端を窺うことができる。

この二つの注釈は『東域伝灯目録』に記載されている。本書は平安末期に永超（一〇一四〜）によって撰述されたわが国最古の仏典目録である。それによれば、円珍の『心経釈』は、華厳の法蔵の注釈である『略疏』にもとづいたもので、『料簡』とも称したようである。

次に、平安中期には恵心僧都源信（九四二〜一〇一七）による『般若心経註解』と『講演心経義』があった。後者は小品であるが、円珍の『講演法華義』を模して著されたという。この注釈は「実相・観照・文字の三般若」「空・仮・中の三諦」「一色、一香も中道にあらざるなし」といった言葉に見られるように、天台の立場から七部門によって注解するが、密教的な解釈を取り入れた独自の見解を持っている。

江戸時代には安楽律の提唱者である慈山妙立（一六三七〜一五九〇）が『般若心経略解』を著した。本注は明の智旭（一五九九〜一六五五）の『般若心経釈要』にもとづきながら、禅的な思想傾向で解釈する。以上が天台系の注釈であるが、総じて数は多くない。

空海の『般若心経秘鍵』とその系譜

一方、真言系統の研究は盛んであった。この系統の心経解釈は、空海（七七四〜八三五）の『般若心経秘鍵』をもって始まる。したがって、宗祖への崇敬（大師信仰）とともに、心経の研究が連綿として継承されていったのであろう。

そもそも『秘鍵』は真言宗学徒が学ぶ十巻章の一つにあげられ、多くの復注が作られた。おそらく、わが国で最も良く知られた『般若心経』解釈であろう。

ただし、本注は密教の立場から書かれた個性的な注釈と言える。たとえば、本注のタイトルの「般若心経」とは、大般若菩薩の「大心真言三摩地」（大いなる悟りの境地を説いた教え）であるとし、この「心」とは「心真言」としてのマントラであると解釈する。そして、最後の「秘鍵」とは、大いなる悟りの秘密を解き明かす鍵という。このように、しばしば密語や顕密の意義をもって解釈する点に最大の特徴がある。また、本注は羅什訳と言いながらも、実際は玄奘訳を引用して注解するなど不可解な点もある。

空海

内容部分においては、経の本文が五段にわけて解釈される。特に第五段の「秘蔵真言分」では、最初の「掲帝」から最後の「僧莎訶」までの明呪を、声聞・縁覚・大乗・

密教という教相判釈にもとづき、それらすべての究極的な悟りの境地を表現していると解釈する。この『秘鍵』に対する注釈（復注）には、二十点を超える歴史的な書が残されている。

それらのうち、主なものをあげれば、新義真言宗の祖である覚鑁（一〇九五～一一四三）の『秘鍵略註』、済暹（一〇二五～一一一五）の『秘鍵開門訣』、道範（一一八四～一二五二）の『秘鍵開宝鈔』、頼瑜（一二二六～一三〇四）の『秘鍵開蔵鈔』および『秘鍵愚艸（草）』、宥快（一三四五～一四一六）の『秘鍵鈔』、『秘鍵教童鈔』および『秘鍵伊呂波聞書』、三等（～一七一六～）の『秘鍵虻鱗記』、杲宝（一三〇六～一三六二）の『秘鍵聞書』、杲宝口述・賢宝記『秘鍵聞書鈔』、宥誉宗専の『秘鍵開宝決択鈔』（一五九〇記）、浄厳（一六三九～一七〇二）の『秘鍵指要』、如実亮海（一六九八～一七五五）の『秘鍵講筵』、頼恭（一八〇二～一八〇三）の『秘鍵見聞記』などがあった。

この中で杲宝の『秘鍵聞書鈔』には、今日では現存していない唐の潜真撰『虚空蔵経疏』や、無待および法雲の『心経註』、円珍の『心経開題』、済暹の『開門決』などが引用されていて、資料的価値も高い。また、現在も『秘鍵』の研究は行われ、『秘鍵』にもとづいた解説本は多く刊行され続けている。

――華厳系の注釈

わが国の華厳宗は南都六宗の一つとされるが、独立の宗派としての独自性は薄い。そのためか、華厳宗の心経注としては、日本のものではなく、中国、唐代の第三祖法蔵（六四三～七一二）の『般若心経略疏』に対する注釈が眼につく。それも、古い注釈は見られず、江戸時代の道忠、普寂の注釈などがあげられるのみである。

無著道忠（一六五三～一七四四）の注釈は『般若心経法蔵疏赴鑰』と言われる。道忠は有名な江戸時代の禅僧であるが、大般若経全巻に朱点を入れて読み終え、その晩年（元文三年（一七三八））には近江（滋賀県）の総見寺にて『般若心経』を講じているように、「般若経」に親しんでいた。道忠には『禅林象器箋』、『維摩経切脈』をはじめ、著書はすこぶる多い。なお、普寂（一七〇七～一七八一）には『探要鈔』が現存する。本注は法蔵の『般若心経略疏』に対する復注であるという。

道元

禅宗系の注釈

禅宗は中国で仏心宗と言われたように『般若心経』の「心」を「こころ」と解し、多くの注釈が著作された。この伝統は、わが国にも伝えられる。

まず、曹洞宗の開祖道元（一二〇〇～一二五三）は

『正法眼蔵』「摩訶般若波羅蜜」（一二三三）の巻を著し、般若経の主題である般若波羅蜜については深い思索を試みた。この巻の冒頭には「観自在菩薩の行深般若波羅蜜多時は、渾身の照見五蘊皆空なり」とあるように、心経の言葉を引用している。確かに随文解釈という逐次的な解説は施していないが、明らかに『般若心経』を対象とする注釈と言ってよい。

この直後、一二四六年に宋から来朝した臨済の蘭渓道隆（一二一三〜一二七八）も、『般若心経註』を著した。

これをはじめとして、室町時代の一休宗純（一三九四〜一四八一）が『般若心経解』を著している。これはわかりやすい「かな書き」で、源基定が、古今集・新古今集・千載和歌集などから選定した道歌を六〇首六段にわけて添えている。経題の解説では「心経とは、すなわちはんにゃの心なり。此の般若の心は、一切の衆生もとよりそなわりたる心なり」とするように、仏心宗としての禅宗的解釈を示す。江戸時代には圓耳（一五五九〜一六一九）の『般若心経註解』（一六〇六）がある。本書は六祖慧能の『金剛経解義』と南陽慧忠の『註』を基礎にし、科判（段落わけ）は孤山智圓の『心経略疏』によっている。

その他にも、もとは妙心寺の僧で隠元の来朝以降に黄檗宗に転宗した龍渓性潜（一六〇二〜一六七〇）の『般若心経口譚』と、鉄眼道光（一六三〇〜八二）の『般若心経仮名法語』、臨済宗の盤珪永琢

（一六二二～九三）の『心経鈔』、曹洞宗の天桂伝尊（一六四八～一七三五）の『般若心経止啼銭』、瑞方面山（一六八三～一七六九）の『般若心経古註』、臨済の白隠慧鶴（一六八五～一七六八）・東嶺圓慈（一七二一～九二）の『毒語註心経』、心応空印（一七一六～一七八〇）の『般若心経鉄船論』、黄泉無著（一七七五～一八三八）の『般若心経忘算疏』などがあり、多くは現存している。

この中で、曹洞系では天桂伝尊の『止啼銭』は多くの門人に読まれ、臨済系では白隠と東嶺の『毒語註心経』が最も標準的に読まれてきた。

前者は従前の注に固執せず、独自の立場から批判的に心経の本質を説いたものであり、評価は高い。たとえば、「摩訶を説き、般若を明かすに、何れも同じ心のことを、名を変えて般若の智慧というのであって、多くの人は智慧といえば何やらすばらしいものがあって、光り輝くように思うが、そうではなく、人々の自在の徳を言うのである」というように、独自の解釈が散見される。

白隠

後者は白隠が玄奘訳『般若心経』に対して偈頌や著語（これを毒語という）を付したものに、さらに白隠の高弟、東嶺禅師が注を付加したものである。

この『毒語註心経』に対して、さらに多くの復注が書かれた。なお、東嶺禅師には『般若心経不不註』という注も現存する。

その後も、いろいろな立場から、数え切れないほどの研究書や注釈が作られているが、それらは密教と禅宗の系統が多い。また、近代・現代においても、連綿として、それも幅広い分野から作成され続けている。

たとえば、真宗は心経を尊重しないと言われるが、西本願寺門主であった大谷光瑞や、東本願寺の留学生で東洋大学創立者であった井上円了もこの経典に解説を書いている。前者『般若波羅蜜多心経講話』は大正十一年に上海の師子吼会会員のために行った講演録というが、かなり本格的な注釈である。後者は諧謔を込めた心経解説であるが、おそらく、時勢の流行を無視し得なかったのであろう。

なお、ここで扱った注釈のうち、主なもの十三点が『日本大蔵経』「般若部章疏」に収められているので、原文で読みたい方は挑戦していただきたい。

また、禅宗の祖師による主な注釈は、林岱雲『禅宗心経註釈全集』（日本図書センター、一九七七）に収められている。本書には訓読や解説も施されているので、大いに参考になるだろう。

第五章

『般若心経』と日本文化

1…呪文としての信仰

心経信仰の広がり

『般若心経』の信仰は日本仏教の中で、独特の広がりを持っているが、それは多くの人々がその難しい教理を理解して、その教えを信奉してきたわけではない。内容はわからなくとも、唱えやすい、ありがたい教えとして広まったものであろう。したがって、その理解も、日常の暮らしに結びついた平易な方法で受け容れられたはずである。

そこで、本章は心経信仰の広がりを、書写・読誦（どくじゅ）の目的からはじめ、説話や物語などの文学、あるいは「絵心経」というような、比較的庶民にも受け容れやすい文化の中に見てみることにする。

書写・読誦の目的

1. 安寧・除災

『般若心経』は最初から庶民に広まったわけではない。第四章（3「日本」）で書いたように、奈良時代から朝廷や公家、あるいは幕府によって、国家的な事業で読誦、書写されていた。その目的は他の般若経典と同じく、安寧と除災を祈るためであった。

しかし、他の般若経が比較的早くから信仰されたのに比べ、心経は文献には現れない。たとえば、『日本書紀』（七二〇成立）には十二種類の大乗経典が引用され、『仁王般若経』や『金剛般若経』について言及しているが、心経は引用されていない。

『大日本古文書』所収の「正倉院文書」によれば、天平十年（七三八）の閏年に七六八巻の心経が書写されたことが記載されている。この資料から見ると、奈良時代から急速に、安寧と除災のために天皇や貴族たちが書写・読誦するようになったことがわかる。

なお、平安末期〜鎌倉時代からは、心経を千巻書写して供養する心経会も行われ、特に宮中や御所をはじめとして盛んに行われた。

その様子は、源頼朝の信任を得て、摂政・関白となった九条兼実（一一四九〜一二〇七）の日記『玉葉』にも「今日また心経千巻を読み奉り、春日御社に法楽を奉る。信心殊に発る。利生柄焉なるものか」（巻三十九）とあるように、春日神社や各地の八幡宮などでも心経会として広がっていった（第四章・二九〇〜二九五頁参照）。

2. 臨終行事と安楽死

この心経を千巻読誦する儀礼は、仏教民俗では「千巻心経」として知られる。すなわち、瀕死の病人が早く楽になること（安楽死）を願って、心経を千回上げる臨終儀礼である。

この儀礼の意味は「千度参り」と同じである。「千度参り」は、危篤の病人の安楽死のために氏神に参り、神前で鬨の声を上げるという臨終儀礼で、千度踏みではない。病人の妄執の苦しみは生前の罪のためとされ、一度踏むごとに祓ってやれば、やがて千度に満たないうちに安楽死できるというものである。「千巻心経」もこの意味で唱えられるから、鎮魂と滅罪のために読誦されたと言える。なお、仏教民俗学では、この行事は修験道のものであり、山伏などによって民俗化されたと推定されている（五来重『僧と供養』東方出版、一九九二、六七八〜六七九頁）。

3. 追善

心経の書写・読誦の目的は、時代や信仰する階層によっても異なってくる。例えば、公家にとっては安寧・除災であるし、武家にとっては武運長久、子孫繁栄ともなるし、庶民にとっては追善供養にも、鎮魂と滅罪にもなる。

しかし、その中にも個人としての共通の目的はある。たとえば、弘法大師空海（七七四〜八三五）の漢詩文集『性霊集』（承和二年〔八三五〕頃成立）には、「葛木の参軍、先考の忌斎を設くる願文」（巻第七・第六十三）がある。それには「先考妣（亡き父母）の奉為に金光明経一部、法花経両部、孔雀経一部、阿弥陀経一巻、般若心経二巻を写し奉り」と記されている。

「葛木の参軍」とは、摂州の軍事を司る人であるが、この人が亡き父母のため『金光明経』や『般若心経』などを書写したことについての願文である。

ここで言及する『金光明経』は奈良時代以来、鎮護国家のために宮中の御斎会や、諸国の国分寺で読誦・講説された経典である。『法華経』は古代に最も信仰されていた経典の一つであるし、『孔雀経』は密教の、『阿弥陀経』は浄土教の代表的経典である。ところが本書では、これら大乗の諸経典を、亡き父母のために書写したという。

このことから、経典を書写するという個人の功徳は、個人に帰せられる。したがって、個に関わる先祖の供養を目的にして、心経の書写が行われることもあったと考えてよい。

『般若心経』はこのように追善のために写されたのであり、他の経との相違はない。

4．怨霊を鎮める陀羅尼の経典

次いで、南北朝の文和・延文年間（一三五二～六〇）頃に成立した説話集『神道集』にも心経が登場する。本書は安居院流の唱導僧の作とされ、諸社の祭神の本地を示し、垂迹の縁起を説く五十編の物語からなる。御伽草子・説経・古浄瑠璃など中世、近世の文学に大きな影響を及ぼしたのであるが、本書の「北野天神の事」にも心経が言及される。

もちろん北野天神とは菅原道真（八四五～九〇三）が祭神である。彼は右大臣であった時、藤原時平に無実の讒言をされ、都から追放され、大宰府で没した。その菅原道真の怨霊が、青蛇となって時平を呪詛する話である。

時平は重い病にかかり、その病を治癒するために、浄蔵という名僧が招かれた。そのために、延喜九年（九〇九）「四月四日、不動明王の修法が行なわれた。〔中略〕そこで『般若心経』三巻を読誦して、天地に属する神仏に祈り、『薬師経』の終わりの文句〈金毘羅大将〉というところで声を張り上げて、〈千手二十八部衆〉に請い願った」とする。

『薬師経』には十二神将を始め、いくつかの神呪が説かれるが、その巻末には、千手観音の眷属である二十八の天部衆にこの経典の神呪を委嘱すると宣言する。本書はこれを承けているのである。

これらのことから明らかなように、心経は神祇への祈りの呪であった。また本書の最後にも、〔浄蔵は〕「陀羅尼の神呪を唱え終わった」と述べているように、神呪を持つ経典として唱えられていたことがわかる。

北野天満宮（天神）

5．先祖供養と神呪

たどっては、江戸時代の曹洞宗の僧、鈴木正三（一五七九〜一六五五）である。彼は徳川家康に仕えた旗本であり、後に出家して曹洞宗の僧となった。多くの著作を残しているが、その仮名法語の一つに『反故集』（没後、一六三四年に弟子の恵中がまとめた）がある。

本書では、「武士たる人は、生死を軽してこそ、君（＝主君）の御用にも立るべけれ。又死の近事を知玉はば、何の望みかあり、何の楽しみか有らんや。只菩提の道を要として、三途地獄を出離せらるべし。又、心経、大悲呪、尊勝陀羅尼、八句陀羅尼、光明真言等の短き経呪を御誦候て、代々の先祖を始め、親類並に、見聞し程の人、三界の万霊に至まで廻向し玉ふべき者也」と言っている。

このように『反故集』でも、心経は大悲呪、尊勝陀羅尼、八句陀羅尼（＝楞厳神呪）、光明真言等の呪文、あるいは呪文を含む短い経典の一つとして、唱えられていたことがわかる。これは、上述してきたように、心経信仰の特徴と言ってよいだろう。

また、先祖代々、三界の万霊に廻向すべきとあるように、現在の読経の功徳を廻向する考え方と同じことが確認できる。

以上のように『般若心経』は、古くから〈安寧除災〉、さらには〈先祖の供養のため〉に、大いに効果がある〈神呪を持つ経典〉として、書写され読誦されてきたと言える。

説話文学の中に見る『般若心経』

現存する日本の説話文学で最古とされるのは『日本霊異記』である。この書は弘仁年間（八一〇～八二三）に奈良薬師寺の僧景戒によって編纂されたとされるが、その正式名は「日本国現報善悪霊異記」とあるように、現世で善悪の報いを受けた霊験譚を述べたものである。その中には般若経に関するいくつかの説話が述べられ、『般若心経』についても二話伝えられている。

一つは、百済の僧義覚が『般若心経』を読誦すると光明が顕れて照り輝き、室の壁を通り抜けられたという話（上巻・第十四）。

二つは、ある女性の仏教信者が、常に『般若心経』を唱えていたが、その声はたいへん微妙であり、多くの人々に愛されていた。そのため彼女は死後に閻羅王（＝閻魔）の冥界の庁に至り、そこで経文を読誦したところ、王は大いに喜んで彼女を甦らせたという話（中巻・第十九）である。

この二つの霊験譚は、十二世紀前半頃に編纂された『今昔物語集』（撰者は未詳）でも、ほぼそのまま引用される。たとえば、その第一話は、百済の僧義覚が日夜「心経」を読誦していたため、口から光明を発する、などと多少の違いはあるほか、「心経を誦することによる霊験を信じ、聖人の徳行ずるべし」という編者の言葉があらたに書き加えられる（巻十四・第三十二話）。

第二話は、さらに冥土で黄色い衣を着た三人の写経の化身から暗示を受け、蘇生してから後に、盗まれた写経（梵網経二巻と心経一巻）を取り戻すという後日譚が付加されている（巻十四・第三十一話）。

ここに見られるように、『今昔』でも霊験譚として心経を読誦することを勧めることに変わりはない。

さらに、『今昔』には、天竺にわたる途中で観音の化身から「般若心経」を授けられたことが記されている（巻六・第六話）。これは、玄奘の『三蔵法師伝』にもとづいた有名な話である。『三蔵法師伝』によれば、「玄奘法師は沙州（敦煌）の上流にある玉門関から先の砂漠をただ観世音菩薩と『般若心経』を念じながら渡った。そのとき、さまざまな悪鬼に遭遇したが、この経を読誦すると、それらは皆消えてしまった。危険なときに救われたのは、実にこの経のおかげであった」と伝えている。このような伝承も、『心経』がもたらす霊験の素材になったであろう。

このような心経の霊験譚や逸話の基本形は、もともと中国で形成され、わが国に伝えられたものである。それが『霊異記』や『今昔』といった説話文学ばかりでなく、『霊異記』の影響を受けた仏教説話『三宝絵詞』や空海の詩文集『性霊集』、『元亨釈書』、『扶桑略記』などの歴史書にも継承され、知識人の間で共有されていったのである。

確かに、これらの物語は僧侶という当時の選ばれた階層が伝えたものである。したがって、それは僧侶の側から庶民に、霊験によって心経の信仰を勧めたものと言える。しかし、同時にその信仰を受け容れた庶民の姿を伝えるものでもある。その意味では、このような霊験記こそ、僧侶と庶民をつなぐ有力な信仰のツールであったのである。

また心経はそのような霊験を起こすにふさわしい内容を備えていた。それが最後の真言である。その真言は、「般若陀羅尼」とも称された。

『霊異記』中巻（第十五）では、「我学ぶるところなし。唯般若陀羅尼を誦持し、食を乞ひて命を活ふのみ」という。もし、本経の信仰の独自性があるとすれば、それはこのような陀羅尼を備えたところというべきであろう。その点にこそ、霊験あらたかな読誦にかなった経典という特性を指摘できる。それを端的に示す例が、ハーンの「耳なし芳一」という怪談である。

2…文学への影響

ラフカディオ・ハーンと心経

「耳なし芳一」の物語は、江戸時代に開版されたいくつかの類書を素材にして、ラフカディオ・ハーン（小泉八雲 Lafcadio Hearn 一八五五～一九〇四）が『怪談』として書き直したものである。このことは、それほど知られてはいない。

ラフカディオ・ハーン

まして、盲目の琵琶法師、芳一が平家の亡霊に引き込まれるのを守るために、阿弥陀寺の住職が芳一の身体に書いた経典が『般若心経』であったことは、ほとんど注目されていないだろう。

そもそも、この話の素材は『曾呂利物語』「耳切れうん市が事」や『宿直草』「小宰相の局、ゆうれいの事」、あるいは『御伽厚化粧』「赤関に留まる幽霊、附・鶴都の古塚の前にて琵琶を弾事」や『臥遊奇談』「琵琶秘曲、幽霊を泣かしむ」などに由来する。

ハーンが物語を書くために使ったこれら資料の多くは、セツ夫人によって集められたものである。現在それら大部分は、富山大学の「へるん文庫」に所蔵されているが、その中に『御伽厚化粧』と『臥遊奇談』があり、特に『臥遊奇談』は、話の構成や内容が『怪談』とよく一致している。

この事実から注目すべきことが二つある。一つは、もともと本来の怪談集には、耳を失った座頭、あるいは琵琶法師の体中に書かれた経典が、尊勝陀羅尼であったり、降魔の呪であったり、般若の文であったりした。しかし、それが心経であると明記するのは、『臥遊奇談』である。つまり、ハーンはこれを素材に「心経」と書いたのである。

もう一つは、心経が亡霊から身を守る守護として機能していることである。ハーンがこの話を依用したのは、少なくともこのような呪文としての経文を承認していたからにほかならない。

仏教の聖典、すなわちブッダの言葉は通常のコミュニケーション言語ではなく、世俗を超えた聖なる世界に通ずる呪文としての機能を持っている。少なくともここでは、そのように見なされているのである。

ところで、芳一は盲目の琵琶法師である。もともと、この話の原題は「耳きれ芳一」であった。それをハーンが、「耳なし芳一」としたのであるが、その理由は、「東方聖典叢書」(The Sacred Books of the East)に収められたマクス・ミュラー英訳『般若心経』(玄奘訳小本)をハーンが読んでいたからであろう。

この翻訳を見ると「無眼耳鼻舌身意」に相当する箇所は、〈There is……No eye, ear, nose, tongue, body, mind.〉(眼がなく、耳がなく、鼻がなく、舌がなく、身体がなく、心がない)とあり、この箇所が「耳なし芳一」(Hoichi-the-Earless)と変更する要因になっていた可能性もある。

マクス・ミュラーの英訳心経も「へるん文庫」に見え、そこに書き込みもあって、ハーンがかなり意識していたことが知られる。しかも、ハーンはアメリカ滞在時から、本書に精通していたこともわかっている。そこで、この箇所から『般若心経』を身体に書写し、耳に書くことをしなかった琵琶法師を「耳なし芳一」としたのではないだろうか。

和歌に詠まれた心経

日本人にとって、和歌による意志表現は、最も効果的で伝統的な手段であった。この歌という方法で、心経を詠んだものも少なくない。以下にはその代表的、かつ個性的な歌をいくつか見てみたい。

猿沢の池と興福寺五重塔

まず、まとまったものとしては、『心経歌集』がある。本書は、室町前期の臨済宗の僧、一休宗純（一三九四～一四八一）の『心経抄』（天保十五年〈一八四四〉版）をもとにして、江戸末期に源（辻本）基定が、当時伝えられた和歌を集めて『心経歌集』として編纂したものとされる。この歌集の中に、なかなか面白い歌が掲載されているので、そのいくつかを紹介してみよう。

①〝色即是空〟　浄意法師

「水底にやとれる月をありとみて　とらはやとらむ猿沢の池」

この歌は、冷泉為相（一二六三～一三二八）編『拾遺風体和歌集』から採録されたものである。色即是空とあるように、水に映った月を実際にあると執着している姿を、仮に存在するものに執著するわれわれに喩えたのである。

なお、この情景は、河内（大阪府）高貴寺で戒律復興に努め、正法律を提唱した慈雲尊者（一七一八〜一八〇四）の和歌集にもある。ただし、本書では「猿こうの月をとる絵に」（四九四）という題で、「手を垂れておのが宝とおもふらん　見るにかひある水の月影」と詠まれている。

ここで題にある「猿こう」とは、獼猴（猿）のことをいう。「猿こうの月」とは「びこうの池に映る月」、すなわち、奈良興福寺南門の前にある猿沢の池を意味している。この池は、インド・ヴァイシャーリーの「ビコウ池」を模したものと言われ、『大和物語』、『枕草子』などにも言及されるように、十世紀頃からよく知られていた。浄意法師の詩も慈雲尊者の詩も、この情景を背景にしたものである。

②〝色即是空空即是色〟　大我上人

「草々をひきよせむすふかりの庵　とけはそのままむさしののはら」

この詩は、表題にあるように色と空が相即することを述べている。そのことを、草を編んで造った仮の庵（色）と草深い武蔵野の原野（空）の関係に喩えている。

ここで言う「草を編んで造った仮の庵」とは、色（物質要素）をはじめ五蘊からなるわれわれ人間のことである。それを「解けばそのまま武蔵野の原」と言って、死してその構成要素に解体すれば、もとの五蘊に帰るものにほかならないという仏教の教えを詠みこんでいるのである。

大我上人とは、京都石清水の浄土宗正法寺の第二十二世住職で、『三彝訓』の著者である大我絶外（一七〇九〜一七八二）のことであろう。

なお、この歌集に同じ作者（大我）の「不垢不浄不増不減」という題の歌が掲載されている。それも「かはらしなかりのいほりのむすひても　ときても同しむさしのの草」（変わらないのです。仮の庵を結んでも、解いても、同じ武蔵野の草なのです）という、やはり五蘊を武蔵野の草に喩えた歌である。

当時の人々にとって、難しい教理を解説するのにはこのような歌を用いた方がはるかに理解しやすかったのであろう。

3…絵心経

絵文字による経典

絵心経は歴史的に「めくら心経」と言われてきたもので、文字の読めない人に絵文字でもって心経（玄奘訳）を説いたものである。これは、今日ではむしろ「絵心経」の名によって広く知られているようなので、ここでは後者の呼び名を用いることにしよう。

絵心経は南部絵経の一つである。これらは盛岡藩領内や田山地方（現在の岩手県八幡平市田山町）周辺で、江戸中期の正徳二年（一七一二）頃に成立したとされる。当時は一般的であった字の読めない庶民のために、絵や記号で経文を読ませようとしたもので、絵文字による経典の一種である。

この田山地方は現在もスキー場がある奥深い山村であるが、江戸時代には「南部めくら暦」と言われる絵暦があり、この表現方法を『般若心経』に転用したものが、「めくら心経」こと「絵心経」である。

ただし、この地方では、『法華経要文』、『随求陀羅尼』、『吉祥陀羅尼』、『仏母心陀羅尼』、『延命十句観音経』、『観音十大願文』など、いずれも短い経典や呪句などを読誦用として、絵文字による経文（絵経文）で表現している。また、同種の「地蔵和讃」や「観音和讃」なども発見されており、独特の絵文字による文化が作られていたことがわかる。

橘南谿の伝承

このユニークな「田山暦」と「絵心経」を最初に紹介したのは、儒医の橘南谿（一七五三～一八〇五）である。

医者で文人だった橘南谿は、医学修行のために、天明二年（一七八二）から六年にかけて、日本国内を旅した。その記録が、『東遊記』、『西遊記』である。本書は諸国の人情・地理・風俗・奇譚を伝える書としてつとに名高い。両書は寛政七年（一七九五）、刊本として出版され、評判を高めた。ついで、寛政九年（一七九七）には『東遊記後編』を刊行し、大いに流行した。

本書は近年、平凡社の「東洋文庫」という叢書に二巻本で刊行された。これは、当時刊行された『東遊記』正・続編に、写本にのみ残る章を補遺とし、「東遊記、東遊記後編、補遺」の一巻としたもので、第二巻は『西遊記』である。

この橘南谿が、その著『東遊記後編』巻一の〈蛮語〉の項に、

「南部の辺鄙には、いろはをだにしらずして、盲暦というものありとぞ。余が通行せし街道にはあらねども、聞きしままをしるす。又、般若心経などをも、めくら暦の法にて誦すると云う。其図左のごとし」

と言って、天明三年（一七八三）のいわゆる「めくら暦」と「絵心経」を掲載している。また、彼自身が田山へ行ったのではないと断りつつ、実際に田山へ行った百井塘雨の『笈埃随筆』から引用して、絵心経を解説している。

橘南谿が盛岡領内を旅した頃の東北は、宝暦五年（一七五五）の飢饉から知られるように、大変な数の餓死者を出していた。たとえば田山を含んだ鹿角郡などは、当時の住民の三割を超える人が亡くなっていたほどである。もちろん庶民の多くは文字が読めないのが普通である。このような状況の中で、絵心経は庶民に受け容れられ、流通した。まさに読誦し、祈る人々の姿が、このような心経の信仰を生んだのである。このような庶民の願いが心経信仰の礎であった。

田山系の絵心経文字は、観自在の「かん」が「棺」、「じ」が「ち」に点、「ざい」が「のこぎり」（氷用の鋸の方言）とあったりして、なかなか理解するのが難しい。

さらに実際の玄奘訳『般若心経』の本文を引用した後、

「右、心経の本文なり。引合わせて読むべし。是等の事を用いて、仮名文字もいまだ知らざる所は、南部、盛岡の城下より七八十里も北西にありたる田山などいえる極山中の辺鄙なり。誠に、古の結縄の約（縄の結び目による意思の伝達）ともいうべし」

と言って、同様の事情である蝦夷地（北海道）の文字に言及し、「この南部、津軽の周辺の村民はおおかたはエゾ種なるべし」と言い、この言語習慣を蝦夷の結縄の風習に引き寄せて考えている。しかし、

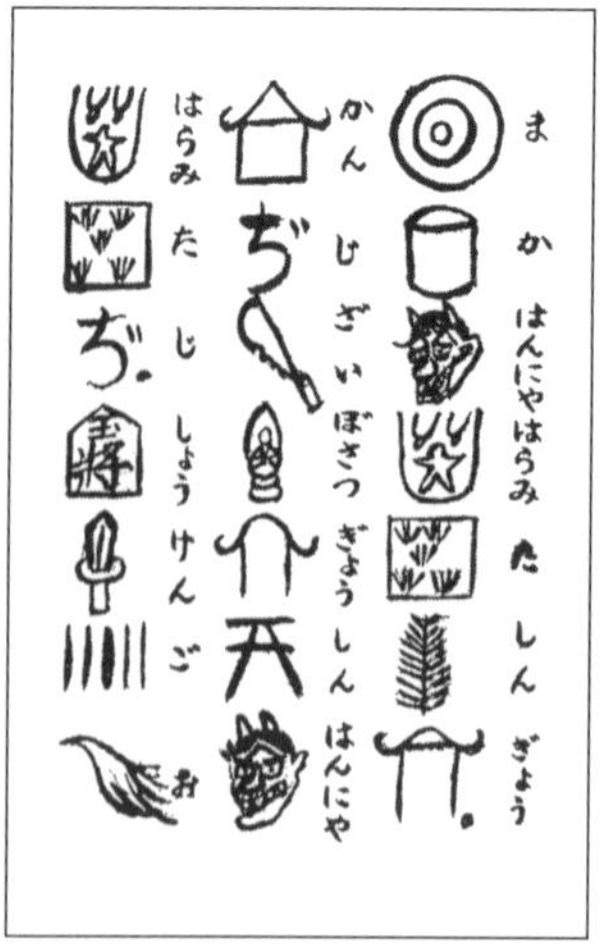

田山系絵心経（『絵心経』奥州盛岡藩二戸郡田山村・平泉屋治兵衛版、復刻本）

盛岡系絵心経（『南部絵経―絵解きと生まれた謎に迫る』盛岡てがみ館）

実際はそうではない。

田山系と盛岡系の絵心経

田山暦と田山絵心経の作者は「善八」（源右衛門とも称す）である。彼は平泉で寺社取り締まりの補佐役をしていたが、元禄年間に上司の罪を背負ってこの地に逃れ、やがて八幡家の養子になったという。彼は書、天文、暦などに明るく、当地に伝わる「めくら暦」を応用して、文字の読めない人たちのために、この「絵心経」を作ったのである。

その後、田山暦は善八の子孫八幡家により、明治の初めまで作られたと言われている。盛岡暦は田山暦に遅れること数十年、城下町で当時最高の技術を持つ板版彫刻兼摺物職人の舞田屋理作が開発した。この絵暦とともに絵心経も作られたのである。

舞田屋版によって、絵心経も鑑賞を意識した洗練されたものとなる。これを通称、盛岡系絵心経と称する。

現在伝わる絵心経は、ここで取り上げたほかにも、南部周辺（長松寺版・法運寺版・大慈寺版）をはじめ、いくつかのバージョンが普及していたようである。これらは大別すると、田山系と盛岡系の二通りにわけられるが、近年は盛岡系、あるいはその改訂版の絵心経が、手ぬぐいやTシャツなどにもプリントされているのを多く見る。これも平易な呪文の一つとしての、ひそやかな流行であろう。

また、平民宰相（さいしょう）と称された盛岡出身の総理大臣、原敬（はらたかし）の三回忌の法要（ほうよう）記念として刊行されたものが、近年になって発見され、復刻された。これも盛岡系絵心経である。この復刻が「盛岡てがみ館」から刊行された『南部絵経』の挿絵として掲載され、多くの人に知られるようになった。

4…井上円了の「大正般若心経」

『般若心経』の改作

明治の日本の近代化にとって、知の基礎である哲学を学ぶことが重要であるとして、哲学教育に尽力した井上円了（一八五八～一九一九）は、「諸学の基礎は哲学にあり」という教育理念をもって、明治

井上円了の肖像画（一九〇七年、岡田三郎助作）

二十年（一八八七）に哲学館（現在の東洋大学）を創立した。

彼は当時の最も有名なベストセラー作家であり、一三九冊にも及ぶ多数の著作を残している。その最後の著書『奮闘哲学』で、自身の哲学探究の最終的結論として、哲学には、向上門と向下門があるとし、「何のための向上かと言えば、それは向下のためである」と述べている。真理を求めて学ぶ（向上）のは、結局は人々を利すること（向下）である。しかも、向上と向下は本来不二であり、向上の中に向下がすでに含まれており、向下を離れて向上があるのではないという。この立場から、仏教の現実を重視する教理を説いている。それが心経解釈にも表れているのである。

円了は『奮闘哲学』「宗教の活動」（一九一七刊）の中で、「大乗仏教の本旨は、有に偏らず、空に偏らない、二者の中道を得ることにあるが、従来の仏教は空に偏っている」とし、空を有に対する無の意味で解釈している。

さらに、中道の立場からは、空に対して有を説いた心経もあるべきだとして、自作の心経を説き、円了はこれを「大正般若心経」と名づけている。これは、玄奘の訳「般若波羅蜜多心経」をもとに多少の変更を加えたものであるが、その変更したポイントがなかなか面白い。
以下、これを引用してみよう。原文の傍点部分が玄奘訳と異なる語句である。

【円了改作の訓読】

「観自在菩薩、深く般若波羅蜜多を行ぜしとき、五蘊のみな有なるを照見し、一切の苦厄を度す。舎利子よ、色は空に同じからず、空は色に同じからず。色はすなわちこれ色、空はすなわちこれ空、受想行識もまたかくのごとし。

舎利子よ、この諸法に相あり、生あらば滅あり。垢あらば浄あり。増あらば減あり。この故に空の外に色あり、受想行識あり。眼耳鼻舌身意あり。眼界ないし意識界あり。無明あり、また無明尽あり。ないし老死あり、また老死尽あり。苦集滅道あり。知ありまた得あり。有所得をもっての故に、菩提薩埵は般若波羅蜜多によるが故に、心に苦楽あり。苦楽あるが故に、究竟の楽あり。遠く一切顛倒夢想を離れ、涅槃を究竟す。三世諸仏は般若波羅蜜多によるが故に、阿耨多羅三藐三菩提を得たり。

故に知る般若波羅蜜多はこれ大神咒、大明咒、これ無上咒、これ無等等咒なり。よく一切の苦

を除き、まことに虚ならず。故に般若波羅蜜多咒を説かば、すなわち咒を記して曰く、

〝掲帝掲帝　波羅掲帝　波羅僧掲帝　菩提薩婆訶〟と」

【同原文】

「観自在菩薩。行深般若波羅蜜多時。照見五蘊皆有。度一切苦厄。舍利子。色不同空。空不同色。色即是色。空即是空。受想行識亦復如是。舍利子。是諸法有相。有生有滅。有垢有浄。有増有減。是故空外。有色。有受想行識。有眼耳鼻舌身意。有色声香味触法。有眼界。乃至有意識界。有無明。亦有無明尽。乃至有老死。亦有老死尽。有苦集滅道。有智亦有得。以有所得故。菩提薩埵。依般若波羅蜜多故。心有苦楽。有苦楽故。有究竟楽。遠離一切顛倒夢想。究竟涅槃。三世諸仏依般若波羅蜜多故。得阿耨多羅三藐三菩提。故知般若波羅蜜多是大神咒。（是）大明咒　是無上咒。是無等等咒。能除一切苦。真実不虚。故説般若波羅蜜多咒。即記咒曰。

掲帝掲帝　波羅掲帝　波羅僧掲帝　菩提薩婆訶」

ここで示した改作のポイントは、不、無や空を有に、異を同に置き換える点である。

たとえば、「五蘊のみな有なるを照見し、一切の苦厄を度す。舍利子よ、色は空に同じからず、空は

色に同じからず。色はすなわちこれ色、空はすなわちこれ空、受想行識もまたかくのごとし」。あるいは、「この諸法に相あり、生あらば滅あり。垢あらば浄あり。増あらば減あり。この故に空の外に色あり、受想行識あり」などである。

これを玄奘訳で見ると、次のようになる。

【円了改作】
「五蘊皆有。〔中略〕色不同空。空不同色。色即是色。空即是空。受想行識亦復如是」

【玄奘訳】
「五蘊皆空。〔中略〕色不異空。空不異色。色即是空。空即是色。受想行識亦復如是」

【円了改作】
「是諸法有相。有生有滅。有垢有浄。有増有減。是故空外。有色。有受想行識」

【玄奘訳】
「是諸法空相。不生不滅。不垢不浄。不増不減。是故空中。無色。無受想行識」

このように、①われわれの執著の世界→②それを否定した空の世界→③さらにそれを否定した現実肯定の世界、という三段階で世界が示されているように、円了の改作の要点は、現実の世界を見捨てない点にある。空の世界から、さらに有の世界へ転ずるものである。

また、本経には大きく異なる箇所があるが、それも同じ意図である。すなわち、「菩提薩埵は般若波羅蜜多によるが故に、心に苦楽あり。苦楽あるが故に、究竟の楽あり」という章句にも見られる。それは、この世の中に生きて仏道に励む人にとって、完全な智慧があれば、苦楽を享受する心を持つことになる、というものである。

原文では、「心有苦楽　有苦楽故　有究竟楽」（心無罣礙。無罣礙故。無有恐怖）とする。

「真空から妙有へ」

円了がこのように心経を戯作した目的は、「般若皆空の裏面には、般若皆有のあることを知らしめんためである」と言っているように、般若という悟りの智慧の向下面に着目したためである。つまり、本当の智慧は、自己を取り巻く事象への執著を排除する否定面だけなのではない。それは同時に、現実をありのままに見通し、否定の中から自己を甦らせる、生きた智慧なのである。

これはとかく見失われがちな仏教思想の肯定的な面に着目したものである。このことは、かつて大

大本『般若心経』写本の解説

はじめに

『般若心経（はんにゃしんぎょう）』は東アジアに流布しているし、その研究もきりがないほど多くある。しかし、その大部分は小本『般若心経』についてである。また、そのサンスクリット・テクストも何種類か出版されているが、ほとんどは小本であって、大本は極めて少ない。

しかし、本文でも何度か述べたように、実際に現存するサンスクリット本は大部分が大本である。そこで本書では大本を中心に『般若心経』の解説を試みてきたわけである。本書の最後に、この大本テクストについて、もう少し詳しく解説しておきたい。

1．大本写本の三種類の系統

現存する本経大本の写本には、フェール[1]、マクス・ミュラー＝南条[2]、エドワード・コンゼ[3]、白石真道[4]、中村元[5]、鈴木廣隆[6]（十七写本）の他に、東京大学所蔵の写本十一点、京都大学所蔵、龍谷大学所蔵の写本がある。その刊行されたテクストにしても、多くは複数の写本を使用しているので、現在分かっているだけでも、少なくとも四十種類程の写本がある（本書 48 - 55 頁参照）。

これらは回収された国から、日本、中国、ネパールに分かれる。日本のものは、近代以降にネパールからもたらされた写本

を除き、もともと慧運が九世紀に中国から請来したものである。これに書写が重ねられ、慧運本、円海本、浄厳本、法護本になったのである。なお、寛喜本（東潤書写本）は請来者が不明である。これらは内容からして最も簡略であり、古式を保っている。マクス・ミュラーと南条の刊本や中村元の刊本は慧運系の写本にもとづく。

中国の写本は二つある。一つはフェールが北京で蒐集しパリで刊行したものであり、もう一つはマクス・ミュラーと南条が刊行したテクスト二種類のうちの一つで、W本と言われるものである。その他、敦煌で回収されたものもある。これらは日本に残されているものよりも、詳しくなっている。

ネパールの写本は現在でも各地で報告されているが、コンゼが校訂で使用した十一種類、ネパールの国立古文書館、日本の各大学に所蔵されているものなどが知られている。鈴木廣隆が研究した十七写本や白石の刊本もこの系統に属する。数としては、この系統の写本が圧倒的に多く、内容もかなり発展した後代の形態を示している。中国で回収された写本も、内容的にはネパール写本に近い。

2．ネパール系写本のタイトル

大本系写本を内容別に大きく分けると、おおよそネパール系とそれ以外に大別される。ネパールからもたらされた写本は、多くの経典とともに「ダーラニー・サングラハ」(dhāraṇī-saṃgraha「陀羅尼集」) の一部として収録されているものが多く、どれも比較的新しい。それらのタイトルは、おおよそ二つ

の系統に分かれる。

第一は「般若波羅蜜の核心」(prajñāpāramitā-hṛdaya[-sūtra]) というもので、『般若心経』の伝統的な呼称である。経(sūtra) を付けない方が一般的である。ただしそれは本経がダーラニーであるから付けないのではなく、般若経の一般的な伝統を継承しているにすぎない。

第二は「二十五頌からなる般若波羅蜜」(pañcaviṃśatikā prajñāpāramitā) を持つもので、この系統はさらに以下の三種に分かれる。

① pañcaviṃśatikā prajñāpāramitā-hṛdaya-dhāraṇī(-sūtra)
「二十五頌からなる般若波羅蜜の核心のダーラニー(経)」

② pañcaviṃśatikā prajñāpāramitā-nāma-dhāraṇī
「二十五頌からなる般若波羅蜜と名づけるダーラニー」

③ pañcaviṃśatikā prajñāpāramitā-hṛdaya-sūtra
「二十五頌からなる般若波羅蜜の核心の経」

この「二十五頌」という偈頌数による呼称は、般若経典を区分する伝統にしたがったもので、四〜五世紀からインドで行われるようになった新しい系統である。

このうち、①「二十五頌からなる般若波羅蜜の核心のダーラニー(経)」と、②「二十五頌からなる般若波羅蜜と名づけられるダーラニー」(東大総合図書館所蔵の二写本)というタイトルは、明らかに本経がダーラニーであることを述べるもので、最も新しい要素を持っている。なお、「名づけられる」(nāma)

を欠いた写本もある（榊亮三郎請来ネパール写本・京大文学部蔵 No.64，E 221-3）。

東京大学付属図書館にはわが国で最も多くの心経のサンスクリット写本が所蔵されている。これらもすべて大本で、かつネパール写本である。これらの所在は『松濤目録』[7]によって知ることができるが、二〇〇六年に東京大学東洋文化研究所で整理され、「南アジア・サンスクリット語写本データベース」として、画像データで公開されるようになった（http://utlsktms.ioc.u-tokyo.ac.jp/）。

これらの写本のタイトルも、先に記したように、「心」（hṛdaya）を持つものと、冒頭に「二十五頌からなる」（pañcaviṃśatikā）を持つものとに大別される。

(1) prajñāpāramitā-hṛdaya を持つもの（五写本）[8]
　① prajñāpāramitā-hṛdaya　四本（No.23, 410, 676, 1547）[9]
　② prajñāpāramitā-hṛdaya-sūtra　一本（No.1712）
(2) pañcaviṃśatikā prajñāpāramitā を持つもの（六写本）
　① pañcaviṃśatikā prajñāpāramitā-hṛdaya-dhāraṇī　三本（No.489, 552, 689）
　② pañcaviṃśatikā prajñāpāramitā-nāma-dhāraṇī　二本（No.1352, 1646）
　③ pañcaviṃśatikā prajñāpāramitā-hṛdaya-sūtra　一本（No. 1164）

以上のように、漢訳にはない「二十五頌」という偈頌数の呼称があること、これらの多くが単独で流通しているのではな

く、「陀羅尼集」（dhāraṇī-saṃgraha）の中に収録されていること、などがサンスクリット文テクストの大きな特徴と言えよう。

３．二系統の写本の相違について

中国や日本伝来の古写本と、ネパール系写本とでは多くの点で異なった記述が指摘できる。以下にそれらを記載してみよう。

⑴ 帰敬序

マクス・ミュラー＝南条本（M 本）と中村本は「一切智に帰依する」（namaḥ〈中村本は namas〉sarvajñāya）という帰敬偈を持つが、大部分のネパール写本は「オーム　尊い聖なる般若波羅蜜多に帰依する」（oṃ namo bhagavatyai āryaprajñāpāramitāyai）とする。このように、大別して二種類ある。

⑵ 三昧の名称

中村本をはじめとする慧運将来の日本の写本、M 本などは「深遠な悟り」（gaṃbhīrāvasaṃbodha）とするが、W 本やネパール系の写本は「深遠な光明（gaṃbhīrāvabhāsa）と名づける法門」とする。なお、ネパール系には「法門」（dharmaparyāya）を欠き、「深遠な光明と名づける三昧に入っておられた」とする写本もある。

⑶ 空の教説

慧運本系の日本の写本は三段からなる空性説を説くが、W

本とネパール系写本の多くは、最後の第三段、「色即是空・空即是色」(yad rūpaṃ sā śunyatā yā śunyatā tad rūpam) の句を欠いている。

⑷ 法数の広略

慧運本系の日本の写本は、十八界の法数表現を「乃至は」(yāvan) として省略するが、W 本とネパール系写本は省略しない。特にネパール系の写本は他の法相も詳細に説くものが多い。ただし、法相の広略はかなり見られる。

⑸ マントラ表現

本経の最後の方で、四種のマントラ（真言）が説かれている。その最初には「智慧の完成は、①大いなる真言であり(prajñāpāramitā-mahāmantro)」と述べられる。しかし、W 本と多くのネパール系写本は、mahāmantra の mahā- を欠いた「智慧の完成のマントラは」という文脈となっており、三種のマントラのみを述べる。

またこの部分の最後に述べられる「智慧の完成の中で、真言が〔次のように〕説かれた」(prajñāpāramitāyām ukto mantraḥ) という箇所が、W 本、F 本、ネパール写本のいくつかでは、「智慧の完成に結びついた真言である」(prajñāpāramitā-yuktomantraḥ) と異なっている。

⑹ 般若波羅蜜のマントラ

ネパール写本には、「すなわち」(tadyathā) の後にオーム

(oṃ) を加えるものがある。

(7) 摩訶薩の付加

慧運本系の日本の写本には「菩薩」(bodhisattva-) とだけあるのに、W本と多くのネパール系写本では「菩薩摩訶薩は」(bodhisattvo mahāsattvaḥ) と、摩訶薩を加える傾向にある。

以上、(1) から (7) に述べたように、日本伝来の比較的古い写本と、W本とネパール系統の新しい写本には明確な相違がある。

4．本文の底本

本文（第三章）の翻訳は、基本的には中村校訂本にもとづき、白石校訂本やコンゼ校訂本、およびそれらの脚注に述べられる異読などを参考にしている。つまり、本文では日本の写本を中心に、ネパール系の写本を参考に補いながら翻訳したことになる。この方法について最初に述べておきたい。

中村校訂テクストは、マクス・ミュラーの刊本に若干の修正を加えたものであるが、そもそもこのミュラー刊本の底本は、慧運本と中国写本（W本）の二種が掲載されている。

慧運本とは、空海の弟子・慧運が承和五年（八三八）に入唐し、承和十四年（八四七）に帰国した際に、中国から持ち帰った写本であり、これが長らく高野山の正智院に所蔵されていたという。

中国の写本は経の中盤からかなり異なりがあるため、マク

ス・ミュラーは刊本の途中で、J本（日本）とW本（中国）として両者を並列させて示している。この、マクス・ミュラーの刊本については、榊亮三郎が若干の修正を付して刊行した。[10]

そこで、中村元はこの榊による修正を加味し、さらに小本やチベット語訳を参照して修正本を出したというが、実際は日本の写本を底本にしている。

5. 筆者の校訂本について

中村校訂本に対して、エドワード・コンゼはネパール写本を中心として、新たな校訂と翻訳を刊行した。[11] ただし、その読みはネパール写本を基本としながらも、日本の写本（マクス・ミュラー刊本）との折衷的なやり方を採っている。特に小本との比較を意識するあまり、大本の校訂テクストとしては完全なものにはなっていない。しかし、多くの写本の情報を検討しながら校訂しているという点で、このコンゼによるテクストが、現在で最も参照すべきものである。

そこで本稿では、このコンゼのテクストを底本にして、他の写本を随時参照しながら、筆者の校訂本をあらたに提示し、その翻訳も示しておいた。そのため、中村本を底本とする本文の翻訳とは多少異なる面がある。

なお、本文中の翻訳と解説では、いくつかの代表的な写本の異読について言及した。そこに記された最低限の情報は、筆者の校訂テクストの注釈に示してある。さらに根拠を求める読者は、これによってその説明不足の点を補って頂くことを期待している。

本来であれば、テクストの校訂を行う際に、写本の異同を記載して、その根拠を示すべきであろうが、すでに知られている四十種類程にも及ぶ写本の異読を記さなければ厳密とは言えない。しかし、このような記載はあまりに煩瑣（はんさ）となるし、本書の方針とは異なるため、断念せざるをえなかった。

その代わりに、従来の慧運本を中心とした中村校訂本の読みと、それ以外の主としてネパール系写本の相違が明確に分かるようにすることも必要と考え、中村校訂テクストと、筆者の校訂テクストの二種類を掲載し、ある程度の系統の違いが分かるようにしてある。

また、サンスクリット文に慣れない読者のために、本経のカタカナ読みを施してあるので、読誦（どくじゅ）の用に供して頂ければ幸いである。

---

1 H. L. Feer, *L'Essence de la Science Transcendante, en trios langues, tibétain, sanskrit, mongol,* Paris, 1866.

2 F. M. Müller & B. Nanjio, *The Ancient Palm-leaves Containing the Pragñâ-Pâramitâ-Hridaya-Sûtra and the Ushnîsha-Vigaya-Dhâranî,* Oxford, 1884.

3 E. Conze, "The Prajñāpāramitā-hṛdaya Sūtra", in *Thirty Years of Buddhist Studies,* Oxford, 1967, pp.149-153 (1st published in *Journal of the Royal Asiatic Society of Great Britain and Ireland,* 1948, pp.33 - 51).

4 白石真道「広本般若心経の研究」『密教研究』七〇号、一九三九年、五一六～五三八頁。白石壽子『白石真道仏教学論文集』京美出版社、一九八八年、四九九～五三〇頁再録。

5 中村元『般若心経・金剛般若経』岩波書店、一九六〇年、一七五～一七九頁。

6「『般若心経』のネパール写本」『印度哲学仏教学』一〇号、一九九五年、一六七～一八二頁。

7 Seiren Matsunami, *A Catalogue of the Sanskrit Manuscripts in the Tokyo University Library,* Suzuki Research Foundation, Tokyo, 1965, p.200.

8 なお、『松濤目録』（三二五頁）によれば、prajñāpāramitā-hṛdaya-dhāraṇī というタイトルのダーラニーがある。これは『般若心経』の偈頌部分の gate gate から始まる真言部分からなるという。このダーラニーのように、『般若心経』の真言部分だけが独立して用いられていたことを示す一つの根拠となる。

9 この No.23 の写本は、河口慧海が大正四年に請来したもので、榛葉元水編『般若心経大成』（開明書院、一九七七年再版）に掲載された No.17 のネパール本と同一であり、白石が「広本般若心経の研究」（『密教研究』七〇号、一九三九年、五一六～五三八頁）でローマナイズした第六番目の東大写本に相当する。

10 榊亮三郎『解説梵語学』種智院大学出版部、一九五八年（初版一九〇七）、二四五～二四六頁。

11 E. Conze, Text, Sources, and Bibliography of the Prajñāpāramitā-hṛdaya, *Journal of the Royal Asiatic Society of Great Britain and Ireland,* 1948, pp.33-51.

中村校訂本

Prajñāpāramitāhṛdayasūtram

プラジュニャーパーラミター・フリダヤ・スートラム

般若波羅蜜多心経

namas　sarvajñāya.

ナマス　サルヴァジュニャーヤ。

一切智者〔であるブッダ〕に帰命したてまつる。

evaṃ　mayā　śrutam.

エーヴァム　マヤー　シュルタム。

このように私は聞きました。

ekasmin　samaye　bhagavān

エーカスミン　サマイェー　バガヴァーン

あるとき、世尊は

rājagṛhe　viharati　sma　gṛdhrakūṭe　parvate

ラージャグリヘー　ヴィハラティ　スマ　グリドゥラクーテー　パルヴァテー

mahatā　bhikṣusaṃghena　sārdhaṃ　mahatā　ca

マハター　ビクシュサンゲーナ　サールダム　マハター　チャ

bodhisattvasaṃghena.

ボーディサットヴァサンゲーナ。

ラージャグリハ（王舎城）のグリドゥラクータ（霊鷲）山に、比丘の大僧団と菩薩の大僧団とともに滞在しておられた。

tena　khalu　samayena　bhagavān　gaṃbhīrāvasaṃbodhaṃ

テーナ　カル　サマイェーナ　バガヴァーン　ガンビーラーヴァサンボーダム

nāma　samādhiṃ　samāpannaḥ.

ナーマ　サマーディン　サマーパンナッハ。

そのとき、実に世尊は、「深遠な悟り」という名の三昧に入られた。

tena　ca　samayenāryāvalokiteśvaro

テーナ　チャ　サマイェーナーリヤーヴァローキテーシュヴァロー

bodhisattvo　mahāsattvo

ボーディサットヴォー　マハーサットヴォー

そのとき、菩薩にして偉大なる人である聖なる観自在は、

gambhīrāyāṃ　prajñāpāramitāyāṃ　caryāṃ　caramāṇa

ガンビーラーヤーム　プラジュニャーパーラミター　チャルヤーム　チャラマーナ

深遠な智慧の完成の行を実践しつつ、

evaṃ　vyavalokayati　sma:

エーヴァム　ヴィヤヴァローカヤティ　スマ。

次のように見通された。

paṃca　skaṃdhās　tāṃś　ca　svabhāvaśūnyān

パンチャ　スカンダース　ターンシュ　チャ　スヴァバーヴァシューンヤーン

vyavalokayati:

ヴィヤヴァローカヤティ。

「〔存在するものの〕五つの構成要素、それらはもともと空である」と見られた。

athāyuṣmān　chāriputro

アターユシュマーン　シャーリプトロー

そこでシャーリプトラ（舎利子）長老は

buddhānubhāvenāryāvalokiteśvaraṃ

ブッダーヌバーヴェーナールヤーヴァローキテーシュヴァラン

bodhisattvam　etad　avocat:

ボーディサットヴァン　エータッド　アヴォーチャト。

仏の力を受けて、菩薩である聖なる観自在に次のように言った。

yaḥ kaścit kulaputro
ヤッハ　カシュチット　クラプトロー
「ある誰か立派な家柄の男子（善男子（ぜんなんし））で、

gaṃbhīrāyāṃ prajñāpāramitāyāṃ caryāṃ
ガンビーラーヤーム　プラジュニャーパーラミターヤーム　チャルヤーム
cartukāmaḥ
チャルトゥカーマッハ
深遠な智慧の完成の行を実践したいと願う者は、

kathaṃ śikṣitavyaḥ.
カタム　シクシタヴヤッハ。
どのように学んだらよいのでしょうか」と。

evam ukta
エーヴァム　ウクタ
このように述べたとき、

āryāvalokiteśvaro bodhisattvo mahāsattva
アーリヤーヴァローキテーシュヴァロー　ボーディサットヴォー　マハーサットヴァ
菩薩にして偉大なる人である聖なる観自在は、

āyuṣmantaṃ śāriputram etad avocat:
アーユシュマンタム　シャーリプトラム　エータッド　アヴォーチャト。
シャーリプトラ長老に次のように言われた。

yaḥ kaścic chāriputra kulaputro vā
ヤッハ　カシュチッ　シャーリプトラ　クラプトロー　ヴァー
kuladuhitā vā
クラドゥヒター　ヴァー

「シャーリプトラよ、ある誰か立派な家柄の男子や立派な家柄の女子（善女人（ぜんにょにん））で、

gambhīrāyāṃ　prajñāpāramitāyāṃ　caryāṃ
ガンビーラーヤーム　プラジュニャーパーラミターヤーム　チャルヤーム
cartukāmas
チャルトゥカーマス
深遠な智慧の完成の行を実践したいと願う者は、

tenaivaṃ　vyavalokayitavyaṃ.
テーナイヴァン　ヴィヤヴァローカイタヴヤム。
次のように見通すべきなのです。

paṃca　skaṃdhās　tāṃś
パンチャ　スカンダース　ターンシュ
“〔存在するものの〕五つの構成要素（五蘊（ごうん））があり、

ca　svabhāvaśūnyān　samanupaśyati　sma.
チャ　スヴァバーヴァシューンヤーン　サマヌパシュヤティ　スマ。
そして、それら（五蘊）はもともと空である”と見た。

rūpaṃ　śūnyatā
ルーパン　シューンヤター
かたちあるもの（色（しき））は空の性質を持つもの（空性（くうしょう））であり、

śūnyataiva　rūpaṃ.
シューンヤタイヴァ　ルーパム。
空の性質を持つものこそが、まさにかたちあるものなのである。

rūpān　na　pṛthak　śūnyatā
ルーパーン　ナ　プリタック　シューンヤター
かたちあるものと空の性質は別ではなく、

śūnyatāyā na pṛthag rūpam.

シューンヤターヤー　ナ　プリタッグ　ルーパム。

空の性質とかたちあるものは別ではない。

yad rūpaṃ sā śunyatā

ヤッド　ルーパン　サー　シューンヤター

およそかたちあるもの、それが空の性質を持つものであり、

yā śunyatā tad rūpaṃ.

ヤー　シューンヤター　タッド　ルーパム。

空の性質を持つもの、それがかたちあるものなのである。

evaṃ vedanā-saṃjñā-saṃskāra-vijñānāni

エーヴァン　ヴェーダナー・サンジュニャー・サンスカーラ・ヴィジュニャーナーニ

これと同じように、感受作用（受）・表象作用（想）・意志作用（行）・認識作用（識）も、

ca śunyatā.

チャ　シューンヤター。

空の性質を持つものなのである。

evaṃ śāriputra sarvadharmā śūnyatālakṣaṇā

エーヴァン　シャーリプトラ　サルヴァダルマー　シューンヤターラクシャナー

シャーリプトラよ、このように、すべてのものは空であることを特質とする。

anutpannā aniruddhā amalāvimalā

アヌットパンナー　アニルッダー　アマラーヴィマラー

〔それらは〕生じたものではなく、滅したものでもない。汚れがなく、汚れを離れたものでもない。

anūnā　asaṃpūrṇāḥ.
アヌーナー　アサンプールナーハ。
不足したものではなく、充足したものでもない。

tasmāt　tarhi　śāriputra　śunyatāyāṃ　na　rūpaṃ
タスマート　タルヒ　シャーリプトラ　シューンヤターヤーン　ナ　ルーパン
その故に、シャーリプトラよ。その場合、空においては、かたちあるものはなく、

na　vedanā　na　saṃjñā　na　saṃskārā
ナ　ヴェーダナー　ナ　サンジュニャー　ナ　サンスカーラー
感受作用はなく、表象作用はなく、意志作用はなく、

na　vijñānaṃ.
ナ　ヴィジュニャーナム。
認識作用もない。

na　cakṣur　na　śrotraṃ　na　ghrāṇaṃ
ナ　チャクシュル　ナ　シュロートラン　ナ　グフラーナン
眼はなく、耳はなく、鼻はなく、

na　jihvā　na　kāyo　na　mano
ナ　ジフヴァー　ナ　カーヨー　ナ　マノー
舌はなく、身はなく、心はない。

na　rūpaṃ　na　śabdo　na　gaṃdho　na　raso
ナ　ルーパーン　ナ　シャブドー　ナ　ガンドー　ナ　ラソー
色形はなく、音声はなく、香りはなく、味はなく、

na　spraṣṭavyaṃ　na　dharmāḥ.
ナ　スプラシュタヴヤン　ナ　ダルマーハ
触れられるものはなく、心の対象もない。

na　cakṣurdhātur　yāvan　na　manodhātur

ナ　チャクシュルダートゥル　ヤーヴァン　ナ　マノーダートゥル

眼の領域から、乃至は、心の領域までもなく、

na　dharmadhātur　na　manovijñānadhātuḥ.

ナ　ダルマダートゥル　ナ　マノーヴィジュニャーナダートゥハ。

心の対象の領域はなく、意識の領域もない。

na　vidyā　nāvidyā　na　kṣayo

ナ　ヴィドヤー　ナーヴィドヤー　ナ　クシャヨー

明知(みょうち)はなく、無明(むみょう)はなく、〔無明が〕尽きることもなく、

yāvan　na　jarāmaraṇaṃ　na　jarāmaraṇakṣayaḥ.

ヤーヴァン　ナ　ジャラーマラナン　ナ　ジャラーマラナクシャヤッハ。

乃至(ないし)は、老いも死もなく、老いと死の尽きることもない。

na　duḥkha-samudaya-nirodha-mārgā

ナ　ドゥッカ・サムダヤ・ニローダ・マールガー

苦悩と、〔苦悩の〕生起と、〔苦悩の生起の〕抑制と、〔苦悩の生起を抑制する〕道はない。

na　jñānaṃ　na　prāptir　nāprāptiḥ.

ナ　ジュニャーナン　ナ　プラープティル　ナープラープティヒ。

〔その実践を〕知ることがなく、〔それを〕得ることはなく、得ないこともない。

tasmāc　chāriputra　aprāptitvena　bodhisattvānāṃ

タスマー　シャーリプトラ　アプラープティトヴェーナ　ボーディサットヴァーナーン

その故に、シャーリプトラよ。諸菩薩は〔涅槃(ねはん)を〕得ることがないから、

prajñāpāramitām āśritya viharaty acittāvaraṇaḥ.
プラジュニャーパーラミターム　アーシュリトヤ　ヴィハラティ　アチッターヴァラナッハ。
智慧の完成に依拠して、住（じゅう）し、心を覆うものがない。

cittāvaraṇa-nāstitvād atrasto
チッターヴァラナ・ナースティトヴァード　アトラストー
心を覆うものがないから、怖れがなく、

viparyāsātikrāṃto niṣṭhanirvāṇaḥ.
ヴィパルヤーサーティクラーントー　ニシュタニルヴァーナッハ。
顛倒（てんどう）を超越していて、涅槃に入っている。

tryadhvavyavasthitā sarvabuddhāḥ
トリアドヴァヴィヤヴァスティター　サルヴァブッダーハ
三世（さんぜ）におられる一切の諸仏は、

prajñāpāramitām āśrityānuttarāṃ
プラジュニャーパーラミターム　アーシュリトヤーヌッタラーン
智慧の完成に依拠して、この上ない

samyaksaṃbodhim abhisaṃbuddhāḥ.
サムヤックサンボーディム　アビサンブッダーハ。
正しいさとりを現等覚（げんとうがく）された。

tasmāj jñātavyaḥ
タスマージュニャータヴヤッハ
それゆえに〔シャーリプトラよ、あなたは〕知るべきである。

prajñāpāramitā-mahāmantro
プラジュニャーパーラミター・マハーマントロー
“智慧の完成は、大いなる真言であり、

mahāvidyāmaṃtro 'nuttaramaṃtro 'samasamamaṃtraḥ
マハーヴィドヤーマントロー　ヌッタラマントロー　サマサママントラッハ
大いなる明知の真言であり、無上の真言であり、比べるものなき真言であり、

sarvaduḥkhapraśamana-maṃtraḥ　satyam　amithyatvāt
サルヴァドゥッカプラシャマナマントラッハ　サトヤム　アミトヤトヴァート
すべての苦しみを鎮める真言である。〔それは、〕偽りがないから真実である”と。

prajñāpāramitāyām　ukto　mantraḥ,
プラジュニャーパーラミターヤーム　ウクトー　マントラッハ
智慧の完成の中で、真言が〔次のように〕説かれた。

tadyathā,　gate　gate　pāragate　pārasaṃgate
タッドヤター　ガテー　ガテー　パーラガテー　パーラサンガテー
すなわち、“行けるものよ、行けるものよ、彼岸に行けるものよ。彼岸に完全に行けるものよ。

bodhi　svāhā,
ボーディ　スヴァーハー
悟りよ、幸いあれ。”

evaṃ　śāriputra　gaṃbhīrāyāṃ　prajñāpāramitāyāṃ
エーヴァン　シャーリプトラ　ガンビーラーヤーム　プラジュニャーパーラミターヤーン
caryāyāṃ　ṣikṣitavyaṃ　bodhisattvena.
チャルヤーヤーン　シクシタヴヤン　ボーディサットヴェーナ。
シャーリプトラよ、菩薩はこのように深遠な智慧の完成という実践を学ばなければならないのです」

atha　khalu　bhagavān　tasmāt　samādher
アタ　カル　バガヴァーン　タスマート　サマーデール

vyutthāyāryāvalokiteśvarasya bodhisattvasya
ヴィウッターヤーリヤーヴァローキテーシュヴァラスヤ　ボーディサットヴァスヤ
そのとき、世尊はその三昧から立ち上がって、菩薩である聖なる観自在に〔次のように〕

sādhukāram adāt:
サードゥカーラム　アダート。
賛意を表された。

sādhu sādhu kulaputra, evam etat kulaputra,
サードゥ　サードゥ　クラプトラ、エーヴァム　エータット　クラプトラ、
evam etad
エーヴァム　エータッド
「善いかな、善いかな、善男子よ。まさにその通りである、善男子よ。まさにその通りである。

gaṃbhīrāyāṃ prajñāpāramitāyāṃ caryāṃ
ガンビーラーヤーム　プラジュニャーパーラミターヤーム　チャルヤーン
cartavyaṃ yathā tvayā nirdiṣṭam
チャルタヴヤン　ヤター　トヴァヤー　ニルディシュタム
あなたが説いたように、深遠な智慧の完成の中で実践を行うべきなのである。

anumodyate tathāgatair arhadbhiḥ.
アヌモーディヤテー　タターガタイル　アラハッドビィヒ。
如来・阿羅漢(あらかん)も随喜(ずいき)されるであろう」

idam avocad bhagavān ānaṃdamanā
イダム　アヴォーチャッド　バガヴァーン　アーナンダマナー
このことを世尊は喜びをもって説かれたのである。

āyuṣmāñ chāriputra āryāvalokiteśvaraś

アーユシュマーン　シャーリプトラ　アーリヤーヴァローキテーシュヴァラシュ

ca bodhisattvaḥ

チャ　ボーディサットヴァハ

長老シャーリプトラ、菩薩である聖なる観自在、

sā ca sarvāvatī parṣat

サー　チャ　サルヴァーヴァティー　パルシャット

それらの〔比丘および、菩薩・摩訶薩（まかさつ）、その〕会座（えざ）の者すべてと、

sadevamānuṣāsuragaṃdharvaś ca loko

サッデーヴァマーヌシャースラガンダルヴァシュ　チャ　ローコー

神々、人間、アスラ、ガンダルヴァ楽神（がくしん）を含む世間は、

bhagavato bhāṣitam abhyanaṃdann iti

バガヴァトー　バーシタム　アビヤナンダン　イティ

世尊によって説かれた〔この教えに〕大いに歓喜した。以上、

prajñāpāramitāhṛdayasūtraṃ samāptaṃ.

プラジュニャーパーラミター・フリダヤ・スートラン　サマープタム。

『〔二十五頌仏母（じゅぶつも）〕般若波羅蜜多心経（はんにゃはらみたしんぎょう）』が終わる。

渡辺校訂本

Prajñāpāramitāhṛdayasūtram

プラジュニャーパーラミター・フリダヤ・スートラム

般若波羅蜜多心経

Oṁ　namaḥ　bhagavatyā　āryaprajñāpāramitāyai[1]！

オーン　ナマハ　バガヴァトヤー　アーリヤプラジュニャーパーラミターヤイ

オーン　尊い「聖なる智慧の完成」に帰命したてまつる。

evaṃ　mayā　śrutam

エーヴァム　マヤー　シュルタム。

このように私は聞きました。

ekasmin　samaye　bhagavān

エーカスミン　サマイェー　バガヴァーン

あるとき、世尊は

rājagṛhe　viharati　sma　gṛdhrakūṭa-parvate,

ラージャグリヘー　ヴィハラティ　スマ　グリドゥラクータパルヴァテー、

mahatā　bhikṣusaṃghena　sārdhaṃ　mahatā　ca

マハター　ビクシュサンゲーナ　サールダム　マハター　チャ

bodhisattva-saṃghena.[2]

ボーディサットヴァサンゲーナ。

ラージャグリハ（王舎城）のグリドゥラクータ（霊鷲）山に、比丘の大僧団と菩薩の大僧団とともに滞在しておられた。

---

1 śrī-āryaprajñāpāramitāyai, ārya-śrī-prajñāpāramitāyai とする異読あり。慧運本系統はこの帰敬偈を namaḥ sarvajñāya とする。

2 bodhisattva-gaṇena とする異読あり。

「ある誰か立派な家柄の男子（善男子（ぜんなんし））や立派な家柄の女子（善女人（ぜんにょにん））で、

asyām[5] gambhīrāyāṃ prajñāpāramitāyāṃ
アスヤーム ガンビーラーヤーム プラジュニャーパーラミターヤーム
caryāṃ cartukāmas
チャルヤーム チャルトゥカーマス
この深遠な智慧の完成の行を実践したいと願ったとき、

tena kathaṃ śikṣitavyam[6]?
テーナ カタム シクシタヴヤム。
その場合、どのように学んだらよいのでしょうか」と。

evam ukta
エーヴァム ウクタ
このように述べたとき、

ārya-avalokiteśvaro[7] bodhisattvo mahāsattva[8]
アーリヤーヴァローキテーシュヴァロー ボーディサットヴォー マハーサットヴァ
菩薩にして偉大なる人である聖なる観自在は、

āyuṣmantaṃ śariputram etad avocat:
アーユシュマンタム シャーリプトラム エータッド アヴォーチャト。
シャーリプトラ長老に次のように言われた。

5 慧運本系統は asyām を欠く。
6 慧運本系統は śikṣitavyaḥ とする。
7 Conze 本は ukta-āryāvalokiteśvaro とするが、ukta āryāvalokiteśvaro を採る。
8 Conze 本は mahāsattvo とするが、慧運本系の mahāsattva を採る。

yaḥ kaścic chāriputra kulaputro vā
ヤッハ カシュチッ シャーリプトラ クラプトロー ヴァー
kuladuhitā vā
クラドゥヒター ヴァー
「シャーリプトラよ、ある誰か立派な家柄の男子や立派な家柄の女子で、

asyāṃ[9] gambhīrāyāṃ prajñāpāramitāyāṃ
アスヤーム ガンビーラーヤーム プラジュニャーパーラミターヤーム
caryāṃ cartukāmas
チャルヤーム チャルトゥカーマス
この深遠な智慧の完成の行を実践したいと願ったとき、

tenaivaṃ vyavalokitavyam[10]:
テーナイヴァン ヴィヤヴァローキタヴヤム。
次のように見通すべきなのです。

pañca skandhās tāṃś
パンチャ スカンダース ターンシュ
"〔存在するものの〕五つの構成要素（五蘊（ごうん））があり、そして、それら（五蘊）は

ca svabhāvaśūnyān paśyati[11] sma.
チャ スヴァバーヴァシューンヤーン パシュヤティ スマ。

---

9 慧運本系統は asyām を欠く。

10 慧運本系統は vyavalokitavyaṃ とする。白石校訂本、フェール本は śikṣitavyaṃ yat, W 本は śikṣitavyaṃ yad uta とする。小本は以上を、āryāvalokiteśvaro bodhisattvo gambhīrāṃ prajñāpāramitācaryāṃ caramāṇo vyavalokayati sma とする。

11 慧運本系は samanupaśyati とする。また、ネパール系写本には vyavalokayitavyam とする異読がある。

もともと空であると〔聖なる観自在は〕見た”と。

iha śāriputra[12] [(d]rūpaṃ śūnyatā[d)]
イハ　シャーリプトラ　ルーパン　シューンヤター
実にシャーリプトラよ、かたちあるもの（色《しき》）は空の性質を持つもの（空性《くうしょう》）であり、

śūnyataiva rūpam.
シューンヤタイヴァ　ルーパム。
空の性質を持つものこそが、まさにかたちあるものなのである。

rūpān na pṛthak śūnyatā,
ルーパーン　ナ　プリタック　シューンヤター
かたちあるものと空の性質は別ではなく、

śūnyatāyā na pṛthag rūpam.
シューンヤターヤー　ナ　プリタッグ　ルーパム。
空の性質とかたちあるものは別ではない。

[(e]yad rūpaṃ sā śunyatā
ヤッド　ルーパン　サー　シューンヤター
およそかたちあるもの、それが空の性質を持つものであり、

yā śunyatā tad rūpam.[e)]
ヤー　シューンヤター　タッド　ルーパム。
空の性質を持つもの、それがかたちあるものなのである。

---

12 多くの写本では、iha śāriputra を欠く。
(d) rūpaṃ śunyaṃ という複数の異読がある。
(e) ネパール系写本をはじめ、この箇所を欠く写本が複数ある。

evaṃ eva[13] vedanā-saṃjñā-saṃskāra-vijñānam.
エーヴァン　エーヴァ　ヴェーダナー・サンジュニャー・サンスカーラ・ヴィジュニャーナム。
感受作用（受）・表象作用（想）・意志作用（行）・認識作用（識）も、これとまったく同じなのである。

iha śāriputra sarva-dharmāḥ śūnyatā alakṣaṇā[14]
イハ　シャーリプトラ　サルヴァダルマー　シューンヤターラクシャナー
実にシャーリプトラよ、すべてのものは空であり、特質がなく、

anutpannā aniruddhā[15] amalā avimalā[16]
アヌットパンナー　アニルッダー　アマラー　アヴィマラー
〔それらは〕生じたものではなく、滅したものでもない。汚れがなく、汚れを離れたものでもない。

anūnā aparipūrṇāḥ[17].
アヌーナー　アパリプールナーハ。
不足したものではなく、充足したものでもない。

tasmāc chāriputra śunyatāyāṃ na rūpaṃ
タスマー　シャーリプトラ　シューンヤターヤーン　ナ　ルーパン

---

13 慧運本系をはじめ、eva を欠く異読がある。なお、これ以降に列挙される三科の法相は異読が多い。特にネパール系写本は非常に詳細になる。
14 この箇所は、慧運本（中村本）の śunyatālakṣaṇā の他、ネパール写本のように svabhāva-śunyāḥ alakṣaṇāḥ, śunyāḥ svalakṣaṇāḥ, svabhāva-śunyatā-lakṣaṇā などと、複数の読みがある。ここでは注釈やチベット語訳に基づき、śunyatā alakṣaṇā を採った。
15 この aniruddhā の後には、ajātā, acyutāḥ acalāḥ, acalāḥ avimalāḥ acyutāḥ などを付加する異読がある。
16 中村本は amalāvimalā と校訂する。
17 慧運本系統をはじめ、asaṃpūrṇāḥ とする異読がある。

その故に、シャーリプトラよ、空においては、かたちあるものはなく、

na　vedanā　na　saṃjñā　na　saṃskārā
ナ　ヴェーダナー　ナ　サンジュニャー　ナ　サンスカーラー
感受作用はなく、表象作用はなく、意志作用はなく、

na　vijñānam.
ナ　ヴィジュニャーナム。
認識作用もない。

na　cakṣuh-śrotra-ghrāṇa-jihvā-kāya-manāṃsi.
ナ　チャクシュハ・シュロートラ・グフラーナ・ジフヴァー・カーヤ・マナーンスィ。
眼、耳、鼻、舌、身、心はない。

na　rūpa-śabda-gandha-rasa-spraṣṭavya-dharmāḥ.
ナ　ルーパ・シャブダ・ガンダ・ラサ・スプラシュタヴヤ・ダルマーハ。
色形、音声、香り、味、触れられるもの、心の対象もない。

na　cakṣur-dhātur　yāvan[18]　na　mano-vijñāna-dhātuḥ.
ナ　チャクシュルダートゥル　ヤーヴァン　ナ　マノーマノーヴィジュニャーナダートゥハ。
眼の領域から、乃至(ないし)は、意識の領域もない。

na　vidyā[19]　nāvidyā
ナ　ヴィドヤー　ナーヴィドヤー
明知(みょうち)はなく、無明(むみょう)はなく、

---

18 ネパール系では yāvan 以降の法数を詳細に説く写本が多く、その説き方も多様である。

19 多くの写本で na vidyā を欠く。

na vidyākṣayo[20] nāvidyākṣayo

ナ ヴィドゥヤークシャヨー ナーヴィドゥヤークシャヨー

明知が尽きることもなく、無明が尽きることもなく、

yāvan na jarā-maraṇaṃ na jarā-maraṇa-kṣayo

ヤーヴァン ナ ジャラーマラナン ナ ジャラーマラナクシャヨー

乃至(ないし)は、老いも死もなく、老いと死の尽きることもない。

na duḥkha-samudaya-nirodha-mārgā

ナ ドゥッカ・サムダヤ・ニローダ・マールガー

苦悩と、〔苦悩の〕生起と、〔苦悩の生起の〕抑制と、〔苦悩の生起を抑制する〕道はない。

na jñānaṃ na prāptir[21] nāprāptiḥ.

ナ ジュニャーナン ナ プラープティル ナープラープティヒ。

〔その実践を〕知ることがなく、〔それを〕得ることはなく、得ないこともない。

tasmāc chāriputra aprāptitvād[22] bodhisattvasya

タスマー シャーリプトラ アプラープティトヴァード ボーディサットヴァスヤ

その故に、シャーリプトラよ、諸菩薩は〔涅槃(ねはん)を〕得ることがないから、

prajñāpāramitām āśritya viharaty acittāvaraṇaḥ.[23]

プラジュニャーパーラミターム アーシュリトヤ ヴィハラティ アチッターヴァラナッハ。

---

20 多くの写本で na vidyākṣayo を欠く。

21 多くの写本で na prāptir を na prāptitvaṃ とする。

22 この語（aprāptitvād）を欠く写本の他、以下のようにいくつかの異読がある。aprāptitvena, aprāptitva, aprāpti-yāvat, aprāptitāprāptir yāvat, na prāptir nāprāptir yāvat.

23 acittāvaraṇaḥ を欠く写本が多くある。

智慧の完成に依拠して、住(じゅう)し、心を覆うものがない。

cittāvaraṇa-nāstitvād[24] atrasto
チッターヴァラナ・ナースティトヴァード　アトラストー
心を覆うものがないから、怖れがなく、

viparyāsātikrānto niṣṭha-nirvāṇaḥ.[25]
ヴィパルヤーサーティクラーントー　ニシュタニルヴァーナッハ。
顚倒(てんどう)を超越していて、涅槃に入っている。

tryadhva-vyavasthitāḥ sarvabuddhāḥ
トリアドヴァヴィヤヴァスティターハ　サルヴァブッダーハ
三世(さんぜ)におられる一切の諸仏は、

prajñāpāramitām āśritya-anuttarāṃ
プラジュニャーパーラミターム　アーシュリトヤーヌッタラーン
智慧の完成に依拠して、この上ない

samyaksaṃbodhim abhisaṃbuddhāḥ.
サムヤックサンボーディム　アビサンブッダーハ。
正しいさとりを現等覚(げんとうがく)された。

tasmāj jñātavyaṃ
タスマージュニャータヴヤン
それゆえに〔シャーリプトラよ、あなたは〕知るべきである。

---

24 この語（cittāvaraṇa-nāstitvād）には、cittālambanaṃ-nāstitvād, cittālambaṇa-mātratvāt という異読がある。

25 この語（niṣṭha-nirvāṇaḥ）には、nirvāṇaṃ prāpnoti, nirvāṇa-prāptāḥ という異読がある。

prajñāpāramitā mahā-mantro[26]
プラジュニャーパーラミター マハーマントロー
“智慧の完成は、大いなる真言であり、

mahā-vidyā-mantro 'nuttara-mantro 'samasama-mantraḥ[27]
マハーヴィドヤーマントロー ヌッタラマントロー サマサママントラッハ
大いなる明知の真言であり、無上の真言であり、比べるものなき真言であり、

sarva-duḥkha-praśamano mantraḥ[28] satyam amithyatvāt.[29]
サルヴァドゥッカプラシャマノー マントラッハ サトヤム アミトヤトヴァート。
すべての苦しみを鎮める真言であり、偽りがないから真実である”と。

prajñāpāramitāyām ukto[30] mantraḥ.
プラジュニャーパーラミターヤーム ウクトー マントラッハ。
智慧の完成の中で、真言が〔次のように〕説かれた。

tadyathā oṁ[31] gate gate pāragate pārasaṃgate
タッドヤター オーン ガテー ガテー パーラガテー パーラサンガテー
すなわち、“オーン 行けるものよ、行けるものよ、彼岸に行けるものよ。彼岸に完全に行けるものよ。

---

26 複数の写本で mahā- を欠き、prajñāpāramitā-mantro とする。

27 W 本では 'samasama-mantraḥ を欠く。

28 慧運本系では sarvaduḥkhapraśamanamamạtraḥ とする。また、sarvaduḥkhapraśamanaḥ とする異読もある。

29 satyam amithyatvāt には samyaktvaṃ na mithyatvaṃ, あるいは samyaktva amithyātvāt という異読がある。

30 prajñāpāramitāyām ukto を prajñāpāramitāyukto とする異読が W 本、ネパール系写本をはじめ、複数ある。

31 慧運本系をはじめ、複数の写本では oṃ を欠く。

bodhi svāhā.
ボーディ スヴァーハー
悟りよ、幸いあれ。”

evaṃ śāriputra [(f] gaṃbhīrāyāṃ prajñāpāramitāyāṃ
エーヴァン シャーリプトラ ガンビーラーヤーム プラジュニャーパーラミターヤーン
caryāyāṃ śikṣitavyaṃ bodhisattvena[32 f)].
チャルヤーヤーン シクシタヴヤン ボーディサットヴェーナ。
シャーリプトラよ、菩薩はこのように深遠な智慧の完成という実践を学ばなければならないのです」と。

atha khalu bhagavān tasmāt samādher
アタ カル バガヴァーン タスマート サマーデール
vyutthāya ārya-avalokiteśvarāya
ヴィウッターヤ アーリヤーヴァローキテーシュヴァラーヤ
bodhisattvāya mahāsattvāya[33]
ボーディサットヴァーヤ マハーサットヴァーヤ
そのとき、世尊はその三昧から立ち上がって、菩薩にして偉大なる人である聖なる観自在に〔次のように〕

sādhukāram adāt:
サードゥカーラム アダート。
賛意を表された。

sādhu sādhu kulaputra, evam etat kulaputra,
サードゥ サードゥ クラプトラ、エーヴァム エータット クラプトラ、

(f) bodhisattvena mahāsattvena prajñāpāramitāyāṃ śikṣitavyaṃ という異読がある。
32 ネパール系には mahāsattvena を付加する複数の写本がある。
33 慧運本系は mahāsattvāya を欠く。この mahāsattvāya の後に、mahākaruṇikāya を付加する写本がある。

evam etad

エーヴァム　エータッド

「善いかな、善いかな、善男子よ。まさにその通りである。善男子よ、まさにその通りである。

gaṃbhīrāyāṃ prajñāpāramitāyāṃ caryāṃ

ガンビーラーヤーム　プラジュニャーパーラミターヤーム　チャルヤーン

cartavyaṃ yathā tvayā nirdiṣṭam

チャルタヴヤン　ヤター　トヴァヤー　ニルディシュタム

あなたが説いたように、深遠な智慧の完成の中で実践を行うべきなのである。

anumodyate sarva-tathāgatair arhadbhiḥ.[34]

アヌモーディヤテー　サルヴァタターガタイル　アラハッドビィヒ。

すべての如来・阿羅漢（あらかん）も随喜（ずいき）されるであろう」

idam avocad bhagavān.

イダム　アヴォーチャッド　バガヴァーン。

このことを世尊は説かれたのである。

āttamanā āyuṣmān śāriputra ārya-avalokiteśvaro

アッタマーナー　アーユシュマーン　シャーリプトラ　アーリヤーヴァローキテーシュヴァロー

bodhisattvo [(g]mahāsattvas

ボーディサットヴォー　マハーサットヴァス

長老シャーリプトラ、菩薩にして偉大なる人である聖なる観自在、

---

34 ネパール系には arhadbhiḥ のかわりに iti とする複数の写本がある。また、samyaksambuddhaiḥ を付加する写本もある。

(g) 慧運本系をはじめ、この部分を欠く写本がある。

te　ca　bhikṣavas

テー　チャ　ビクシャヴァス

それらの比丘、

te　ca　bodhisattvā　mahāsattvāḥ[g]

テー　チャ　ボーディサットヴァー　マハーサットヴァーハ

およびそれら菩薩・摩訶薩たち、

sā　ca　sarvāvatī　parṣat

サー　チャ　サルヴァーヴァティー　パルシャット

その会座の者すべてと、

sa-deva-mānuṣa-asura-garuḍa[35]-gandharvaś　ca　loko

サッデーヴァ・マーヌシャースラ・ガルダ・ガンダルヴァシュ　チャ　ローコー

神々、人間、アスラ、ガルダ、ガンダルヴァ楽神を含む世間は喜悦し、

bhagavato　bhāṣitam　abhyanandann iti.

バガヴァトー　バーシタム　アビヤナンダン　イティ

世尊によって説かれた〔この教えに〕大いに歓喜した。以上、

āryaprajñāpāramitā-hṛdayaṃ[36]　samāptaṃ.

アーリヤプラジュニャーパーラミター・フリダヤン　サマープタム。

『聖なる般若波羅蜜の核心〔の経〕』が終わる。

---

35 慧運本系をはじめ、garuḍa を欠く異読あり。

36 W 本は、āryapañcaviṃśatikā bhagavatī prajñāpāramitāhṛdayaṃ（『二十五頌からなる聖なる仏母般若波羅蜜多の核心〔の経〕』とする。Feer 本は、āryapañcaviṃśatikā prajñāpāramitāhṛdayaṃ とする。一方、慧運本系は āryaprajñāpāramitā-hṛdayaṃ（『聖なる般若波羅蜜の核心』）とするように、この経典のタイトルについては、非常に多くの種類がある。詳細は冒頭の「大本『般若心経』写本の解説」を参照されたい。

何といっても本人が楽しかったからである。

私は書きながら、苦しみながらも『般若心経』のオタクのように、調べ、考え、練り上げることを充分楽しんでいた。そして、その緊張感が私を鍛え上げた。『般若心経』は男を磨くのである。そのために、仏教への愛着がさらに増したように思う。

研究は信仰を深める。今、このことを実感し、『般若心経』とお付き合いできたことに感謝している。さらにまた、このようなかたちでご縁をいただき、本書をまとめられたことに大きな喜びを感じている。本書が一人でも多くの読者に読んでいただけることを祈念している。

上記のように、本書は『大法輪』誌に連載した二十六回の連載原稿をもとに、修正を加え、最後に大本のテクストと写本についての解説をあらたに付加したものである。連載を読んで下さった方にも甚深(じんじん)なる謝意を捧げたい。

二〇〇八年十一月吉日

渡辺章悟(わたなべしょうご)

ずかしいような気もするが、私にとって『般若心経』は専門に属すると思っていた。そのため、先学の研究者のものは、気楽には読めない状況であった。

思い起こすと、私は一九九〇年頃から学会誌に『般若心経』の論文を契機として、本経の成立問題などを追求してきた。ひたすら謎を解くような気持ちだった。なかには多少なりとも波紋を起こすような論文もあったが、それは私が従来の学説に挑戦するつもりで、必要以上に問題を先鋭化して書いたためである。

そのことによっていくつかの問題も生じたが、しばらくして、般若経の写本研究などに忙しくなり、『般若心経』の追求は中断せざるをえなくなった。しかし、それでは問題を引き起こしただけで、自分で決着を付けてはいないという、中途半端な思いをずっと持ち続けていた。ちょうどその時、この『般若心経』連載の話があったのだった。

その後、しばらくたってから、編集の安元さんと連載の案などを綿密に相談し、二〇〇六年の春頃に連載を始めたが、なんと終わったのは二〇〇八年の夏であった。怠惰な自分がよく続けられたと、我ながら感心している。

このような長い間連載を続けられた理由は、編集の安元さんの毎回の的確な批評があったこと、また周囲の友人や知人からの反響も少なからずあったこと、家族の協力があったことなどもある。しかし、

正・昭和期のインド哲学・仏教学者であった木村泰賢（一八八一〜一九三〇）が、自身の著『仏教学概論』（一九三六刊）の副題を「真空より妙有へ」としたことを想起させる。

木村は東京大学印度哲学講座の初代教授であったが、東京大学仏教青年会創立に尽力したことでも知られるように、仏教の社会化を推進した一面もある。この「真空から妙有へ」というスローガンは、まさにそのような彼の生き方の一面を表したものであり、仏教の中に「否定から肯定へ」という教理があることを再認識させる意図を持っている。

木村のこの発想は、彼が円了の大学の二十三年若い後輩（東大哲学科）という時代的な背景から見て、円了の『活仏教』や『奮闘哲学』を熟知していたため、その向下門の哲学を意識して用いるようになったものと想像するにかたくない。

5…『般若心経』の泉を汲みとる

経典は生きている

さて、本書を始めるにあたって、私は大乗経典について、次のように述べておいた。

「ブッダの教えとそれを信奉する弟子や信者が、歴史の中で育んできた営みであり、ブッダという源泉から脈々と流れてきたものである。その流れによって、私たちは生かされている。そして、この教えを受容する私たちが、さらにこうして『般若心経』を理解し、それを生かしてゆくものとなる。その意味でも経典は生きものなのである。この立場から私はこの小さな経典について、もう一度考えてみたいと思う」

ここで言いたかったことは、「経典は人々の信仰に応じて姿を変える〈生きもの〉である」、つまり、「経典は時代と地域に応じて変化し、同時に信ずる人を生かすはたらきを持つ」という経典のとらえ方である。そうでなければ、『般若心経』を伝えてきた人々の考え方や、現実にあるこの経典の多様性を認めることはできないからである。この立場から『般若心経』の教えを中心に、多種多様な信仰をできるだけ汲みとって、本経が社会に果たしてきた機能や役割を考察してきたつもりである。

それは『般若心経』に説かれるような仏教の智慧や空の思想の中に、現代に生きるわれわれが、光り輝く仏教の精神を汲みとって生きることが求められているという淀みなき確信があるからである。

こうして、ブッダより流れてきた智慧の泉を何度となく汲みとりながら、『般若心経』そのものの教

えに触れ、あるいはその教えから生まれる人々の味わいを、私もともに味わい、それを過去の聖者にしたがいながら、さまざまに表現してきた。こうした私の試みも、ブッダの教えから流れる泉から、一杯の水を汲みとる営みにほかならない。

しかし、私のこの心経の解説が、読者の皆さんにどのように受けとめていただけたかはわからない。入門書的なものを心がけながら、あまりに多弁を費やしたことに反省もある。しかし本書が、読者の皆さんの心中に一言でも届き、何らかのお役に立てたとすれば幸甚である。

あとがき

仏教の信仰は研究を深める。しかし、その研究は信仰を深めるだろうか。

大法輪閣編集部の安元剛さんから『般若心経』の連載のお話があり、私の研究室でこの経典に関する雑多なお話をしながら、私はこのお誘いをきっかけに、自分の古い引き出しから、久しぶりに黴くさい論文を引っ張り出すような気になっていた。

それというのも、二十年前の私にとって、『般若心経』の研究は、学会への挑戦のような意義を持っていたからだ。そもそも、学会でも『般若心経』に言及する人は多いが、これを研究対象にしている人はそれほど多くはない。その頃、私は般若経全体の研究をしていたため、その立場で見ると、当時出版されていた解説書は、研究書を含めてどれも納得できないものばかりだった。

確かに巷には本書の解説書が溢れている。それはまるでお作法のようなもので、仏教の初心者から上級者まで、碩学や高僧から、アマチュアから畑違いの人までもこぞって『般若心経』を読み、解説する。この経典を通じて仏教の叢林に入るという意味では、まさにお作法のようである。しかし、ちょっと恥